HENNING GRAF REVENTLOW

Hauptprobleme der alttestamentlichen Theologie im 20. Jahrhundert

ERTRÄGE DER FORSCHUNG

Band 173

HENNING GRAF REVENTLOW

Hauptprobleme der alttestamentlichen Theologie im 20. Jahrhundert

WISSENSCHAFTLICHE BUCHGESELLSCHAFT
DARMSTADT

CIP-Kurztitelaufnahme der Deutschen Bibliothek

Reventlow, Henning Graf:
Hauptprobleme der alttestamentlichen Theologie im 20. [zwanzigsten] Jahrhundert / Henning Graf Reventlow. — Darmstadt: Wissenschaftliche Buchgesellschaft, 1982.
(Erträge der Forschung; Bd. 173)
ISBN 3-534-06689-8

NE: GT

Bestellnummer 6689-8

Satz: Maschinensetzerei Janß, Pfungstadt
Druck und Einband: Wissenschaftliche Buchgesellschaft, Darmstadt
Printed in Germany
Schrift: Linotype Garamond, 9/11

ISSN 0174-0695
ISBN 3-534-06689-8

INHALT

Vorwort VII

I. Vorgeschichte und Neuaufbruch seit dem 1. Weltkrieg 1
1. Die Anfänge 2
2. Das Programm einer „pneumatischen Exegese“ . . 14
3. Die dialektische Theologie 21
4. Der ideologische Kampf gegen das Alte Testament und seine Folgen 31

II. Das Problem einer systematischen Darstellung . . . 48

III. Das Problem der Geschichte 65
1. Die Position Gerhard von Rads 65
2. „Tatsächliche“ Geschichte oder geglaubte Geschichte 71
3. Geschichte und Offenbarung 78
4. Das Problem der Heilsgeschichte 96
5. Ist das Alte Testament ein Geschichtsbuch? . . . 121

IV. Die „Mitte“ des Alten Testaments 138

V. Der Welthorizont alttestamentlicher Theologie . . . 148
1. Die Schöpfung 148
2. Der Mythos 168
3. Die Weisheit 183

Nachwort 203

VORWORT

Die Frage nach der theologischen Bedeutung des Alten Testaments ist ein vielschichtiges Problem. Das Fach „Theologie des Alten Testaments“, das sie, aufbauend auf den Ergebnissen der in ihren Methoden und Aspekten immer vielfältiger werdenden alttestamentlichen Exegese, Einleitungswissenschaft, Geschichte Israels und Religionsgeschichte, behandelt, hat sich in den letzten Jahrzehnten selbst zu einem fast unübersehbar gewordenen Arbeitsfeld entwickelt. Der hiermit vorgelegte Forschungsbericht will ihre wichtigsten Themen in den Hauptentwicklungslinien der über sie vor allem seit Ende des 1. Weltkrieges geführten Diskussion nachzeichnen und dadurch dem Leser zu einer Orientierung in diesem zentralen Arbeitsgebiet alttestamentlicher Forschung verhelfen. Besonderes Gewicht ist dabei auf die bibliographische Information gelegt: hier war es das Bemühen des Verfassers, möglichst alle Publikationen heranzuziehen, die zu einem Problem einen beachtlichen Beitrag geliefert haben. Jedoch sind nur solche Arbeiten besprochen worden, die zu beschaffen möglich war. Fast alle erwähnte Literatur ist in deutschen Bibliotheken vorhanden. Für die Beschaffung einiger niederländischer Arbeiten danke ich Herrn Wiss. Assistenten W. Nijendijk. Auch eine Reihe von Kollegen, die ich nicht alle namentlich nennen kann, haben mir bei der Literaturbeschaffung geholfen. Insbesondere danke ich der Universitätsbibliothek Bochum und ihren Mitarbeitern, die vor allem zahllose Fernleihebestellungen entgegenkommend bearbeitet haben.

Die Arbeit wäre nicht ohne das Engagement der Mitarbeiter des Verfassers in den Jahren der Vorbereitung zustande gekommen. Insbesondere danke ich Frau Dr. Gudrun Müller und Frau Christine Latuner, die das Manuskript immer wieder sorgfältig überprüft haben, und Frau Ute Portmann, die es gewissenhaft geschrieben hat.

Zum Folgeband vgl. das Nachwort.

I. VORGESCHICHTE UND NEUAUFBRUCH SEIT DEM 1. WELTKRIEG

Zusammenfassende Darstellungen:

Baker, D. L.: Two Testaments, One Bible. Leicester 1976; Betz, O.: Biblical Theology, History of: IDB. Bd. A–D, 432–37; Clements, R. E.: A Century of Old Testament Study. Guildford/London 1976, 118–140; Dentan, R. C.: Preface to Old Testament Theology. New York (1950) 1963²; Fritsch, C. T.: Biblical Typology I: New Trends in Old Testament Theology: BS 103 (1946), 293–305; Grollenberg, L.: Het ‚begleidend schrijven'. Bij het debat over de zin van het Oude Testament: TTh 2 (1962), 316–349; Hahn, F.: The Old Testament in Modern Research. Philadelphia (1954) 1970³, 226–249; Harrington, W.: The Path of Biblical Theology. Dublin 1973; Hasel, G. F.: Old Testament Theology. Basic Issues in the Current Debate. Grand Rapids (1972) 1975²; Hessler, R.: De Theologiae Biblicae Veteris Testamenti Problemate: Anton. 25 (1950), 407–424; ders.: Zum theologischen Bemühen um das Alte Testament: WiWei 15 (1952), 33–50; Hulst, A. R.: Hoe moeten wij het Oude Testament uitlegen? Wageningen 1941; Jacob, E.: La théologie de l'Ancien Testament. Etat présent et perspectives d'avenir: EThL 44 (1968), 420–432; Köhler, L.: Alttestamentliche Theologie (Literaturbericht): ThR NF 7 (1935), 255–276; NF 8 (1936), 55–69. 247–284; Koole, J. L.: Ontwikkelingen op het gebied van de oudtestamentische theologie: GThT 67 (1967), 18–26; Kraeling, E. G.: The Old Testament since the Reformation. London 1955; Kraus, H. J.: Die Biblische Theologie. Ihre Geschichte und Problematik. Neukirchen 1970 (vgl. auch die Rez. von O. Merk: ThR NF 37 [1972], 80–88); ders.: Geschichte der historisch-kritischen Erforschung des Alten Testaments. Neukirchen (1956) 1969²; Martin-Achard, R.: Les voies de la théologie de l'Ancien Testament: RThPh 9 (1959), 217–226; Porteous, N. W.: Old Testament Theology: H. H. Rowley (ed.): The Old Testament and Modern Study. Oxford 1951 (Reprint 1961), 311–345 (vgl. auch LOHR 184 [1959], 27–31); ders.: Towards a Theology of the Old Testament: SJTh 1 (1948), 136–149 = ders.: Living the Mystery. Oxford 1967, 7–19; Reventlow, H. Graf: Grundfragen der alttestamentlichen Theologie im Lichte der neueren deutschen Forschung: ThZ 17 (1961), 81–98; ders.: Basic Problems in Old Testament Theology: JSOT 11 (1979), 2–22; ROBINSON, H. Wheeler: The Theology of the Old Testament: H. W. ROBINSON (ed.): Record and Revelation. Oxford 1938, 303–348; ROST, L.: Zur Theologie des Alten Testaments: Eine Übersicht: CuW 10 (1934), 121–124; SCHMIDT, Werner H.: „Theologie des Alten Testaments" vor und nach Gerhard von Rad: VuF 17 (1972), 1–25; SMART, J. D.: The Death and Rebirth of Old Testament Theology: JR 23 (1943), 1–11. 125–136 = ders.: The Interpretation of Scripture. Philadelphia 1961, 232 ff. = Hermeneutische Probleme der Schriftauslegung. Heidelberg 1965, 219 ff.; SAEBØ, M.: Hermeneutiske grunnsporsmål. Fra kampen om en evangelisk forstaelse av det Gamle Testamente: TTK 28 (1957), 18–30. 71–93; ders.: Hvem var Israels teologer? Om structureringen av „den gammeltestamentlige teologi": SEÅ 41–42 (1976/7), 189–205 = Ordene og Ordet. Oslo 1979, 25–41; WÜRTHWEIN, E.: Zur Theologie des Alten Testaments: ThR NF 36 (1971), 185–208; ZIMMERLI, W.: Art.: Biblische Theologie. I. Altes Testament: TRE VI, 426–455.

1. Die Anfänge

Die Vorgeschichte der alttestamentlichen Theologie als eines besonderen Faches der theologischen Wissenschaft reicht bis in das Ende des 18. Jahrhunderts hinein. Eine „Biblische Theologie" als eigenständiges Arbeitsgebiet über die traditionelle Rolle der Bibel in der Dogmatik hinaus, Belege („dicta probantia") für die einzelnen dogmatischen Lehrsätze bereitzustellen, hatte sich schon in der Periode der lutherischen Orthodoxie und reformierten Foederaltheologie (Johannes COCCEJUS) herausgebildet (vgl. KRAUS, Biblische Theologie, 17–24). Im Pietismus wendet sie sich entschieden gegen die „scholastische" Dogmatik; Anton Friedrich BÜSCHING stellt in seinen ›Gedanken von der Beschaffenheit und dem Vorzug der biblisch-dogmatischen Theologie vor der alten und neuen scholastischen‹, 1756 (vgl. auch ders., Dissertatio exhibens epitomen theologiae e solis litteris sacris concinnatae. Lemgoviae 1757; die Forderung selbst begegnet zuerst in einer Grabrede von 1669 auf den württembergischen Oberhofprediger Christoph ZELLER, der diese in einer Konferenz von 1652 aufgestellt haben soll) dem das Programm einer „Biblischen Theologie" als „biblisch-dogmatischer" Disziplin entgegen (vgl. G. Ebeling, Was heißt „Biblische Theologie“?: ders., Wort und Glaube. Tübingen 1960 [1967^3], 69–89, 74ff. [urspr. engl.: The Meaning of Biblical Theology: JThS NF 6, 1956, 210–225 = On the Authority of the Bible. Some Recent Studies by L. Hodgson . . . G. Ebeling . . . London 1960, 49–67 = Word and Faith. Philadelphia 1963, 79–97]). Auch in den folgenden ausgeführten Werken einer „Biblischen Theologie“ aus der Zeit des Pietismus (vgl. zu ihnen Kraus, Biblische Theologie, 24–51) bleibt das nach loci geordnete, wenn auch gelegentlich schon historische Gesichtspunkte einbeziehende System einer „biblischen Dogmatik“ erhalten. Für die moderne Problematik ist die gesamte Periode also noch ohne unmittelbare Bedeutung.

Nach übereinstimmender Meinung der heutigen Forschung setzt das eigenständige Fach „Biblische Theologie“ mit der berühmten Altdorfer Antrittsrede Johann Philipp Gablers ›Oratio de justo discrimine theologiae biblicae et dogmaticae regundisque recte utriusque finibus‹ von 1787 ein (Altdorfii 1787; Wiederabdruck in: ders., Opuscula Academica II. Ulmae 1831, 179–194; dt. Übers. in: O. Merk, Biblische Theologie in ihrer Anfangszeit. Marburg 1972, 273–282, sowie in: Das Problem der Theologie des Neuen Testaments, hg. G. Strecker [WdF 367]. Darmstadt 1975, 32–44. Auszug [anderer Wortlaut] auch in : W. G. Kümmel, Das Neue Testament. Geschichte der Erforschung seiner Probleme. Freiburg/München 1970^2, 115–118. – Zu Gabler vgl. außer Merk, a. a. O., auch R. Smend, J. Ph. Gablers Begründung der Biblischen Theologie: EvTh 22 [1962], 345–357). Zugleich ist bei Gabler auch schon der Grund für die gesamte Problematik gelegt, die das Fach bis zum heutigen Tage begleitet.

Gabler definiert als erster grundsätzlich die Biblische Theologie als eine historische Disziplin und grenzt sie dadurch von der lehrmäßig verstandenen Dogmatik ab: „Est vera theologia biblica e genere historica, tradens, quid scriptores sacri de rebus divinis senserint; theologia contra dogmatica e genere didactico, docens, quid theologus quisque . . . ratione super rebus divinis philosophetur.“ Diese Formulierung atmet, indem sie zwischen Lehrmeinungen der heiligen Schriftsteller und der vernunftgemäßen „Philosophie“ der gegenwärtigen dogmatischen Theologen unterscheidet, ganz den Geist der Aufklärung: es kommt ihr nur auf allgemeingültige Wahrheiten an, und „so blieb die biblische Theologie eine Vorarbeit für die Dogmatik" (R. SMEND d. Ä., Lehrbuch der alttestamentlichen Religionsgeschichte. Freiburg i. Br. [1893], 1899², 3). Gleichwohl enthält sie das Prinzip einer historischen Periodisierung und damit im Keim den (von HUME begründeten) Entwicklungsgedanken, der dann im 19. Jahrhundert für die Darstellung der Thematik so beherrschend werden sollte (vgl. KRAUS, Biblische Theologie, 52–56). Die weitere Geschichte des Faches sollte zentral von dem Miteinander und Gegeneinander der beiden Prinzipien einer historischen und einer systematischen Disziplin bestimmt werden, und damit haben wir die eine große Achse bereits vor uns, um die sich die gesamte Problematik gruppiert.

Sehr schnell entwickelt sich aus der historischen Perspektive ein Auseinanderfallen der beiden Unterdisziplinen Theologie des Alten und Theologie des Neuen Testaments.

Das geschieht zunächst noch unter dem gemeinsamen Dach einer Biblischen Theologie: Georg Lorenz BAUER, Biblische Theologie des Alten und Neuen Testaments. Leipzig 1796–1802; W. M. L. DE WETTE, Biblische Dogmatik des Alten und Neuen Testaments. Berlin 1831³ [zu BAUER vgl. MERK, a. a. O.; zu DE WETTE: R. SMEND, Wilhelm Martin Leberecht de Wettes Arbeit am Alten und am Neuen Testament. Basel 1958, bes. 73 ff.], und zuletzt Daniel von CÖLLN, Biblische Theologie, postum Leipzig 1836, aber doch mit getrennter Behandlung der beiden Testamente nacheinander, bald dann in der Form eigener Werke über ›Theologie des Alten (bzw. des Neuen) Testaments‹.

Verhängnisvoller noch war, daß der Entwicklungsgedanke sich im Laufe des 19. Jahrhunderts immer stärker durchsetzte. Schon von CÖLLN lieferte ein Werk, in dem nach dem Urteil E. RIEHMS (Alttestamentliche Theologie. Halle 1889, 17) „der erste bedeutende Versuch einer wirklich historisch-genetischen Darstellung des Entwicklungsganges der ATl. Religion gemacht ist". RIEHM selbst (der hierbei als typisch für die in der zweiten Hälfte des 19. Jahrhunderts herrschende Auffassung gelten kann), definiert als methodisches Ziel seiner Darstellung: „1. Nächstes und unmittelbares Objekt der

Untersuchung ist nicht die Offenbarung Gottes selbst, sondern die ATl. Religion . . . 2. Die Untersuchung und Darstellung muß eine historisch-genetische sein" (a. a. O., 8 f.). Ähnlich lautet die Definition bei dem grundsätzlich zum konservativen Lager zählenden G. F. OEHLER (Theologie des Alten Testaments. Stuttgart [Bd. I, 1873; II, 1874], 1882², 7 [1891³; vgl. schon ders., Prolegomena zur Theologie des Alten Testaments. Stuttgart 1845]): „Die Theologie des Alten Testaments, der erste Hauptteil der biblischen Theologie, ist die historisch-genetische Darstellung der in den kanonischen Schriften des Alten Testaments enthaltenen Religion." Obwohl hier sogar noch eine schwache Erinnerung an die einstige Einheit der biblischen Theologie festgehalten wird, ist sie in Wirklichkeit längst zerfallen.

Auch die traditionelle Bezeichnung derartiger Werke als ›Theologie des Alten Testaments‹ war, obwohl sie bis ins 20. Jahrhundert hinein vielfach beibehalten wurde (vgl. B. STADE, Biblische Theologie des Alten Testaments. Bd. I. Tübingen 1905; Bd. II, hg. A. BERTHOLET. Tübingen 1911; E. KAUTZSCH, Biblische Theologie des Alten Testaments. Tübingen 1911), sachlich seit langem überholt, denn in ihnen wurde nichts anderes als eine Darstellung der israelitisch-jüdischen Religion in ihren verschiedenen aufeinander folgenden Entwicklungsstufen geliefert. Bei STADE etwa wurde das schon in den Untertiteln der Teilbände sofort deutlich: Bd. I: ›Die Religion Israels und die Entstehung des Judentums‹, Bd. II: ›Die jüdische Religion von der Zeit Esras bis zum Zeitalter Christi‹. Es war deshalb nur konsequent, wenn K. MARTI die von ihm vorgenommene Neubearbeitung des Werkes von A. KAYSER (Die Theologie des Alten Testaments in ihrer geschichtlichen Entwicklung dargestellt. Straßburg 1886 [1892²]) seit der 3. Auflage auch im Titel änderte (Geschichte der israelitischen Religion. 5. Auflage von August Kaysers Theologie des Alten Testaments. Straßburg 1907).

Die Verschiebung der Thematik von der biblischen (alttestamentlichen) Theologie zur israelitisch-jüdischen Religionsgeschichte hatte sich schon in der 1. Hälfte des 19. Jahrhunderts angekündigt. Außer von CÖLLN wären hier Wilhelm VATKE (Die biblische Theologie wissenschaftlich dargestellt. 1. Bd.: Die Religion des Alten Testaments. Berlin 1835 [dazu vgl. L. PERLITT, Vatke und Wellhausen ⟨BZAW 94⟩ Berlin 1965; KRAUS, Biblische Theologie, 93–96]) und Bruno BAUER (Die Religion des Alten Testaments. Bd. I. II., Bremen 1838/39) zu nennen, die beide unter dem Einfluß der Philosophie HEGELS standen. Dieser Einfluß sollte allerdings in der Folgezeit schwinden. Auch anderen ideengeschichtlich orientierten Entwürfen, wie denen der EWALD-Schüler F. HITZIG (Vorlesungen über biblische Theologie und messianische Weissagungen des Alten Testaments, hg. J. J. KNEUCKER. Karlsruhe 1880) und A. DILLMANN (Handbuch der alttestamentlichen Theologie, hg. R. KITTEL. Leipzig 1895) sollte nicht die Zukunft gehören. Für die zukünftige Entwicklung charakteristisch war vielmehr die Abwendung von jeglicher bewußter Geschichtsphilosophie unter dem Vorzeichen des historischen Positivismus und Evolutionismus. Werke dieser Art sind A. KUENENS ›De godsdienst van Israel‹ (Haarlem 1869f.), J. WELLHAUSEN ›Prolegomena zur Geschichte Israels‹ (Berlin 1905[5]; ursprünglich unter dem Titel ›Geschichte Israels, 1. Bd.‹ Berlin 1878), auch K. BUDDE ›Die Religion des Volkes Israel bis zur Verbannung‹. (Gießen 1912[3]). In seiner vielbeachteten Rede ›Über die Aufgaben der biblischen Theologie des Alten Testaments‹ (ZThK 3 [1893], 31–51 = ders., Akademische Reden und Abhandlungen. Gießen 1907, 77–96) beschreibt B. STADE, ein Kampfgefährte J. WELLHAUSENS, das Arbeitsprogramm des Faches als rein historisch und wendet sich gegen jede Beziehung zur Dogmatik, wie er sie etwa in dem Werk von OEHLER zu kritisieren hat. Der Einfluß der literarkritischen Schule GRAF-KUENEN-WELLHAUSENS und ihrer Sicht der Entwicklungsstufen der israelitisch-jüdischen Religion erreicht um die Jahrhundertwende ihren Höhepunkt und macht sich im Aufbau der Werke von STADE und KAUTZSCH, wie auch der damals weitverbreiteten ›Alttestamentlichen Theologie‹ von Hermann SCHULTZ (Braunschweig 1896[5]; auch engl.: Edinburgh 1892), der sich erst allmählich der Sicht WELLHAUSENS anschloß, bemerkbar. Jedoch nimmt SCHULTZ mit seinen (von A. RITSCHL geprägten) theologischen Interessen eine Sonderstellung ein (vgl. auch KRAUS, Biblische Theologie, 114–118). R. SMEND d. Ä. schreibt aus der Sicht der WELLHAUSEN-Schule ein ›Lehrbuch der alttestamentlichen Religionsgeschichte‹ (o. S. 4) und bringt damit diese Entwicklung zu einem vorläufigen Abschluß. (Auch R. KITTEL schreibt über ›Die Religion des Volkes Israel‹. Leipzig 1921 [1929²; engl.: New York 1925]; eine Späterscheinung ist außerdem noch G. HÖLSCHERS ›Geschichte der israelitischen und jüdischen Religion‹. Gießen 1922.)

Der eigentliche Diskussionspartner der nach dem 1. Weltkrieg wiedererwachenden Bewegung für eine alttestamentliche Theologie sind jedoch nicht WELLHAUSEN und seine Schüler, sondern die sog. „religionsgeschichtliche Schule" (vgl. J. HEMPEL, Religionsgeschichtliche Schule: RGG³ V, 991–994 [Lit.] sowie neuerdings H. PAULSEN, Traditionsgeschichtliche Methode und religionsgeschichtliche Schule: ZThK 75 [1978], 20–55, der vor allem ihre methodische Unklarheit hervorhebt), die für das Alte Testament besonders mit dem Namen H. GUNKELS verbunden ist).

Zu GUNKEL vgl. W. BAUMGARTNER, Zum 100. Geburtstag von Hermann Gunkel: Congress Volume Bonn 1962 (SVT IX). Leiden 1963, 1–18; K. von RABENAU, Hermann Gunkel: Tendenzen der Theologie im 20. Jahrhundert. Hg. H. J. SCHULTZ. Stuttgart/Berlin/Olten/Freiburg i. Br. 1966, 80–87; W. KLATT, Die Eigentümlichkeit der israelitischen Religion in der Sicht von Hermann Gunkel: EvTh 28 (1968), 153–160; ders., Hermann Gunkel (FRLANT 100). Göttingen 1969; F. BOVON, Hermann Gunkel, historien de la religion et exégète des genres littéraires: F. BOVON (Hg.), Exegesis. Neuchâtel 1975, 86–97; H. P. MÜLLER, Hermann Gunkel (1862–1932): M. GRESCHAT (Hg.), Theologen des Protestantismus im 19. und 20. Jahrhundert I/II (UB 284/5). Stuttgart 1978, 241–255.

Für diese war neben den Ergebnissen der Literarkritik und dem Entwicklungsgedanken der Einfluß HERDERS bestimmend.

Worum es GUNKEL ging, zeigt am deutlichsten sein Aufsatz ›Ziele und Methoden der Erklärung des Alten Testaments‹ (MKP 4 [1904], 521–540 = ders., Reden und Aufsätze. Göttingen 1913, 11–29 – danach zitiert). Das wesentliche Ziel aller Exegese sieht GUNKEL (mit SCHLEIERMACHER, den er aber nicht nennt) im Verständnis des Schriftstellers – nicht seiner Worte („Worte sind Ausdrucksmittel der Gedanken und Empfindungen"), letztlich aber auch nicht seiner Gedanken und Empfindungen („Gedanken und Empfindungen sind die Äußerungen der lebendigen bewegten Seele"), sondern seiner

Persönlichkeit. „Die lebendige Person also, in ihrem Wollen und Denken, in der Mannigfaltigkeit ihres ganzen geistigen Seins, sie ist der eigentliche Gegenstand aller Exegese." Denn: „Die Seele des Menschen, das geheimnisvolle Innenleben, . . . das ist das eigentlich Wertvolle."

Obwohl GUNKEL betont, daß er und seine Freunde sich in der Wertschätzung exakter Wissenschaften von niemandem übertreffen ließen, ist für ihn „Exegese im höchsten Sinne . . . mehr eine Kunst als eine Wissenschaft"; zur exegetischen Mühe muß kommen „die Kraft der Anschauung, die edle Phantasie", oder, wie GUNKEL auch sagen kann, ebenso wie beim Künstler die Inspiration (Zitate: 12–15). Wie bei aller Literatur, gilt auch für die Auslegung der Bibel, daß der Erklärer ein ganz persönliches Verhältnis zu ihr haben muß: „Der Erklärer, der ein religiöses Buch behandeln wollte, ohne zugleich ein religiöser Mensch zu sein", wäre wie ein unmusikalischer Musikgeschichtsschreiber, und es ist sicher, „daß derjenige, dem die Religion nur eine pathologisch interessante Erscheinung ist, auch ihre Geschichte nicht zu verstehen vermag" (16f.).

Trotzdem warnt GUNKEL den Bibelausleger vor der Ansicht, „als dürfte er seine modernen Probleme dem Text unterschieben und in ihm Antworten auf unsere Fragen erwarten" (15). Denn der Zweck wissenschaftlicher Exegese ist nicht Erbauung, sondern Wissen; „. . . so kann auch die wissenschaftliche Bibelerklärung als ihr eigentliches Ziel nur die geschichtliche Erkenntnis betrachten". Zu betonen ist, „daß es sich in der theologischen Exegese um die *Erkenntnis* der Religion und um nichts anderes handelt" (25 f.). Neben die Neuromantik, welche die Einfühlung, die Nähe des Interpreten zu seinem Partner, dem Schriftsteller betont (vgl. 13: „So drängt er sich an das fremde Leben mit klammernden Organen: enthülle dich, erflehter Geist!"), tritt der Historismus, der den geschichtlichen Abstand hervorhebt (der Systematiker der religionsgeschichtlichen Schule war E. TROELTSCH, vgl. u.).

Das gilt dann in besonderem Maße vom Alten Testament. GUNKEL unterstreicht, daß der Glaube des Alten Testaments nicht selbstverständlich der unsere sei. „Wir fühlen uns den Propheten und Psalmisten in der Frömmigkeit verwandt, aber nicht ohne weiteres mit ihnen gleich" (17). „Wie viele exegetischen Streitfragen lösen sich, wie viele biblisch-theologische ‚Begriffe' oder Gedankenreihen werden klar, wenn man zuvor dic eigentümliche und von der unseren so verschiedene Volksart Israels betrachtet" (20). Insbesondere war das alte Israel „groß im lebendigen Anschauen, aber ungeübt im logischen Denken" (ds.). Der zeitliche und gedankliche Abstand des Alten Testaments zu uns, aber auch der Abstand zwischen Altem und Neuem Testament verbieten es, das Alte Testament wie das Neue als Quelle christlicher Lehre zu verwenden; seine traditionelle dogmatische Inanspruchnahme für das Christentum ist nicht mehr möglich. Entscheidend in diesem Zusammenhang ist jedoch, „daß nicht die Lehre Kern und Stern der Religion ist, sondern die Frömmigkeit . . ." (25). Einerseits gilt: das Verständnis der Schrift muß das geschichtliche sein (25), andererseits kann der Geistliche oder Lehrer von einem alttestamentlichen Kommentar „die Herausstellung des religiösen Gehalts des Alten Testaments in das volle Licht der Erkenntnis" (29) erwarten.

Geschichtliche Exegese bedeutet für Gunkel aber auch (und darin teilt er die Auffassungen seiner religionsgeschichtlich orientierten Forschergeneration) eine Erklärung der Quellen aus dem geschichtlichen Zusammenhang. Wichtig ist ihm dafür nicht nur der Vergleich des Alten Testaments mit dem gegenüber Wellhausens Kenntnissen ungleich reichlicheren altorientalischen Material, sondern auch die „Grundüberzeugung . . ., daß das Leben der Menschheit nicht nach Willkür und Zufällen verläuft, sondern daß darin ewige Ordnungen walten" (25 f.). Der hier angesprochene Entwicklungsgedanke macht jedoch vor einer Deutung als christlicher Glaube halt; Wissenschaft und Glaube sind methodisch streng zu trennende Gebiete.

Die religionsgeschichtliche Schule verstand sich, wie aus einem Selbstzeugnis Gunkels hervorgeht (Die Richtungen der alttestamentlichen Forschung: ChW 36 [1922], 64–67, 66; auch bei Klatt, Gunkel 26 f.) dennoch als „eine durchaus theologische Bewegung" (vgl. auch H. Gunkel, Was will die religionsgeschichtliche Bewegung?: DE 5 [1914], 385–397). Sie wandte sich sowohl gegen eine rein philologisch-historische Bibelexegese als auch gegen eine Mitte der achtziger Jahre noch einflußreiche traditionell-dogmatische, kanongebundene „Biblische Theologie“. Statt dessen wollte sie aus beiden Testamenten die biblische Religion, und diese in ihren geschichtlichen Zusammenhängen mit anderen Religionen erfassen und darstellen. Damit meinte GUNKEL aber indirekt auch dem Interesse der Kirche zu dienen, als deren treuen Sohn er sich fühlte (vgl. dazu KLATT, Gunkel 28, und das Zitat in Anm. 48).

Auch eine ausgesprochene Erfahrungstheologie, wie sie uns in der 1. Vorlesung von W. Robertson SMITH in dessen Werk ›The Old Testament in the Jewish Church‹ (Edinburgh [1881], 1892²; dt. Übers.: Das Alte Testament, seine Entstehung und Überlieferung, übers. v. J. W. ROTHSTEIN. Tübingen 1905, dort 1–18) in deutlicher Anlehnung an die Hermeneutik SCHLEIERMACHERS entgegentritt („. . . die Bibel ist ein Buch der Religion der Erfahrung, worin der Verkehr Gottes mit seinem Volke in allen seinen Stufen bis zur . . . Person Jesu Christi geschildert wird“; Aufgabe ist es, sich in die Erfahrung der Psalmisten, Propheten und Apostel hineinzuversenken, in deren Herzen sich Gott bekundet, 7), kann von dem starken Selbstbewußtsein getragen sein, damit gerade dem reformatorischen Schriftverständnis gerecht zu werden, denn für LUTHER war nach SMITH die Bibel „die urkundliche Aufzeichnung von Gottes Liebesworten und -thaten, die einst die Frommen erfuhren, und der Antworten, die sie aus ihrem innersten Herzen heraus Gott darauf gaben“ (9). Auch das Studium der nicht erbaulichen, rein historisch oder archäologisch interessanten Teile der Bibel hat in diesem Zusammenhang ihren Wert, denn sie befähigt den Leser, sich „in die Lage des Menschen zu versetzen, zu dessen Herz Gott zuerst sprach“ (12).

In GUNKELS Äußerungen werden viele Themen angeschlagen, die in den Diskussionen der Folgezeit noch eine große Rolle spielen sollten. Es ist wichtig zu erkennen, daß die Auffassungen der religionsgeschichtlichen Schule weit über den Kreis ihrer eigentlichen Vertreter hinaus, auch bei denjenigen, die sich kritisch mit ihr auseinandersetzten, einen bedeutenden Einfluß ausgeübt haben. Nicht wenige ihrer Anschauungen, wie etwa die Hochschätzung der Persönlichkeit, entsprachen der allgemeinen geistigen Situation der Zeit (hierzu wäre an die Prophetenauffassung bei B. DUHM und G. HÖLSCHER zu erinnern), in anderen hat sie selbst meinungsbildend gewirkt.

Auch der Neuanfang nach dem 1. Weltkrieg zu einer Wiederbelebung der theologischen Aufgabe der alttestamentlichen Wissenschaft ging zunächst von Exegeten aus, die in ihrem Denken der religionsgeschichtlichen Schule nicht fernstanden. Den Anstoß gab ein auf einer, dem Ersten Deutschen Orientalistentag in Leipzig 1921 vorausgeschickten Tagung der Alttestamentlichen Forscher gehaltener Vortrag von R. KITTEL: ›Die Zukunft der Alttestamentlichen Wissenschaft‹ (ZAW 39 [1921], 84–99). Hier formulierte er, von der einhelligen Zustimmung seiner Zuhörer getragen (vgl. MARTI, Die Tagung der alttestamentlichen Forscher in Leipzig am 29. Sept. 1921, ds., 111), die nach seiner Ansicht bisher vernachlässigte Aufgabe der alttestamentlichen Wissenschaft, die ihr „im Umkreis der theologischen Fakultät" (95) zufalle. Diese Aufgabe bezeichnet KITTEL allerdings nicht als Theologie, sondern als „die Herausarbeitung des spezifisch *religiösen Gutes* in der alttestamentlichen Religion, also dessen, was unsere Wissenschaft in besonders nahe Beziehung zur Theologie bringt" (ds.). Alttestamentliche Wissenschaft ist für ihn ganz selbstverständlich ein Zweig der Religionswissenschaft. Für die allgemeine Religionswissenschaft fordert er jedoch als Ziel, von der bloßen religionsgeschichtlichen und religionspsychologischen Beschreibung weiterzuschreiten „zur religionssystematischen, d.h. religionsphilosophischen oder religionsdogmatischen Darstellung des Wesens und Kerns der Religion und ihrer *Wahrheit*. Sie muß letztlich das Geheimnis ihrer Gotteskraft ergründen wollen. Das allein ist wahre Religionswissenschaft." Für die alttestamentliche Religion ergibt sich dann, „daß sie an der Spitze aller alten Religionen steht" (96). Reinheit der Gottesidee, Gott als sittlicher Wille, die Idee der Persönlichkeit, Universalismus sind die Merkmale, die KITTEL dazu bewegen, die alttestamentliche Religion nicht nur als „die Blüte aller antiken Religionen" anzusehen, sondern von ihr zu sagen, sie sei „der Religion als solcher so nahegerückt", daß man „auch ihren Wahrheitsgehalt selbst und ihren bleibenden Wert, bei allen Schwächen im einzelnen, zu behaupten" habe (97). Damit sei man „in das Gebiet der systematischen Religionswissenschaft und

Religionsphilosophie weitergeführt" und müsse nach der Stellung der alttestamentlichen Religion innerhalb aller Religionen im Gesamtplan der göttlichen Weltordnung fragen.

Sprache und Gedankenwelt KITTELS sind die des Idealismus (ähnlich auch F. C. PORTER [Crucial Problems in Biblical Theology: JR 1 (1921), 78–81, 79], der seine Hochschätzung der „Besonderheit" der alttestamentlichen Religion in die Frage kleidet: "The tendency towards the ethical, the inward, the spiritual–where did it start? How did it work?"). Man spürt jedoch das Bemühen, zu einer neuen Bewertung des Alten Testaments durchzustoßen, die allerdings noch keine ihr adäquate Sprache gefunden hat. Der Unterschied zu GUNKEL ist nur graduell. Doch wirkte der Appell KITTELS durch dessen persönliches Ansehen in der Fachwelt bahnbrechend in Richtung auf eine neuerwachende theologische Besinnung in der alttestamentlichen Forschung.

Auch der Beitrag von W. STAERK (Religionsgeschichte und Religionsphilosophie in ihrer Bedeutung für die biblische Theologie des Alten Testaments, ZThK NF 4 [1923], 289–300) verbleibt im Bereich der gleichen idealistischen Kategorien. Im Anschluß an F. BRUNSTÄD (durch ihn an KANT und HEGEL) fordert er den Übergang von der historisch-tatsächlichen Darstellung der alttestamentlichen Religion zur Frage ihrer Geltung, die er als phänomenologische Eruierung ihres Wesenhaften charakterisiert (289 f.). Die durch die prophetische Persönlichkeit Moses begründete geistig-sittliche Persönlichkeitsreligion (296 f.) bildet als „die Erfüllung der in der Geschichte durchbrechenden Ahnung des Unbedingt-Persönlichen, der Überwelt, die Innenwelt ist" (298), „einen Wendepunkt in der Geschichte der Religion" (296). Dieser läßt sich, indem er im Sinne des idealistischen Zweckbegriffs (nach KANT) in die Gesetzmäßigkeit der Geschichte eingeordnet wird, „als Ausdruck der revelatio specialis im ganzen der revelatio generalis" aufweisen (299). Das bedeutet nach STAERK „die Einweisung der Religion des A. T.s in ihren systematischen Ort" (289). Von dieser Position aus betrachtet der Verf. (im Gegensatz zu GABLER) „die biblische Theologie des A. T.s als Teil der systematischen Theologie, *der sie von Haus aus war und bleiben muß* . . ." (290, vgl. 299 f.).

Doch sollte die Zukunft nicht der idealistischen Philosophie gehören und auch nicht dem Konservatismus im Stil des 19. Jahrhunderts, der im Alterswerk E. Königs (Theologie des Alten Testaments. Stuttgart 1923) noch einmal eine Spätblüte erlebte.

Dieses Werk bedeutet nicht einen Neuanfang, sondern eher eine Kuriosität (vgl. Dentan, Preface, 63). In der Ablehnung jeder spiritualistischen Deutung und dem Insistieren auf der grammatisch-historischen Methode (15 f.) folgt König der kritischen Forschung, wirft aber der üblichen religionsgeschichtlichen Sicht eine Nivellierung der Eigenart der israelitischen Religion vor (4) und verteidigt apologetisch die Zuverlässigkeit der Geschichtsüberlieferungen des Alten Testaments (6 ff.).

Ein anderer Geist weht in dem Beitrag C. Steuernagels zur Marti-Festschrift ([BZAW 41]. Gießen 1925, 266–273): ›Alttestamentliche Theologie und alttestamentliche Religionsgeschichte‹. Mit diesem Aufsatz die eigentliche Renaissance der alttestamentlichen Theologie beginnen zu lassen (Dentan, Preface, 63), legt sich dadurch nahe, daß hier die Abgrenzung des Faches zur Religionsgeschichte zum erstenmal versucht wird. Bei näherer Betrachtung bedeutet sie allerdings kein wirkliches Abrücken von der religionsgeschichtlichen Sicht; es geht Steuernagel vielmehr darum, neben die genetische Darstellung der Gesamtentwicklung der israelitischen Religion in der Religionsgeschichte Israels eine andere, systematisch geordnete Darstellungsform zu setzen, in der jeweils Einzelentwicklungslinien bestimmter Themenbereiche nebeneinandergestellt werden. Aber: „Beide Disziplinen haben das gleiche Objekt: die israelitische Religion einschließlich der Religion des älteren Judentums, die gleichen Quellen . . . und die gleiche Methode: die historische“ (272). Damit wird das Programm der deskriptiv-systematischen Form der Theologie des Alten Testaments (Hasel, 42 ff.: “Cross-Section-Method”) begründet. Diese hat bei Steuernagel eine eindeutig dienende Funktion: sie soll „dem Religionsphilosophen“, dem Dogmatiker einen systematischen Überblick der alttestamentlichen Materien, die sie brauchen, in geeigneter Form liefern. Fast wird damit die alte Aufgabe der „Biblischen Theologie“ vor Gabler wiederaufgenommen; Steuernagel wehrt sich aber gegen zweierlei Mängel der alten loci-Methode: das Fehlen einer hinreichenden Entwicklungsperspektive und die Nötigung, die Ordnung des Stoffes nach einem der Dogmatik entnommenen Schema vornehmen zu müssen. „Es ist tatsächlich nur das Unzureichende der Lokalmethode, das mit Recht gegen sie eingewandt werden kann" (267).

Zu einem beträchtlichen Teil ist das Programm einer alttestamentlichen Theologie also zunächst eine Reaktion gegen das evolutionistische Schema der Darstellungen des 19. Jahrhunderts, nicht so sehr gegen die historische oder religionsgeschichtliche Sicht als solche. Die Auseinandersetzungen um eine angemessene Gliederung eines thematisch geordneten Aufbaus einer grundsätzlich descriptiv verstandenen Theologie des Alten Testaments (u. Teil II) bleiben auf diesem Boden, während sich die hinter der lange Zeit als selbstverständlich angesehenen Forderung nach historischer Objektivität verdeckte Frage nach der Verbindlichkeit des Gegenstandes einer alttestamentlichen Theologie nur idealistisch-ästhetisch (GUNKEL) oder durch das Postulat eines neben der historisch-theologischen Wissenschaft festzuhaltenden privaten oder kirchlich-praktischen Glaubensbereichs realisieren ließ.

Um diese Entwicklungen zu schildern, ist es jedoch nötig, den Fortgang der Diskussion über die Theologie des Alten Testaments vor den Hintergrund einiger weitergreifenden Entwicklungen im Bereich von Theologie und Öffentlichkeit zu stellen, welche das Verständnis der Aufgaben des Faches maßgeblich mitbestimmt haben.

2. *Das Programm einer „pneumatischen Exegese"*

BAUMGÄRTEL, F.: Pneumatische Exegese: CuW 2 (1926), 237–247; ders.: Der Theologiestudent und die Bibel. Gütersloh 1929; BEHM, J.: Pneumatische Exegese? Schwerin 1926; FRICK, H.: Wissenschaftliches und pneumatisches Verständnis der Bibel. Tübingen 1927; GIRGENSOHN, K.: Geschichtliche und übergeschichtliche Schriftauslegung: AELKZ 55 (1922), 626–629. 642–645. 658–661. 674–678; ders.: Die Grenzgebiete der systematischen Theologie. Greifswalder Reformgedanken zum theologischen Studium. J. HAUSLEITER und V. SCHULTZE . . . zum 70. Geburtstage dargebracht von ihrer Fakultät. München 1922, 73–96; ders.: Die Inspiration der heiligen

Schrift. Dresden 1926[2]; GUISAN, R.: Y-a-t-il deux exégèses?: RThPh 22 (1934), 207–221; JELKE, R.: Historisch-kritische und theologisch-dogmatische Schriftauslegung: ders. (Hg.): Das Erbe Martin Luthers und die gegenwärtige theologische Forschung. Fs. L. IHMELS. Leipzig 1928, 215–235; LINDBLOM, J.: Exegetisk och pneumatisk bibelutläggning: SvTK 4 (1928), 26–51; ders.: Vad betyder en „theologisk exeges" av Gamla testamentet?: SvTK 10 (1934), 249–259; ders.: Das Problem einer theologischen Exegese des Alten Testaments: Zur Neugestaltung des theologischen Studiums. Göttingen 1935, 61–69; MACHOLZ, E.: Pneumatische Exegese – eine berechtigte theologische Forderung: PBL 69 (1926/7), 705–724; OEPKE, A.: Geschichtliche und übergeschichtliche Schriftauslegung. Gütersloh 1931 (1947[2]); ders.: Rez. von J. BEHM (s. o.): ThLZ 51 (1926), 420–422; PROCKSCH, O.: Über pneumatische Exegese: CuW 1 (1925), 145–158; ders.: Die Geschichte als Glaubensinhalt: NKZ 36 (1925), 458–499; ders.: Ziele und Grenzen der Exegese: ds. 715–730; SCHMIDT, St.: De Protestantium exegese „pneumatica": VD 27 (1947), 12–22. 65–73; SEEBERG, R.: Zur Frage nach dem Sinn und Recht einer pneumatischen Schriftauslegung: ZSTh 4 (1926), 3–59; ders.: Zum Problem der pneumatischen Exegese: Fs. E. SELLIN. Leipzig 1927, 127–137; TRAUB, F.: Wort Gottes und pneumatische Schriftauslegung: ZThK 35 (1927), 83–111; vgl. auch H. E. WEBER, Historisch-kritische Schriftforschung und Bibelglaube. Gütersloh 1914[2].

Im Jahre 1919 veröffentlicht Karl BARTH seinen Kommentar ›Der Römerbrief‹. Im Vorwort zur ersten Auflage kündigt er sein umstürzendes hermeneutisches Programm an: „Die historisch-kritische Methode der Bibelforschung hat ihr Recht: sie weist hin auf eine Vorbereitung des Verständnisses, die nirgends überflüssig ist. Aber wenn ich wählen müßte zwischen ihr und der alten Inspirationslehre, ich würde entschlossen zu der letzteren greifen: sie hat das größere, tiefere, *wichtigere* Recht, weil sie auf die Arbeit des Verstehens selbst hinweist, ohne die alle Zurüstung wertlos ist. Ich bin froh, nicht wählen zu müssen zwischen beiden. Aber meine ganze Aufmerksamkeit war darauf gerichtet, durch das Historische *hindurch* zu sehen in den Geist der Bibel, der der ewige Geist ist" (zitiert nach: Anfänge der dialektischen Theologie. Teil I. Hg. J. MOLTMANN [ThB 17]. München 1963, 77). Im Vorwort zur 2. Auflage erläutert er seinen Standpunkt ausführlicher: er unterstreicht, daß er die historische Kritik anerkenne, aber sich mit dem, „was da steht", nicht zufriedengeben könne, sondern zu dem eigentlichen *Verstehen* und *Erklären* vordringen müsse, wo erst, nach dem Vorbild der Bibelauslegung der Reformatoren, es zu einem Gespräch zwischen der inneren Dialektik der *Sache*, die sich im Text ausspricht, und dem Leser kommen könne (Vorwort zur 2. Aufl. München 1923, Xff. – ds., 109ff.). In diesem Sinne meint er: „Kritischer müßten mir die Historisch-Kritischen sein!" (ds., 111).

Die Forderungen BARTHS verstehen sich aus der geistigen Situation des Historismus heraus, der die Objektivität und Wertfreiheit methodisch-geschichtlicher Erkenntnis zu seinem Programm gemacht hatte (besonders bei Max WEBER: vgl. Die ‚Objektivität' sozialwissenschaftlicher und sozialpolitischer Erkenntnis: ders., Gesammelte Aufsätze zur Wissenschaftslehre. Tübingen 1968³, 146–214; ders., Der Sinn der ‚Wertfreiheit' der soziologischen und ökonomischen Wissenschaften, ds., 489–540; ders., Methodologische Schriften, hg. J. WINCKELMANN. Frankfurt 1968. – Zum Historismus vgl. bes. E. TROELTSCH, Der Historismus und seine Probleme. [Ges. Schr. III]. Tübingen 1922 [Nachdruck Aalen 1961]). Die Forderung nach historischer Objektivität hatte sich auch für die biblische Exegese durchgesetzt; ihre Auswirkungen auf das Gebiet der „Theologie des Alten Testaments" haben wir bereits kennengelernt. Ernst TROELTSCH dehnte den Geltungsbereich der historischen oder in diesem Falle religionsgeschichtlichen Methode ausdrücklich auch auf das Gebiet der Theologie aus und formulierte als Forderung, was sich in der Praxis bereits weitgehend durchgesetzt hatte, daß man die christlich-jüdische Geschichte dieser Methode nicht nur voll unterwerfe, sondern sie auch bewußt universalgeschichtlich verstehe, „indem man die Verflechtung des Christentums in die allgemeine Geschichte beachtet und sich an die Aufgabe seiner Erforschung und Wertung nur von dem großen Zusammenhange der Gesamtgeschichte aus begibt" (Über historische und dogmatische Methode [in] der Theologie: Studien des rheinischen Predigervereins 1898 = ders., Ges. Schr. II. Tübingen 1913 [Nachdruck Aalen 1962], 729–753 = Theologie als Wissenschaft, hg. G. SAUTER [ThB 43]. München 1971, 105–127, dort 113). Zentral für diese Methode ist das allesbeherrschende Gesetz der Analogie: „Die Übereinstimmung mit normalen, gewöhnlichen oder doch mehrfach bezeugten Vorgangsweisen und Zuständen, wie wir sie kennen, ist das Kennzeichen der Wahrscheinlichkeit für die Vorgänge, die die Kritik als wirklich geschehen anerkennen oder übrig lassen kann . . . Diese Allmacht der Analogie schließt aber die prinzipielle Gleichartigkeit alles historischen Geschehens ein . . ." (SAUTER, 108).

Wie man bei TROELTSCH sieht, ist dieses Analogiedenken bewußt anthropozentrisch orientiert; es beruht auf der Annahme der „Gemeinsamkeit und Gleichartigkeit des menschlichen Geistes und seiner geschichtlichen Betätigungen überhaupt" (ebd.). Die hermeneutische Sicht W. DILTHEYS (und bereits SCHLEIERMACHERS – vgl. TROELTSCH, ›Rückblick auf ein halbes Jahrhundert der theologischen Wissenschaft‹: ZWTh NF 16 [1908], 97–135 = ders., Ges. Schr. II, 193–226 = SAUTER, 73–104, dort 102f.) hat offensichtlich Pate gestanden. Zwar will es der „alles nivellierende(n) Bedeutung der Analogie" nicht jedes Werturteil opfern, meint dieses aber (idealistisch) nur aus einer Gesamtüberschau über die Geschichte gewinnen zu können (vgl. 115). Das Gegenbild ist die „dogmatische" Methode (die „katholische" im Gegensatz zu der neuen „protestantischen", 119), für die ein besonderes, übernatürliches Gebiet, das „nach besonderen, auf innere Erfahrungen und demütige Unterwerfung der Vernunft gegründete Methoden" zu erforschen wäre, die Grundlage abgibt (117).

TROELTSCH erkennt in dieser Alternative scharfsinnig einen grundlegenden Dualismus, der nach seiner Meinung nicht nur eine Doppelheit der Geschichtsgebiete (Profangeschichte und Heilsgeschichte), sondern auch dualistische Begriffe von Gott und vom Menschen bedingt (118). Die Reaktion auf den Historismus in der Bibelexegese, die unmittelbar nach dem 1. Weltkrieg einsetzt (ein Vorläufer ist schon J. KÖBERLES Beitrag: Heilsgeschichtliche Betrachtungsweise des Alten Testaments: NKZ 17 [1906], 200–222; vgl. weiter u. S. 63ff.), zeigt einen solchen Dualismus tatsächlich zumindest in methodischer Hinsicht. Insbesondere gilt das für das Programm der sog. „pneumatischen" Schriftauslegung, das vor allem mit dem Namen Karl GIRGENSOHNS (1875–1925) (vgl. zu ihm das Selbstportrait in: Die Religionswissenschaft in Selbstdarstellungen, hg. E. STANGE. Leipzig 1926, 41–76) verknüpft ist. Der große Widerhall, den seine Forderungen zeitweise fanden, erklärt sich ähnlich wie beim Auftreten des jungen BARTH mit der schmerzlichen Diskrepanz, die jeder kirchlich engagierte Theologe zwischen den Ergebnissen der historisch-kritischen Bibelexegese und der praktischen bibelbezogenen Gemeindefrömmigkeit feststellte. Einerseits wollte man auf die wissenschaftliche Arbeitsweise, die nur historisch-kritisch durchzuführen war, nicht verzichten (das erklärt ja auch BARTH in seinem Vorwort zum ›Römerbrief‹ und hat es häufig wiederholt), andererseits empfand man ein tiefes Ungenügen an der Unverbindlichkeit der Ergebnisse der auf diese Weise durchgeführten Exegese, wie sie sich in den weitgehend rein philologisch orientierten Kommentaren zeigte. GIRGENSOHN konstatiert an der kritisch-historischen Auslegung der Bibel vor allem die Distanz, die sie zwischen den Betrachter und seinen Gegenstand lege, und die Relativierung, welche die Einordnung des Textes in einen bestimmten Zeitpunkt der Geschichte für diesen mit sich bringe (AELKZ 1922, 643; Inspiration, 12). Außerdem werde hier der Mensch mit seinen autonomen Maßstäben zum „Richter über das, was an der Schriftwahrheit gelten soll und was nicht" (Inspiration, 14). Ganz anders werde die Situation, „wo ich in der Schrift an irgendeiner Stelle nicht nur ein geschichtliches Menschenwort über Gott, sondern die Stimme des lebendigen Gottes höre" (ds., 16). Dann falle die geschichtliche Distanz zwischen dem Schriftwort und seinem jetzigen Leser fort, das zeitlose Gotteswort treffe (in Gebetshaltung meditativ gehört, 21) unmittelbar sein Ich. GIRGENSOHN liegt es aber fern, zugunsten dieser „pneumatischen" Exegese, die der religiösen und kirchlichen Praxis im Umgang mit der Bibel weitgehend entspricht (AELKZ 1922, 643 f.), auf die historisch-kritische Methode verzichten zu wollen. Er meint, beide miteinander vereinen und sie als „Stufengang im Verständnis der Schrift" (Inspiration, 23) auffassen zu können: „Aber normalerweise sind geschichtlich-psychologische Deutung des Schriftwortes und seine ganze tiefe zeitlose normativ-pneumatische Auslegung zwei Betrachtungsweisen, die sich auf das glücklichste ergänzen und einander helfen können, wenn sie die tiefe Einheit des Schriftsinns von zwei verschiedenen Seiten sehen und zum Ganzen zu verbinden verstehen" (Inspiration, 27). Das Entweder-Oder zwischen Gemeindefrömmigkeit und Universitätstheologie möchte er in dieser Sache nicht als endgültig anerkennen (AELKZ 1922, 644 f.) und kommt so zu einer Zweistufigkeit des Schriftverständnisses, in dem sowohl der historischen Forschung wie der Unmittelbarkeit und Verbindlichkeit des ewigen Gottesworts ihr Recht werden soll.

Girgensohn hat eine Reihe von Nachfolgern gefunden, die sein Programm teils aufgenommen, teils auch in Frage gestellt haben. Als kritische Punkte erkannte man neben dem Dualismus, der wissenschaftliches und frommes Verständnis der Bibel vollständig auseinandertreten läßt, vor allem auch die hinter dem System stehende Metaphysik. Diese wird deutlich sichtbar, wenn etwa J. Behm zwischen historischer Exegese und metahistorischer Anwendung ihrer Ergebnisse auf die Gegenwart, oder wenn Oepke zwischen geschichtlicher und übergeschichtlicher Schriftauslegung unterscheidet. Oepke meint zwar, der Versuch der Zweistufigkeit müsse gemacht werden, da die einstufigen Lösungen nicht befriedigten (Schriftauslegung, 24), kritisiert aber die Zeitlosigkeit der pneumatischen Exegese (27). Hinter der Äußerung Girgensohns: „Die pneumatische Auslegung ist in ihrem Tiefsten und Besten zeitlos und zu allen Zeiten identisch" (Inspiration, 52) steht sowohl die idealistische Auffassung vom Menschen wie ein metaphysisches Gottesbild.

Nur vor dem Hintergrund der Debatte über „pneumatische Schriftauslegung" läßt sich der in den üblichen Darstellungen über die Geschichte der Theologie des Alten Testaments ganz verloren dastehende Vorschlag O. Eissfeldts richtig einordnen, zwischen israelitisch-jüdischer Religionsgeschichte und alttestamentlicher Theologie, zwischen historischer und theologischer Betrachtungsweise zu unterscheiden (Israelitisch-jüdische Religionsgeschichte und alttestamentliche Theologie: ZAW 44 [1926], 1–12 = ders., Kleine Schriften I. Tübingen 1962, 105–114). Dabei beruft sich Eissfeldt ausdrücklich außer auf Ansätze in der dialektischen Theologie auf Girgensohn und Procksch (Kl. Schr. I, 106 f.). Auch für Eissfeldt gehören die historische Betrachtungsweise einerseits und die theologische andererseits zwei verschiedenen Ebenen an. „Sie entsprechen zwei verschieden gearteten Funktionen unseres Geistes, dem Erkennen und dem Glauben“ (109). Die historische Betrachtungsweise untersucht, was gewesen ist, sie richtet sich auf die israelitisch-jüdische Religionsgeschichte. Ausblicke auf das Neue Testament haben hier zu unterbleiben; Angehörige verschiedener christlicher Konfessionen und auch außerchristliche Forscher können auf diesem Gebiet zusammenarbeiten (112). Dagegen richtet sich die alttestamentliche Theologie auf „die Beschreibung der dem Glauben am AT gewordenen und immer neu werdenden Offenbarung Gottes“ (113). Sie kann nicht die Form einer Geschichtsdarstellung haben: „Denn der Glaube hat es nicht mit Vergangenem zu tun, sondern mit Gegenwärtig-Zeitlosem; und die Offenbarung ist über die Kategorie der Zeit erhaben“ (ds.).

Wieder begegnet die Unterscheidung zwischen zeitgebundener Geschichte und zeitloser Offenbarung, zwischen historischer Forschung und persönlichem Glauben. Ein konkretes Programm, wie eine derart von der Religionsgeschichte zu trennende Theologie des Alten Testaments aussehen solle, hat EISSFELDT jedoch nicht entworfen.

Sein Vorschlag fand in dieser Form bei den Fachkollegen keinen Beifall und blieb vereinzelt. Die hinter ihm stehende Dichotomie zwischen Glauben und Erkennen, zwischen Geschichte und Offenbarung blieb jedoch ein Grundproblem der alttestamentlichen Theologie. Der im Gefolge GABLERS stehende Ansatz, der zwischen der historisch-deskriptiven Aufgabe der Exegese (einschließlich einer möglichen „alttestamentlichen Theologie“ als ihrer Krönung) und einer der Dogmatik oder der Verkündigung zukommenden „Auswertung“ (im Sinne STEUERNAGELS) streng scheidet, behielt weiterhin seine Anhänger.

So bescheidet LINDBLOM (in: Zur Neugestaltung, 65) die Verfechter der „pneumatischen Exegese“: „alles das ist nicht eine Aufgabe für die Wissenschaft, sondern eine Sache der praktischen Verkündigung“; oder: die historische und die dogmatische Betrachtungsweise müßten genau unterschieden werden (67). Der alttestamentliche Forscher hat seine Aufgabe als Exeget getan, wenn er „dem Dogmatiker und Religionsphilosophen ein zuverlässiges

Material in die Hände gegeben hat, das diese dann für ihre besonderen Zwecke ausnützen können" (67 f.).

Ähnlich war später die Haltung der liberalen Schule in den USA, als nach dem Kriege die Forderung nach einer „Biblischen Theologie" auch dort weiten Widerhall fand (vgl. dazu Verf., Biblische Theologie, Kap. I). Das Dilemma, das in der hermeneutischen Tradition des Faches begründet ist, ist bis heute keineswegs ausgestanden.

3. *Die dialektische Theologie*

K. BARTHS Vorworte zum ›Römerbrief‹ wurden bereits zitiert (o. S. 15f.). Die ausgebildete Theologie des frühen BARTH, wie sie in den folgenden Jahren bis zur Veröffentlichung seiner „christlichen Dogmatik im Entwurf" (Die Lehre vom Worte Gottes. Prolegomena zur christlichen Dogmatik. München 1927 – Neudruck in Vorbereitung) allmählich hervortrat, wirkte auch auf die alttestamentliche Diskussion ein.

Zu BARTHS Schriftverständnis vgl. G. EICHHOLZ, Der Ansatz Karl Barths in der Hermeneutik: Antwort. Karl Barth zum 70. Geburtstag . . . Zürich 1956; 52–68; R. SMEND, Nachkritische Schriftauslegung: Parrhesia. Karl Barth zum 80. Geburtstag . . . Zürich 1966, 215–237; F.-W. MARQUARDT, Exegese und Dogmatik in Karl Barths Theologie: K. BARTH, KD, Registerband. Zürich 1970, 649–676, H. SEEBASS, Biblische Hermeneutik (UTB 199). Stuttgart 1974, 89–111, die jedoch vor allem die KD im Blick haben.

Besonders einflußreich war der Vortrag BARTHS: ›Das Schriftprinzip der reformierten Kirche‹ (ZZ 3 [1925], 215–245), der zugleich die beste Zusammenfassung des Schriftverständnisses des frühen BARTH bietet. Hier finden wir den bekannten dogmatischen Satz: Die Bibel ist Gottes Wort (217 ff.). In der Bibel haben zwar Menschen gesprochen, „aber, gebrochen im Prisma ihres Wortes, Gott selbst" (220). Hierfür beruft sich BARTH auf den „ärgerlichen, aber unvermeidlichen logischen Zirkel Calvins, wonach die Bibel als Gottes Wort daran *erkannt* wird, daß sie Gottes Wort *ist*" (239). Seine Selbstevidenz ist das Werk des Heiligen Geistes (243). Gegenüber dem Dualismus der „pneumatischen Exegese" wird jedoch bei BARTH an der

Geschichtlichkeit des Gotteswortes streng festgehalten, die reformatorische Erkenntnis des „in, mit und unter" wird bewahrt. „Pseudo-Wissenschaft ist jeder Versuch, das Wort Gottes in der Bibel *direkt* aufzuweisen"; „Erkenntnis der Bibel als des Wortes Gottes ist ein Geschehen, ein immer neu sich ereignender Durchbruch. Die Wand, die zu durchbrechen ist, ist die restlos anzuerkennende historische *Bedingtheit* des biblischen Zeugnisses" (226 f.). Weiter betont BARTH den Kanon (vgl. dazu E. THURNEYSEN, Schrift und Offenbarung: ZZ 2 [1924], 3–30 = Anfänge der dialektischen Theologie. Bd. II. Hg. J. MOLTMANN. München 1963, 247–276); seine Festlegung durch die Kirche ist ein „absolutes Datum", nämlich die Bestätigung, daß Gottes Wort diese Schriften schon als Gottes Wort bezeichnet hat! (221). Daraus ergibt sich (3.), daß ein grundsätzlicher Unterschied zwischen den verschiedenen Teilen des Kanons, zwischen Altem und Neuem Testament nicht anerkannt werden kann. Diese Unterschiede sind zwar historisch erkennbar, aber relativ gegenüber der Einheit der Offenbarung (22f.). Das Thema „Biblische Theologie" ist damit erneut angeschnitten; der Einfluß der BARTHschen Position in dieser Frage der Einheit der Testamente sollte sich in der Zukunft noch als sehr folgenreich erweisen.

Ähnlich ist die Position auch bei K. H. MISKOTTE (Das Problem der theologischen Exegese. Theologische Aufsätze. Fs. K. BARTH. München 1936, 51–77 [Kurzfassung von: Opmerkingen over theologische exegese: De openbaring der verborgenheid. Baarn 1933, 65–99]). Auch hier sehr kräftig die Betonung der Notwendigkeit von historisch-kritischer und „phänomenologischer" Exegese (einer Auslegung „κατὰ σάρκα", 58); daneben steht dann die „theologische" Exegese (eine Auslegung „κατὰ πνεῦμα"). Zwischen beiden gibt es keinen Übergang (61). Mit BARTH sieht MISKOTTE in dem dogmatischen Satz „Die Schrift ist Gottes Wort" (63 f.) die Grundlage der theologischen Exegese. Sie „wird mit keiner Methode und durch keine Genialität erobert" (66) und besteht darin, daß sie sich dem Anspruch der Heiligen Schrift als Wort und ihrer Autorität unterwirft (67). „Die ‚Gleichzeitigkeit' ist ein Wunder; die ‚Wiederholung, die der Geist gibt, ist *nicht* zu wiederholen von *uns* aus" (67).

Aus der Gleichsetzung: Schrift = Gottes Wort ergibt sich zugleich die *Einheit* der Schrift, die eine Einheit des Textes und des Geistes ist, nicht der historischen Kontinuität (64 f.; vgl. den folgenden Abschnitt). – Zu MISKOTTE vgl. auch: Verf., Biblische Theologie, Kap. II, 5.

Ein letzter wichtiger Zug der biblischen Hermeneutik BARTHS ist seine christologische Interpretation des Alten Testaments. Da BARTH seine Inkarnationslehre in KD I, 2, in der er sich wesentlich zurückhaltender über den Christus im Alten Testament äußerte (§ 14.2. „Die Zeit der Erwartung", 77–111 – vgl. dazu auch H. D. HUMMEL, Christological Interpretation of the Old Testament: Dialog 2 [1963], 108–117), erst 1938 veröffentlichte, wirkten sich vor allem seine sehr viel spekulativeren Bemerkungen in den „Prolegomena" (§ 15. Weissagung und Erfüllung, 230–254) über „Geschichte und Urgeschichte" aus. Danach ist allein die Offenbarung in Jesus Christus „urgeschichtliches Ereignis" (230). Die Geschichte als solche ist nicht Offenbarung (obwohl Offenbarung Geschichte ist, 230); wohl aber ist die Offenbarung in der Geschichte zu finden, jedoch nur, indem sie als Rede Gottes in Person von dem fragenden Menschen gehört wird (234). Nur im Konkretum der „Urgeschichte" (in der Offenbarung in Christus) ist die, durch göttliches Wort gedeutete, Geschichte (nicht als geschichtliches Ereignis als solches) Offenbarung. Hieran schließt sich die besondere Form von Zeitspekulation: Da der Inhalt der Urgeschichte der Logos ist, von dem alles Geschaffene ursprünglich herkommt und seinen Sinn empfängt (abgehoben wird auf Joh 1,3. 14), steht alle Geschichte, in der Gott als das fleischwerdende und fleischgewordene Wort geglaubt und bekannt wird – BARTH nennt sie Weissagungsgeschichte, als Geschichte in der Geschichte – in Beziehung zur Urgeschichte: sie schließt sich wie ein Kreis um sie als ihren Mittelpunkt (237–39).

BEGRICH, J./DOERNE, M.: Das Alte Testament in der christlichen Predigt. Dresden 1936; BIRKELAND, H.: Israelitisk-jødisk religionshistorie og gammeltestamentlig bibelteologie: NTT 37 (1936), 1–19; BONHOEFFER, D.: Schöpfung und Fall. Theologische Auslegung von Genesis 1–3. München 1933 (1937²; Neudruck 1968) (– zu BONHOEFFER vgl. auch M. Kuske, Das Alte Testament als Buch von Christus. Dietrich Bonhoeffers Wertung und

Auslegung des Alten Testaments. Berlin und Göttingen 1971; M. HOHMANN, Die Korrelation von Altem und Neuem Bund [ThA 37]. Berlin 1978, 74–110). – Zeitgenössische Kritik an BONHOEFFER: F. BAUMGÄRTEL, Die Kirche ist Eine – die alttestamentlich-jüdische Kirche und die Kirche Jesu Christi. Bamberg 1936); BRUNNER, E.: Die Bedeutung des Alten Testaments für den christlichen Glauben: ZZ 8 (1930), 30–48; ders.: Die Unentbehrlichkeit des Alten Testaments für die missionierende Kirche. Stuttgart 1934; BRUNNER, E./Köhler, L. u. a.: Diskussion über die Erbsünde: KBRS 41 (1926) [L. K.: Nr. 27, 105 f.; E. B.: 113–116; L. K.: Nr. 31, 121; MARTI, P.: Nr. 32, 125–127; KÜHNI, F.: Nr. 35, 137 f.; E. B.: Nr. 36, 141 f.; HAURI, P.: Nr. 37, 145 f.; MARTI, P.: Nr. 38, 155; KÜNZLER, K.: Nr. 43, 174 f.]; BRUNNER, E.: Der Sündenfall und die alttestamentliche Wissenschaft: ChW 40 (1926), 994–998; DE DIÉTRICH, S.: Le renouveau biblique. Neuchâtel-Paris 1945 (1949²) = Die Wiederentdeckung der Bibel. Zürich 1948 (vgl. auch dies.: Rediscovering the Bible. Toronto 1942; dies.: Le dessein de Dieu. Itinéraire biblique. Neuchâtel-Paris 1948² = God's Unfolding Purpose. Philadelphia 1960); ECHTERNACH, F.: Wie behandeln wir das Alte Testament?: PBl. 78 (1935/6), 385–393; EICHRODT, W.: Zur Frage der theologischen Exegese des Alten Testaments: ThBl. 17 (1938), 73–87; ELLIGER, K.: Das Christuszeugnis des Alten Testaments: ZSTh 14 (1937), 377–392; ders.: Warum gehören Altes und Neues Testament zusammen?: DtPfBl 40 (1936), 777–778; FELDGES, F.: Die Frage des alttestamentlichen Christuszeugnisses. Zum Angriff von Gerhard von Rad auf Wilhelm Vischer: ThBl 15 (1936), 25–30; GRESSMANN, H.: Paradies und Sünde: ChW 40 (1926), 842–846; ders.: Die Bibel als Wort Gottes, ds., 1050–1053; HEIM, K.: Die Christusoffenbarung im Alten Testament: WuT 10 (1934), 257–269; HELLBARTH, H.: Abrahams Lüge (TEH 42). München 1936; ders.: Die Auslegung des Alten Testaments als theologische Disziplin: ThBl 16 (1937), 128–143; ders.: Christus das Telos des Gesetzes: EvTh 3 (1936), 331–346; ders.: Der verheißene König Israels. Das Christuszeugnis des Hosea (Beih. 1 z. EvTh). München 1935; ders.: Das Bild Gottes (ThExh 64). München 1939; HERMANN, R.: Deutung und Umdeutung der Schrift. Ein Beitrag zur Frage der Auslegung (ThMil 12). Leipzig 1937 = ders.: Bibel und Hermeneutik (Gesammelte und nachgelassene Werke III). Göttingen 1971, 38–83; HERNTRICH, V.: Theologische Auslegung des Alten Testaments? Zum Gespräch mit Wilhelm Vischer: PTh 32 (1936), 119–131. 177–189 – separat Göttingen 1938²; HUMMEL, H. D.: Dialog 1963 (o. S. 23); KÖHLER, L.: Christus im Alten und im Neuen Testament: ThZ 9 (1953), 241–259; LEO, P.: Die theologische Exegese des Alten Testaments: PTh 34 (1938), 66–84; LINDBLOM, J.: Zur

Neugestaltung (o. S. 15); MACHHOLZ, A. W.: Die heimliche Deutung der Schrift: EvTh 3 (1936), 3–21; VON RAD, G.: Das Christuszeugnis des Alten Testaments. Eine Auseinandersetzung mit Wilhelm Vischers gleichnamigem Buch: ThBl 14 (1935), 249–254; ders.: Sensus Scripturae duplex? Eine Erwiderung: ThBl 15 (1936), 30–34; SCHLATTER, A./SCHMIDT, G./STOLL, C.: Das Alte Testament als Buch der Kirche. München 1934³; SCHLIER, O.: Das Christuszeugnis des Alten Testaments. Heidelberg 1936; SCHREINER, H.: Das Alte Testament in der Verkündigung. Schwerin 1937; SELLIN, E.: Das Alte Testament im christlichen Gottesdienst und Unterricht. Gütersloh 1936; STAERK, W.: Der Christ und sein Altes Testament: Furche 20 (1934), 423–434; STRATHMANN, H.: Zum Ringen um das christliche Verständnis des Alten Testaments: ThBl 15 (1936), 257–260; VISCHER, W.: Das Alte Testament als Gottes Wort: ZZ 5 (1927), 379–395; ders.: Das Alte Testament und die Verkündigung: ThBl 10 (1931), 1–12; ders.: Die Bedeutung des Alten Testaments für das christliche Leben (ThSt 3). Zürich 1938 (1947²); ders.: Das Christuszeugnis des Alten Testaments. Bd. I: Das Gesetz. Zürich 1934 (1936³) [engl.: London 1949] (dazu die Bespr. von W. EICHRODT: ThG 29 [1935], 123–125; O. PROCKSCH: ThBl 26 [1935], 326–328). Bd. II: Die früheren Propheten. Zürich 1942 (1946²); ders.: Esther. (TEH 28). München 1937 (engl. EvQ 11 [1939], 3–21; frz.: Valeur de l'Ancien Testament. Genf o. J., 71–98); ders.: Das Kerygma des Alten Testaments. Zürich 1955 (frz. 1955); VOGEL, H.: Wie predigen wir über das Alte Testament?: EvTh 2 (1935), 339–360; WÜRTHWEIN, E.: Bemerkungen zu Wilhelm Vischer: ›Das Christuszeugnis des Alten Testaments‹: DTh 3 (1936), 259–273; ZIMMERLI, W.: Vom Auslegen des Alten Testaments in der Kirche: VF 1941, 7–22.

Der Anspruch der dialektischen Theologie, daß in beiden Teilen der Bibel dem Hörer (Leser) unmittelbar Gottes Wort begegne, löste in der alttestamentlichen Fachwelt eine sehr viel nachhaltigere Diskussion aus als die bald verebbende, hermeneutisch schwächer begründete um die „pneumatische" Exegese. Zusammen mit der gleichzeitigen Luther-Renaissance bedeutete sie einen Rückgriff auf das Schriftverständnis der Reformation, aber mit dem Anspruch, dabei Erkenntnisse und Methoden der historisch-kritischen Forschung voll zu integrieren. Die Möglichkeit dazu bot die Tatsache, daß schon die Reformation den Wortsinn der Heiligen Schrift im Gegensatz zu der vierfachen Schriftauslegung von alter Kirche und Mittelalter betont hatte. Allerdings brachte die Anlehnung an das reformatorische Schriftprinzip für die dialektische Theologie auch die Gefahr mit sich, die hermeneutische Schwäche der Reformation zu wiederholen und das Verhältnis zwischen Exegese und Dogmatik methodologisch nicht genügend durchzureflektieren (zu Luther vgl. E. EBELING, Was heißt „Biblische Theologie"? [o. S. 3.], 73).

Die Vertreter der liberalen Exegese waren keineswegs geneigt, das dogmatische Schriftverständnis der dialektischen Theologie ohne weiteres zu akzeptieren. Eine lebhafte Diskussion, in die auch eine Reihe von Schweizer Pfarrern beider Lager eingriffen, entspann sich in den Spalten des für einen breiteren Leserkreis bestimmten KBRS 1926 zwischen dem Exegeten L. KÖHLER und dem Dogmatiker E. BRUNNER über das Verständnis der „Sündenfall"-Erzählung von Gen 3. KÖHLER hatte betont, diese Erzählung sei nicht dogmatisch, sondern als ätiologischer Mythos zu verstehen; für das Sündenverständnis im gesamten Alten Testament sei sie nicht relevant, sondern erst durch die paulinische Adam-Christus-Spekulation zum Ausgangspunkt der kirchlichen „Erbsünden"-Lehre geworden. Durch die kritische Erledigung des Sündenfallmythos' sei „die ganze Heilslehre des Paulus zerbrochen", „die reformatorische Lehre von der Erbsünde zerstört". Denn es stehe fest, „daß kein Alttestamentler von Ruf es heute mehr auf sich nimmt, die Geschichtlichkeit des Sündenfalls zu vertreten" (106). BRUNNER entgegnet, wenn Paulus ein Neuling sei, wolle er gern mit den Neulingen, Paulus obenan, bei Tische sitzen. Der Mythos vom Sündenfall sei nicht historisch, sondern eschatologisch-teleologisch zu verstehen: er beantworte die Frage nach der jetzigen geschichtlichen Existenz des Menschen, die durch Emanzipation über seine von Gott gesetzten Grenzen hinaus gekennzeichnet sei. Jesus setze die Lehre vom Urstand überall voraus. Er schließt mit der Bemerkung, „daß in dieser Region, in der sich Gen 3 und Röm 5 bewegen, der ‚Alttestamentler von Ruf' als solcher gar nichts zu suchen hat" (116). Die Diskussion setzte sich in ChW 1926 zwischen BRUNNER und dem prominenten Vertreter der religionsgeschichtlichen Schule, H. GRESSMANN, fort. Dabei ist es bemerkenswert, daß BRUNNER in KÖHLER und GRESSMANN „die heute maßgebende alttestamentliche Wissenschaft" repräsentiert sieht (994). GRESSMANN versteht sich als Verfechter der „absoluten Objektivität"; die Exegese hat die Aufgabe, „aus den überlieferten

Schriftwerken die *Tatsachen festzustellen*, die wirklich gewesen sind, oder die Gedanken herauszuarbeiten, die die Verfasser jeweils gedacht haben" (1050). Wirklich voraussetzungslos denkt GRESSMANN allerdings ebensowenig: für ihn ist die Vertreibung aus dem Paradies „ein gewaltiger Fortschritt", denn durch sein Wissen ist der Mensch zum Herrn der Erde geworden, mag er dieses immerhin durch Schuld erworben haben (846). Auch GRESSMANN leugnet, daß er in bewußtem Gegensatz zu dem Prinzip des christlichen Glaubens stehe, daß die Bibel Gottes Wort sei. „Im Gegenteil, auch ich glaube, in der Bibel Gottes Wort zu hören, und ich bin überzeugt, daß dies Bekenntnis für jeden modernen alttestamentlichen Theologen gilt." „Denn die Objektivität des Historikers schließt *subjektive Werturteile* keineswegs aus" (1051). Doch wird ein fruchtbares Gespräch zwischen beiden Auffassungen dadurch verhindert, daß beide, jeweils auf anderer Ebene, dualistisch denken: für BRUNNER ist (mit BARTH) die Sündenfallerzählung Urgeschichte im *Gegensatz* zur Geschichte: „Die Reformatoren haben . . . gewußt, daß es sich da um etwas in unsere geschichtliche Wirklichkeit nicht Einreihbares, um ein anderes Genus von Geschehen handelt" (997). GRESSMANN wiederum kann nicht die Exklusivität der biblischen Offenbarung anerkennen: „Da Gott für mich eine lebendige Wirklichkeit ist, so muß ich ihn als eine universale Größe denken . . . Wer seiner Offenbarung Schranken setzt, der leugnet seine *absolute Macht*. Indessen, wenn es keine Absolutheit der Religion gibt, gibt es natürlich auch keine Absolutheit des Christentums." (1051 f. – Diesen Satz hat G. in einem kurzen Nachwort [1275] dahingehend erläutert, er leugne nicht die Absolutheit des Christentums, da für ihn das Christentum *die* Religion sei; wegen der Absolutheit der Religion müsse er jedoch in allen Religionen eine Teiloffenbarung Gottes finden.) Die Auseinandersetzung ist zwischen diesen Partnern wenig fruchtbar; eine sich auf das Prinzip der voraussetzungslosen Exegese berufende Wissenschaft auf idealistischer Grundlage und eine sich auf den dogmatischen Satz, daß die Bibel Gottes Wort sei, berufende Systematik stehen sich unversöhnt gegenüber.

Es gab jedoch auch Exegeten, die voll in das Lager der dialektischen Theologie übergingen. Der bekannteste unter ihnen ist ohne

Frage Wilhelm VISCHER (vgl. zu ihm bes. BAKER, Two Testaments [o. S. 1], 211–228; außerdem Verf.: Der Konflikt zwischen Exegese und Dogmatik. Wilhelm Vischers Ringen um den „Christus im Alten Testament": Textgemäß. Fs. E. WÜRTHWEIN. Göttingen 1979, 110–122, sowie u. a. K. SCHWARZWÄLLER, Das Verhältnis Altes Testament – Neues Testament im Lichte der gegenwärtigen Bestimmungen: EvTh 29 [1969], 281–307, 281–285). Zu betonen ist, daß VISCHER zeitlebens die Notwendigkeit historisch-kritischer Exegese unterstrichen hat. Er möchte aber unter Wahrung einer wissenschaftlich korrekten Methodik zu einer im Vollsinn „theologischen" Exegese vordringen. „Theologisch" bedeutet für VISCHER, der hierin von K. BARTH fasziniert ist: streng christozentrisch. Das zweite Grundprinzip seiner Hermeneutik heißt: die Bibel ist Gottes Wort; genauer, da es ihm zentral um das Alte Testament geht: Das Alte Testament ist Gottes Wort. Hier gerät allerdings VISCHER in einen unauflöslichen Konflikt zwischen seiner von der Reformation und vor allem auch von J. G. HAMANN übernommenen Erkenntnis von der „Knechtsgestalt der Offenbarung": der vollen Menschlichkeit der Schrift, die deshalb nur auf dem Wege historischer Auslegung erschlossen werden kann (den geschichtlichen Charakter des Alten Testaments will er keinesfalls verwischen, ThBl 1931, 8) und einer metaphysisch konzipierten Christologie, die Christus als den zeitlos-präexistenten unmittelbar in jeden in Frage kommenden Abschnitt des Alten Testaments hineinlesen will. Mit Berufung auf die johanneische Logos-Christologie (ThBl 1931, 6 f.; Christuszeugnis I, 34, A. 51) wird im „Christuszeugnis des Alten Testaments" zunächst der Pentateuch („Das Gesetz"), dann die geschichtlichen Bücher des Alten Testaments („Die früheren Propheten") auf einen verborgenen christologischen Sinn hin durchgegangen. Methodisch verfällt VISCHER dabei, ohne das hinreichend zu reflektieren (er meint, lediglich auf das Gotteswort zu hören, sich der Freiheit des Heiligen Geistes auszuliefern, I, 37), auf eine Form der Allegorese (zuweilen, nicht immer: vorsichtigere Deutungsversuche, wie etwa zur Kreuzesform des Kainzeichens [Gen 4,15] in seiner Beziehung zum Kreuz Christi: „Das Zeichen symbolisiert beide Male dasselbe heiligste Paradoxon: daß der als Mörder dem Gericht Gottes Verfallene als solcher auch der von Gottes Gnade Gehaltene ist" [I, 94] oder die typologische Deutung der Melchizedek-Gestalt [I, 161 ff.] sollten nicht übersehen werden!): so opfert Abraham seinen Sohn Isaak im Glauben an die Auferstehung der Toten; das Opfer des Widders blickt auf das Opfer des Sohnes (Röm 8,32) voraus (I, 174 ff.), das Gotteszelt in Ex 35–40 ist mit dem Leibe Christi, der nach Joh 1,14 „unter uns zeltete" (vgl. auch Joh 2,19) in Verbindung zu bringen (I, 256 ff.), die rote Kuh in Num 19 ist ein Hinweis auf das Opfer Christi (I, 277 f.).

Bei den meisten Fachkollegen hat VISCHER mit seiner Methode scharfe Kritik geerntet. Trotz seines Bekenntnisses, die Geschichtlichkeit der Offenbarung ernst nehmen zu wollen, war er der für die frühe dialektische Theologie charakteristischen metaphysisch-christologischen Sicht zum Opfer gefallen (zum Vorwurf einer „doketischen Christologie" vgl. VON RAD, ThBl 1935, 251).

Aber selbst H. HELLBARTH, der über VISCHER noch mit der Behauptung hinausging, die Ergebnisse der kritischen Wissenschaft seien nicht Voraussetzung für die christologische Exegese des Alten Testaments, das vielmehr vom kirchlichen Bekenntnis festgelegt werde, sich nicht beweisen, nur nachzeichnen lasse (vgl. ThBl 1937), legte doch eine erst am Schluß in eine christologische Ausdeutung auslaufende, im übrigen aber durchaus historisch-kritische Hosea-Auslegung vor (1935). Eine letzte methodische Unabgeklärtheit wird hier sichtbar.

In der Diskussion mit VISCHER äußert sich der junge G. VON RAD mit einer vorsichtigen Andeutung seines späteren Programms: man müsse „in diesen Geschichtslauf Israels hineinhorchen und den Mut haben, die einzelnen Dokumente ganz in ihrer Einmaligkeit und auch in ihrer geschichtlichen Begrenzung zu fassen" (ThBl 1935, 252). Es gelte das „Wagnis einer in den Glauben des jeweiligen Zeugnisses eintretenden Deutung" (ThBl 1936, 33). Gleichwohl hält auch er an dem Bezug auf Jesus Christus, den der christliche Anspruch auf das Alte Testament erheben müsse, fest (vgl. auch in : A. ALT/ J. BEGRICH/ G. VON RAD, Führung zum Christentum durch das Alte Testament. Drei Vorträge. Leipzig 1934, bes. 68 ff.). V. HERNTRICH verwies in seinem vielbeachteten Gesprächsbeitrag mit VISCHER vor allem auf den heilsgeschichtlichen Unterschied zwischen der Zeit des Alten und Neuen Testaments (Neuauflage, 16 f.), auf das Wort, das uns in der Geschichte gegeben ist (23), die aber doch die Einheit der beiden Testamente nicht aufhebe (31). Diese Einheit sei aber keine Identität (32). Er macht den wichtigen Vorschlag eines trinitarischen statt ausschließlich christologischen Verständnisses des Alten Testaments (ds.).

Mit Beginn des 2. Weltkrieges, als äußere Gründe die Buchproduktion weitgehend lahmlegten, hatte die dialektische Theologie ihren Höhepunkt bereits überschritten. Nachwirkungen im Bereich der alttestamentlichen Theologie zeigten sich jedoch noch später, und im angelsächsischen Bereich regte sich die theologische Hinwendung zur Bibel erst in diesen Jahren. Den Widerhall in breiten Bereichen des westeuropäischen Protestantismus kann man an einem populären, praxisorientierten Werk wie dem von S. de Diétrich (Wiederentdeckung) studieren, das vom Weltrat der Kirchen herausgebracht wurde. Der Gedanke, daß die Bibel Gottes Wort sei, wird hier zum tragenden Gedanken des gesamten Bibelverständnisses und dient auch als Leitgedanken für die Durchführung eines organisierten Bibelstudiums (dt. Fassung, 69 ff.).

Auch die Antwort der dialektischen Theologie zum theologischen Problem des Alten Testaments blieb mit methodischen Schwächen behaftet. Ihr Grundproblem lag darin, daß sie von dogmatischen Positionen ausging, die als Antwort auf eine rein religionsgeschichtlich orientierte Betrachtung der Bibel aus einem praktisch-kirchlichen Bedürfnis heraus hervorbrachen (von Rad [ThBl 1935, 249], beklagt, „daß die Verbindung der Gemeinden mit der alttestamentlichen Wissenschaft seit mehr als einer Generation so gut wie völlig abgerissen ist“), aber hermeneutisch das Problem der Geschichte nicht zu bewältigen vermocht hatten. Wie noch zu zeigen sein wird, ist diese Frage bis heute nicht abschließend beantwortet.

4. *Der ideologische Kampf gegen das Alte Testament und seine Folgen*

ABRAMOWSKI, R.: Vom Streit um das Alte Testament: ThR NF 9 (1937), 65–93 (Literaturbericht); ANDERSEN, F./BARTELS, A./KATZER, E./WOLZOGEN, H. P. Frh. VON: Deutschchristentum auf rein evangelischer Grundlage. Leipzig 1917; CHAMBERLAIN, H. S.: Die Grundlagen des neunzehnten Jahrhunderts. (1899) München 1932[15]; DELITZSCH, F.: Die große Täuschung. T. I und II. Stuttgart 1920–21 (1921[13–14]) [vgl. die Bespr. v. E. SELLIN: ThG 15 (1921), 93 f.]; DINTER, A.: 197 Thesen zur Vollendung der Reformation. Leipzig 1926 (vgl. auch ders.: Die Sünde wider das Blut. Ein Zeitroman. Leipzig 1921); FRITZSCH, Th.: Der falsche Gott. Beweismaterial gegen Jahwe. Leipzig (1911) 1933[10]; KUPTSCH, J.: Mit Hitler zur Volksgemeinschaft und zum Dritten Reich, mit Christus zur Glaubensgemeinschaft und zur dritten Kirche. Heiligenbeil 1934; DE LAGARDE, P.: Die Religion der Zukunft: Gesamtausgabe letzter Hand. Göttingen 1891, 217–247; LUDENDORFF, E. und M.: Das große Entsetzen – die Bibel nicht Gottes Wort. München 1936; NIEDLICH, J. K.: Jahwe oder Jesus? Leipzig 1925; ROSENBERG, A.: Der Mythos des 20. Jahrhunderts. München (1930) 1932[3]; VON WENDRIN, F.: Die Entdeckung des Paradieses. Braunschweig 1924.

BAUMGÄRTEL, F.: Die Bedeutung des Alten Testaments für den Christen. Schwerin 1925; ders.: Das Alte Testament: Die Nation vor Gott, hg. W. KÜNNETH/H. SCHREINER. Berlin 1934[4], 97–114; BEGRICH, J.: Antisemitisches im Alten Testament. Jena 1931; EICHRODT, W.: Das Alte Testament und der christliche Glaube. Stuttgart/Basel 1936; ENGELKE, F.: Christentum, deutsch. Hamburg 1933; HEMPEL, J.: Altes Testament und völkische Frage. Göttingen 1932[2]; ders.: Fort mit dem Alten Testament? Gießen 1932; HERNTRICH, V.: Völkische Religiosität und Altes Testament. Gütersloh 1933; HERTZBERG, H. W.: Der Deutsche und das Alte Testament. Gießen 1934; KEGEL, M.: Das Alte Testament ein Freund oder Feind unseres Volkes? Breslau 1934; KÖNIG, E.: Friedrich Delitzschs „Die große Täuschung" kritisch beleuchtet. Gütersloh 1921; ders.: Wie weit hat Delitzsch recht? Gütersloh 1921; MEINHOLD, J.: Das Alte Testament und evangelisches Christentum. Gießen 1931; NIELEN, J.: Die religiöse Bedeutung des Alten Testaments für den katholischen Christen. Paderborn 1935[2]; SCHLIER, O.: Das Christuszeugnis (o. S. 25); SCHUSTER, H.: Das Alte Testament heute. Frankfurt a. M. 1935; SELLIN, E.: Abschaffung des Alten Testaments? Berlin 1932; ders.: Das Alte Testament und die evangelische Kirche der Gegenwart. Leipzig 1921; TRAUB, F.: Die Kirche und das A. T.: ZThK 16 (1935),

175–189; VISCHER, W.: Gott und Volk in der Bibel: EvTh 1 (1934), 24–48; VOLZ, P.: Der Kampf um das Alte Testament. Stuttgart 1932 (1933²).

Die theologische Arbeit am Alten Testament wurde noch von einer anderen Seite in unerwarteter Weise stimuliert: von dem Kampf, den völkisch-nationale Kreise aus antisemitisch-ideologischen Gründen gegen das Alte Testament führten, mit dem Ziel, es als Teil der christlichen Bibel abzuschaffen und als „Judenbuch" zu diffamieren. Die nationalsozialistische Ideologie griff auf dem Wege zur „Endlösung" der Judenfrage dieses Programm auf; aber es ist wichtig zu erkennen, daß seine Wurzeln bereits im 19. Jahrhundert liegen und der anti-alttestamentliche Affekt vor und nach dem 1. Weltkrieg von breiten Schichten des deutschen Volkes geteilt wurde.

Am Anfang dieser Bewegung steht die bedeutende Gestalt P. DE LAGARDES, des von Fichteschem Idealismus geprägten Universalgelehrten (vgl. W. HOLSTEN, RGG³, IV, 200 f. [Lit.]; H. W. SCHÜTTE, Lagarde und Fichte. Gütersloh 1965; ders., Theologie als Religionsgeschichte. Das Reformprogramm Paul de Lagardes: NZSTh 8 [1966], 111–120). In seiner Programmschrift von 1878 ›Die Religion der Zukunft‹ fordert er die neue deutsche Nationalreligion, die aus echtem Christentum und den edlen Elementen der deutschen Seele zusammengefügt, dagegen von allen undeutschen Lastern gereinigt ist. Das Alte Testament (für dessen Erforschung LAGARDE auf philologischem Gebiet Bedeutendes geleistet hat) hat in dieser Religion keinen Platz, denn das Christentum, das auf dem Boden des römischen Vielvölkerweltreiches entstanden und aus vielen Quellen gespeist ist, ist vor allem durch die jüdischen Elemente, die es in sich aufgenommen hat, dem Untergange geweiht (231). Ähnlich forderten auch die zum Reformationsjubiläum 1917 herausgebrachten 95 Leitsätze: ›Deutschchristentum auf rein-evangelischer Grundlage‹ (F. ANDERSEN u. a.) – die man als eine Art Gründungsurkunde der deutsch-christlichen Bewegung ansehen kann (vgl. K. HUTTEN, Art. Deutsch-christliche Bewegungen: RGG³, II, 104–107, 104) – eine endgültige Trennung des Christentums vom Erbe des Judentums in Gestalt des Alten Testaments, um es für eine Verbindung mit dem Deutschtum freizumachen. Deutscher Nationalismus aus der euphorischen Zeit der Reichsgründung mischt sich hier mit der (vor allem unter Neutestamentlern auch heute noch nicht ausgestorbenen) religionsgeschichtlichen Auffassung, daß das Christentum eine grundsätzlich neue Religion sei, aus dem Bereich der hellenistisch-römischen Religionswelt weit stärker als gerade vom Alten Testament her geprägt (beispielhaft dazu K. HOLL, Urchristentum und Religionsgeschichte: ZSTh 2 [1924], 387–430 = ders., Ges. Aufsätze zur Kirchengeschichte. Tübingen 1928 [Neudruck Darmstadt 1964], 1–32).

Einflußreich im Rahmen der Völkischen Bewegung (vgl. H. HOHLWEIN: RGG³, VI, 1424–1432 [Lit.]) war weiter H. S. CHAMBERLAINS ›Die Grundlagen des XIX. Jahrhunderts‹, als dessen Grundgedanken der Verf. die Idee von der Überlegenheit der nordischen Rasse bezeichnet (Vorwort z. 14. Aufl., I, 15). Hier finden sich schon die meisten Themen, die in der anschließenden Diskussion um das Alte Testament in grob-polemischer oder auch in sublimiert-wissenschaftlicher Form wiederkehren sollten: die These, die christliche Religion sei im wesentlichen aus zwei Wurzeln entstanden: „jüdischer historisch-chronistischer Glaube und indoeuropäische symbolische und metaphysische Mythologie“ (608).

Echte Religion ist aber nur der indoeuropäische Glaube, denn überall, außer im Semitenraum, „ist die Religion von Geheimnisvollem durchwebt“ (429). Von der romantisch-idealistischen Religionsauffassung als Maßstab aus (vgl. auch 240 f. und passim) fällt die jüdisch-alttestamentliche Religion klar ab: in Wahrheit ist das Judentum des Alten Testaments und der Gegenwart ein „religiös durchaus verkümmertes“ Volk (239). So sind die Juden krasse Materialisten (wie sich in ihrer ständigen Neigung zum Götzendienst zeigt, 250). Ihr Verhältnis zu ihrem Gott war von Beginn an ein politisches (256), ihre Glaubensauffassung rein historisch orientiert (631). Das Alte Testament ist deshalb „ein rein geschichtliches Werk“ (253). Während der arische Glaube von der schönen Gesetzmäßigkeit her, die er in der gesamten Natur erfühlt, zur Anbetung des höchsten Wesens gelangt, verleiht die einseitige Abhängigkeit von dem Willen Gottes – der jüdische Jahwe kann nur als Verkörperung der Willkür betrachtet werden (264) – dem israelitischen Glauben einen fast ausschließlich moralischen Zug (269 f.).

Jesus, der blutsmäßig wahrscheinlich kein Jude war (228 ff.), ist „nicht die Vollendung der jüdischen Religion, sondern ihre Verneinung" (246). Er legt in der Religion das ganze Gewicht auf das bei den Juden fast verschüttete Gemüt (246). Dem jüdischen Gesetz steht er reserviert gegenüber; an die Stelle des Gottes der Hartherzigkeit, den man wie Knechte zu fürchten hat, setzt er den himmlischen Vater, den man von ganzem Herzen lieben kann (149).

Andererseits ist die Lehre Christi ohne die Voraussetzung des Judentums nicht zu denken. Nicht nur bildet die alttestamentliche Erkenntnis von der Schwäche des Menschen und der Erbärmlichkeit himmelstrebender Vernunft den Hintergrund für die tragische Größe des Zivilisationswerkes der Griechen und Römer (48 f.). In Israel (nicht in Griechenland) ist aber auch der Begriff der Freiheit des Menschen entstanden; dort „finden wir, selbst im Verbrechen, Charakter und Beharrlichkeit, sowie Treue gegen das eigene Volk" (102). Nur auf dem Hintergrund des jüdischen Gottesverständnisses konnte Jesus zu seiner Auffassung von dem persönlichen Gottesverhältnis des einzelnen kommen (267). Auch im Glauben an die göttliche Allmacht, der Betonung der moralischen Natur des Menschen und der Gleichheit aller vor Gott ist Christus von jüdischen Vorstellungen bestimmt. Die Umkehr des Willens, die er lehrt, knüpft an die semitische Betonung des Willens an: „Christus wird ein Jude, und seine Erscheinung kann nur verstanden werden, wenn wir diese eigentümlich jüdischen Anschauungen, die er vorfand und sich zu eigen machte, kritisch begreifen gelernt haben" (269 f.).

Einerseits ist Christus ohne die grundlegenden Lehren des Judentums nicht zu verstehen (271), andererseits wich er in toto von ihnen ab (270).

Für das werdende Christentum wurde der jüdische historische Glaube neben der indoeuropäischen Mythologie (die in entstellter Form besonders seit dem 4. Jahrhundert zu einer Entartung des Christentums durch Dogmen, Reliquien, Mönchswesen usw. führte, während ihr echter mythischer Kern die für es wesentliche Erlösungsreligion ist, 620 ff.) zu einem der beiden Grundpfeiler (591 ff.). Der jüdische Beitrag zum christlichen Glaubensgut war in der für das Judentum charakteristischen Denkweise des Lebenswillens bedeutend und unentbehrlich (630). Doch standen die Großen des Glaubens, wie besonders Paulus, dem jüdischen Geiste in entscheidenden Fragen fern. Paulus, wohl kaum ein rassereiner Jude (643), ist eine durchaus zwiespältige Erscheinung. „In seinem tiefsten inneren Wesen, in seiner Auffassung von der Bedeutung der *Religion* ist Paulus so unjüdisch, daß er antijüdisch genannt zu werden verdient" (647); seine Mystik, sein Erlösungsgedanke sind durchaus indoeuropäisch. Doch hat gerade Paulus, besonders im Römerbrief, auf der Grundlage des Alten Testaments und mit Hilfe der jüdisch-anthropomorphen Gottesvorstellung das Schema eines als geschichtliche Ereignisse verstandenen Vorstellungen wie Sündenfall, Geburt des zweiten Adam umfassenden Heilsplans entworfen, der den auf ein willkürliches Gesetz gestützten, mit Lohn und Strafe verbundenen Gedanken eines Endgerichts enthält, wobei die Strafe nur durch ein entsprechendes Opfer gesühnt werden kann (649 f.). Zwischen den beiden Religionsauffassungen des Paulus besteht ein unauflöslicher Widerspruch, der notwendig zum Kampfe führt (651). Man kann nur dem einen oder dem anderen Paulus anhängen (653 f.). Der Geschichte des Christentums liegt nicht die Gestalt Jesu Christi zugrunde, sondern „die Paarung des arischen Geistes mit dem jüdischen und beider mit Tollheiten des nations- und glaubenslosen Völkerchaos" (656). Deshalb ist ein Neuanfang nötig zu einer echt arischen deutschen Nationalreligion.

Eine plumpe Abwertung des Judentums liegt CHAMBERLAIN, anders als seinen Nachbetern, fern: „Die Juden verdienen Anerkennung, denn sie haben (bei der Ausbreitung ihres Einflusses in Europa) mit absoluter Sicherheit nach der Logik und Wahrheit ihrer Eigenart gehandelt" (354), die durch die Eigentümlichkeit ihrer Rasse bedingt ist (378 ff.). Als solche stellen sie allerdings einen Fremdkörper in Europa dar; ihr steigender Einfluß schafft das drängende Problem der Judenfrage (353 ff.).

Auf der Basis der Gedanken CHAMBERLAINS kämpften zahlreiche andere Anhänger der Völkischen Bewegung und später der aus ihr hervorgehenden Deutschen Christen gegen die „Judengefahr" und das mit dem Judentum identifizierte Alte Testament. Es gab auch Stimmen, die das Alte Testament *gegen* das Judentum ins Feld führten, wie der berüchtigte Th. FRITZSCH, der nicht nur den jüdischen Jahwe von dem christlichen Gott der Liebe absetzte, sondern auch einen Gegensatz zwischen Israeliten und Juden behauptete, der rassisch bedingt sei (16 ff.). Nicht nur ist Christus kein Jude (24), sondern auch die prophetischen Schriften sind antijüdisch ausgerichtet (21). Auch für NIEDLICH, der arisch-germanische und semitische Religion als Gegensätze versteht, ist Jesus, der Gottsucher und Vertreter einer innerlichen, rein sittlichen Religion, der Verkörperer germanischen Glaubens; aber auch Jeremia, Deuterojesaja und Hiob sind Außenseiter gleichen Sinnes, die jedoch ohne entscheidenden Einfluß auf die Entwicklung der semitischen Religion blieben. Für DINTER (22) ist Jahwe die Personifikation des Bösen; die Juden sind „nicht das auserwählte Volk Gottes, sondern das auserwählte Volk des Teufels" (25). Dagegen ist die arische Urreligion die höchste Stufe der Religion überhaupt (20). Die Manie für alles Arische führt gelegentlich zu absurden Äußerungen, wie dem Versuch WENDRINS, das Paradies im schwedischen Tanum (Bohuslän) zu lokalisieren. Auch uralte, aus der Aufklärung stammende moralische Vorwürfe gegen das Alte Testament werden wieder lebendig. So verspottet A. ROSENBERG, Chefideologe des Nationalsozialismus, die angebliche Heldenhaftigkeit des jüdischen Volkes (wie es CHAMBERLAIN nie getan hätte): „Das jüdische Volk beginnt mit Viehzüchtungsgeschichten, die aber auch jeder Heldenhaftigkeit ermangeln; seinen späteren Auszug aus Ägypten begleitet die Bibel selbst mit der Erzählung von den den Ägyptern gestohlenen Kostbarkeiten; in den Betrügereien und im Schmarotzertum unter den Völkern des gelobten Landes selbst zeigt sich dann alles andere als eine heroische Haltung" (Der Mythos des 20. Jahrhunderts, 152). Im Jahweglauben vereinen sich Materialismus mit „ödestem philosophischem Aberglauben, wofür das sogenannte Alte Testament, der Talmud und Karl Marx gleiche Einsichten vermitteln" (142). Das Ehepaar LUDENDORFF lehnte in seinen zahlreichen Pamphleten das Christentum in Bausch und Bogen und die gesamte Bibel als Betrug von Judentum und Priesterglauben ab.

Relativ früh schon erschien der aufsehenerregende Doppelband des angesehenen Assyriologen F. DELITZSCH: ›Die große Täuschung‹. Seine wichtigsten Kritikpunkte sind: 1. Die Unzuverlässigkeit der geschichtlichen Bücher des Alten Testaments als Geschichtsquelle im Hinblick auf ihren Überarbeitungszustand; 2. die sittliche Minderwertigkeit aller Hauptakteure einschließlich der großen Propheten; 3. der Irrglaube, Jaho (sic) mit Gott überhaupt gleichzusetzen, obwohl er doch ein partikulärer Volksgott ist und auf viel zu tiefer sittlicher Stufe steht, um als höchster Weltgott anerkannt werden zu können; 4. von daher die Wahnidee einer jüdischen Weltmission; 5. unerfüllte Prophetien, welche die Wertlosigkeit der Prophetie beweisen; 6. niedere religiöse und sittliche Vorstellungen im Psalter; 7. Jesu antijüdische Geistesart. Obwohl man DELITZSCH mit Recht vorwerfen konnte, daß er mit diesen Punkten nichts Neues gesagt habe, sicherte ihm sein wissenschaftliches Ansehen (weit bekannt war er aus dem Babel-Bibel-Streit der Jahrhundertwende) doch ein ungeheures Echo, das um so größer war, weil sein Angriff auf eine in Gemeindekreisen noch weit verbreitete Inspirationsgläubigkeit stieß, wo man die Ergebnisse der kritischen Forschung noch kaum zur Kenntnis genommen hatte. Für viele brach eine Welt zusammen, anderen lieferte er die ersehnten Argumente für ihr lange schwelendes Unbehagen gegenüber dem Alten Testament.

Auf DELITZSCHS Publikationen hin formierte sich nun auch eine Verteidigungsfront für das Alte Testament. Wenig überzeugend war allerdings die von E. KÖNIG vertretene konservative Position; wenn dieser auch mit den pseudowissenschaftlichen Argumenten DELITZSCHS leichtes Spiel hatte, konnte der versuchte Nachweis historischer Zuverlässigkeit pentateuchischer und anderer alttestamentlicher Geschichtsquellen (Die große Täuschung, 6 ff.) oder die Verteidigung der religionsgeschichtlichen Leistung der Propheten (80 ff.) erst recht nicht überzeugen. E. SELLIN, besonnener Vertreter der historisch-kritischen Richtung, betonte dagegen (1921) gegenüber der Verbalinspirationslehre den geschichtlich vermittelten Charakter der Offenbarung (19), wiederholte manches, was über den sagenhaften Charakter der alttestamentlichen Geschichtsüberlieferung, Irrtümer in der Prophetie, Inferiorität der Ethik und des Gottesglaubens im Alten gegenüber dem Neuen Testament communis opinio war (10 ff.), machte dann aber darauf aufmerksam, daß die alttestamentliche Wissenschaft es über allen ihren Leistungen versäumt habe, nach der im Alten Testament anzutreffenden göttlichen Offenbarung zu fragen (17 ff.). Die Definition von „Offenbarung" ist überraschend modern: „Offenbarung ist Selbstmitteilung des lebendigen Gottes zwecks persönlicher Lebensgemeinschaft mit ihm" (18). Im übrigen können wir aber in dem Büchlein den Standpunkt des liberalen Exegeten zur religiösen Bedeutung des Alten Testaments sehr schön verfolgen: Das Herz des Alten Testaments bzw. der alttestamentlichen Religionen sind die Propheten; sie, „diese einzigartigen Männer" (22), „die als ein Unikum in der ganzen altorientalischen Religionsgeschichte dastehen" (21) und das Wesen Gottes in einer vollständig neuen Weise auffassen: „nur Sittlichkeit, nur Gerechtigkeit, nur Liebe verlangt er vom Menschen" (ds.). Die Propheten sind die „großen, klassischen Gestalten der Religion" (30); sie gehören nicht nur ihrem Volke, sondern der Menschheit an. Dagegen wurde mit dem „verhängnisvollen Schritt" der Einführung des Deuteronomiums „der Weg ins Judentum betreten" (55); das nachexilische Gesetz repräsentiert die Volksreligion, die an die Stelle der Religion des Geistes getreten ist. Mit dieser (von Wellhausen übernommenen) Auffassung stellt sich Sellin gegen alle die, welche das Alte Testament pauschal mit dem Gesetz identifizieren: „Das Gesetz steht nicht am Anfang, sondern am Ende der jüdischen Religionsgeschichte" (90). Die „Unterscheidung zwischen der schließlich zur judaistischen Gesetzesreligion gewordenen Volksreligion und der prophetischen, göttlichen Offenbarung" (72) ermöglicht es Sellin, mit Kähler, in der Bibel, auch dem Alten Testament, das unmittelbar an den einzelnen ergehende Gotteswort zu erkennen (86). Mit Jesu differenzierter Haltung zum Alten Testament, die für den Christen maßgebend ist (63 ff.), mit Paulus und den Aposteln (70 ff.) ist gegenüber einer falschen Gleichsetzung von Altem und Neuem Testament (96 f.) die israelitisch-jüdische Seite und die Seite des religiösen Fortschritts am Alten Testament zu unterscheiden (83). Die ganze israelitische Religionsgeschichte muß begriffen werden als das Ringen „zweier Faktoren, eines höheren und eines niederen: des überweltlichen Gottesgeistes und der natürlich gewachsenen Volksreligion" (63).

Die liberale Position, wie sie in SELLINS Ausführungen hervortritt, war in ihrem Dualismus den sich schon vor der nationalsozialistischen Machtübernahme zuspitzenden antisemitischen Angriffen auf das Alte Testament nicht gewachsen, bot sie doch in sich selbst den Zündstoff für diese Flammen. Deutlich erkennt man das an SELLINS eigenen Äußerungen von 1932, welche die inzwischen dramatisch verschärfte Situation deutlich widerspiegeln. Der Kern der Argumentation ist jetzt noch entschiedener die Gegenüberstellung von „nationaler Kultreligion" und „sittlich prophetischer Religion" (19 ff.) als einem „Doppelgesicht" der israelitischen Religion (19). In der jüdischen Gemeinde gesiegt hat die nationale Kultreligion, aber Jesus knüpft an die Prophetenreligion an (20; – zur „Profeten-Anschluß-Theorie" der literar-kritischen Schule vgl. auch K. KOCH, Ratlos vor der Apokalyptik. Gütersloh 1970, 35 ff.). Durch Berufung auf den Teil des Alten Testaments, den er der „prophetischen Religion" zurechnet, meint SELLIN dieses vor den antisemitischen Angriffen retten zu können; der „starke israelitisch-jüdische Einschlag", der im Alten Testament vorliege, sei mit dem Evangelium abgetan (37). Aber wenn er aus der Erkenntnis, daß alle göttliche Offenbarung eine geschichtlich fortschreitende ist, den Schluß zieht, „daß sie ihre zeitgeschichtlichen Stufen und Schranken gehabt hat" (37), scheint die Geschichtslosigkeit der Aufklärung und ihr moralisches Urteilen, das allen Angriffen auf das Alte Testament zugrundelag, ebenso klar hindurch wie idealistische Emphase in der Meinung, man könne beim Lesen oder Hören der Worte des Alten Testaments „über die Schranken der Jahrtausende hinweg" erleben, wie der lebendige Gott vor uns stehe, „kein Jahwe oder dergleichen" (38).

In der Schrift von MEINHOLD: ›Das Alte Testament und evangelisches Christentum‹ wird das Schema schon im Aufbau deutlich: „Die Rückständigkeit Israels" (41–58) und die (überholte) „Weltanschauung Israels" (58–81) werden dem Abschnitt „Das Bleibende" (95–147) gegenübergestellt, in dem dann vom Alten Testament als „Urkunde der Offenbarungsreligion" und als „heiliger Schrift des evangelischen Christen" gehandelt wird.

Eine ähnliche Argumentationsweise kann man in vielen Schriften beobachten, die das Alte Testament mit subjektiver Ehrlichkeit verteidigen wollen, dabei aber verhängnisvolle Konzessionen an den Zeitgeist machen. So etwa M. KEGEL, der das Alte Testament als israelitisches Buch (15), in dem der Zug zur Wahrhaftigkeit (17) und das Heldenhafte (21) hervorzuheben sei, gegen das „entartete Judentum" (14) der Gegenwart abgrenzt (ähnlich HEMPEL, Fort mit dem Alten Testament?, 19 ff.: „Daß das alte Israel . . . und das Judentum zwei geschichtlich verschiedene Größen sind"), bei HERTZBERG, der eine innere Nähe zwischen der „germanisch-arianischen Kirche" und der weltbejahenden Haltung des Alten Testaments (24), zu seinem Gott, für den die Macht (27), daneben auch Gerechtigkeit und Güte (28) charakteristisch sind, feststellt, bei BEGRICH, der meint, „daß das A. T. mit der antisemitischen Polemik einig ist in dem, was sie ablehnt (Beispiele dafür aus der prophetischen Scheltrede gegen ‚jüdisches' Geschäftsgebaren, Korruption usw., 15 ff.) und weitgehend in dem, was sie für richtig und ideal hält" (28) (Beispiele: Dekalog u. ä., 17 ff.). Wenige nur hatten Kraft und Mut, die Vergötzung des Volkstums offen anzuprangern (so HERNTRICH, 1933; VISCHER, EvTh 1934; vgl. auch HEMPEL, Fort mit dem Alten Testament?, 12: die „Religion als Kritik des Volkstums").

Es gab auch eine auf hohem Niveau geführte theologische Diskussion über das Alte Testament, deren Denkvoraussetzungen ihre Herkunft aus der liberalen Theologie der Jahrhundertwende allerdings ebenfalls nicht verleugnen konnten. Zu denen, die das Alte Testament als Offenbarungsurkunde ablehnten, ihm aber doch einen beschränkten Platz in der Kirche belassen wollten, gehören vor allem A. VON HARNACK, E. HIRSCH und R. BULTMANN. Schon HARNACK (Marcion. Das Evangelium vom fremden Gott. Leipzig 1924²) glaubte, nur die Konsequenz aus der Erkenntnis über die Eigenart des christlichen Gottesbegriffs (222) zu ziehen (nach K. HOLL, Urchristentum [o. S. 33 ff.], 10 f., hatte Jesus gegenüber dem A. T. einen völlig neuen Gottesgedanken gebracht), wenn er sich gegen die Kanonizität des Alten Testaments aussprach: „. . . das A. T. im 2. Jahrhundert zu verwerfen, war ein Fehler, den die große Kirche mit Recht abgelehnt hat; es im 16. Jahrhundert beizubehalten, war ein Schicksal, dem sich die Reformation noch nicht zu entziehen vermochte; es aber seit dem 19. Jahrhundert als kanonische Urkunde im Protestantismus noch zu konservieren, ist die Folge einer religiösen und kirchlichen Lähmung", X. 217). Die religionsgeschichtliche Hochschätzung („die Propheten", 223) glaubte er ihm gerade durch den Verzicht auf die *kanonische* Autorität erhalten zu können (von DELITZSCH distanzierte er sich entschieden, 212, Anm. 1).

Aus ganz anderem Holz geschnitzt ist E. HIRSCH in seiner Arbeit: ›Das Alte Testament und die Predigt des Evangeliums‹. Tübingen 1936 (vgl. zur Kritik STRATHMANN, ThBl 1936 [o. S. 25]; O. PROCKSCH, Marcion redivivus: AELKZ 70 [1937], 218–226; G. VON RAD, Gesetz und Evangelium im Alten Testament: ThBl 16 [1937], 41–47; H. SEEBASS, Biblische Hermeneutik [o. S. 21], 13–25). Er knüpft bewußt an Luther an und wählt die Dialektik zwischen Gesetz und Evangelium sowie den existentialen Ansatz KIERKEGAARDS (vgl. die Leitworte, III) zum Maßstab seines Urteils über das Alte Testament. Dabei kommt allerdings das Alte Testament (oder: „die alttestamentlich-jüdische Religion") einseitig auf die Seite des Gesetzes („daß wir das Alte Testament *in seiner Ganzheit* auffassen müssen als ein Dokument einer durch den christlichen Glauben aufgehobenen Gesetzesreligion", 26), das Neue Testament (oder: „die christliche Religion") auf die Seite des Evangeliums zu stehen (11. 76). Im Sinne einer „klar auf den Gegensatz der beiden Testamente gerichteten Vormeditation" (11; vgl. 77 f.), wobei das Alte Testament einseitig vom Standpunkt „der nachexilischen jüdischen Volks- und Religionsgemeinde" aus in seinem *Gesamtsinn* zu deuten ist (72), sind weitere Unterschiede zu erkennen: das Alte Testament kennt nicht die Zwei-Reiche-Lehre, sondern nur die irdische Gottesherrschaft (13); der Gott Abrahams (in Gen 22) ist ein anderer als der Vater Jesu Christi: er fordert blinden Gehorsam auch gegenüber sinnwidrigen Forderungen, er hat eine Verheißung nur für dieses Leben, er begegnet „als die unheimliche Heischemacht, mit der umzugehen den Menschen zerbricht" (25).

Das Alte Testament ist deshalb nicht mehr Zeugnis einer verbindlichen Offenbarung: „Die alttestamentliche Religion ist als ein Spezialfall in die außerchristliche Religion hineingeordnet" (ds.), sie ist ein „Sonderfall der nicht-christlichen Volksreligion" (70, mit Abgrenzung auch gegen Luthers Auffassung. Deutlich wird der Hintergrund der religionsgeschichtlichen Sicht, wie sie HIRSCH durch seine alttestamentlichen Lehrer, vor allem GUNKEL und GRESSMANN, nahegebracht worden war). Zunächst ist der Unterschied zwischen ihr und anderen heidnischen Religionen nur der, daß sie der geschichtliche Boden ist, auf dem das Christentum erwachsen ist (27). Doch meint HIRSCH, daß damit das Alte Testament für den Christen nicht endgültig abgetan ist. Mit seinem Buch glaubt er vielmehr einen wichtigen Beitrag für seine Verteidigung zu leisten („Es hat also nicht an der Heftigkeit der Angriffe auf das Alte Testament seinen Anlaß, sondern an der ganz unzureichenden Art, wie man ihnen begegnet", 15). Das Alte Testament ist deshalb für den Christen immer wieder aktuell, weil in ihm die dunkle, unheimliche Macht, der deus absconditus, der als geheimnisvoller Hintergrund in aller menschlichen Religion immer wieder zugegen ist, auch dem Christen (so mit Luther) in den Masken von Sünde, Tod, Anfechtung entgegentritt (27–30). Durch den Gott der Liebe und der Wahrheit, den Vater Jesu Christi, ist der Gott des Alten Testaments bereits überwunden; er muß jedoch seiner Macht über den einzelnen jeweils erst im Glauben entsetzt werden (30 f.).

Aus diesem Grundgegensatz zwischen Altem und Neuem Testament ergeben sich eine Reihe weiterer Unterschiede: daß das Alte Testament an Tempel und Kult gebunden ist (72 f.), daß es volksbezogen ist (74) und nicht den christlichen Glauben an ein ewiges Leben kennt (75). Dies alles könnte man wohl im einzelnen auch in anderen außerchristlichen Religionen finden. Eine Sonderstellung nimmt die alttestamentlich-jüdische Religion für HIRSCH darin ein, daß sie, im übrigen typische Gesetzesreligion, als erste den Widerspruch zwischen der Selbstbehauptung des Menschen im Gesetzesdienst und der Begegnung mit dem lebendigen Gott erfahren hat, und daß sie deshalb „diejenige geschichtliche Erscheinung ist, an der das Verhältnis des christlichen Glaubens zur Gesetzesreligion, und das heißt zur echten Möglichkeit außerchristlicher Religion, so offenbar wird wie nirgends sonst" (82). „Gerade also weil das Alte Testament das geschichtlich mächtigste Widerspiel des Neuen ist, gerade darum paßt es so gut als erster Teil der christlichen Bibel" (83).

Zur Kritik hat schon R. ABRAMOWSKI gesagt (ThR 1937, 75), der Grundfehler HIRSCHS liege in der mechanischen Gleichsetzung A.T. = Gesetz, N.T. = Evangelium. „Gesetz und Evangelium wird nicht mehr durch die eine Offenbarung Gottes zusammengehalten. Sie sind nicht mehr das doppelte Verständnis des einen Wortes, sondern zwei verschiedene religionsgeschichtliche Phasen.“ Primär gehe es nicht um die Erkenntnis von Gesetz und Evangelium, sondern um die Abwertung des Alten Testaments. W. ZIMMERLI hat später bemerkt, die Position HIRSCHS bedeute eine Übernahme des spätjüdischen Mißverständnisses des Alten Testaments. „Die Reduktion des alttestamentlichen Wortes auf den Gesetzesbegriff ist einfach exegetisch falsch und darf der Synagoge nicht abgenommen werden“ (Das Alte Testament in der Verkündigung der christlichen Kirche: ders., Das Alte Testament als Anrede [BEvTh 24] München 1956, 62–88, 80). In anderer Weise als bei VISCHER, aber ebenso apriorisch, hat bei HIRSCH ein dogmatischer Gesichtspunkt über die Exegese gesiegt.

Die existentiale Deutung HIRSCHS kehrt in verwandter Weise bei R. BULTMANN in seinem Aufsatz ›Die Bedeutung des Alten Testaments für den christlichen Glauben‹ wieder (in ders., Glauben und Verstehen. Bd. I. Tübingen 1972[7], 313–336).

Zur Kritik vgl. auch: MARLÉ, R.: Bultmann and the Old Testament: T. E. O'MEARA/D. M. WEISER (eds.), Rudolf Bultmann in Catholic Thought. New York/Evanston/London 1963, 49–63; RICHARDSON, A.: Is the Old Testament Propaedeutic to Christian Faith?: B. W. ANDERSON (ed.), The Old Testament and Christian Faith. New York/Evanston/London 1963, 36–48; GEYER, H. G.: Zur Frage nach der Notwendigkeit des Alten Testaments: EvTh 25 (1965), 207–237; SEEBASS, H.: Biblische Hermeneutik (o. S. 21), 55–73; BAKER, Two Testaments (o. S. 1), 157–187; MÜLLER, P.-G.: Altes Testament, Israel und das Judentum in der Theologie Rudolf Bultmanns: Kontinuität und Einheit. Fs. F. MUSSNER. Freiburg/Basel/Wien 1981, 439–472.

Auch für BULTMANN gibt das Schema von Gesetz und Evangelium, unter Berufung auf Luther und Paulus, den Maßstab ab (319) für eine echt „geschichtliche“ Fragestellung gegenüber dem Alten Testament, die nur lauten kann, „welche Grundmöglichkeit menschlichen Daseinsverständnisses in ihm ihren Ausdruck finde“ (318). Das Sein unter dem Gesetz (durch das Alte Testament dargestellt) ist die Voraussetzung für das Sein unter der Gnade, insofern also ist das Alte Testament die Voraussetzung des Neuen, aber nicht im Sinne historischer Betrachtung, sondern „in dem *sachlichen* Sinn, daß der Mensch unter dem Alten Testament stehen muß, wenn er das Neue verstehen will“ (319. – Zustimmend zu diesem „Vorverständnis“ auch K. MICHALSON, Bultmann against Marcion: B. W. ANDERSON [ed.], Old Testament, a. a. O., 49–63). Die Frage, ob es dann das konkrete Alte Testament sein muß, welches das „Stehen unter dem Gesetz“ verkörpert, wird von BULTMANN selbst negativ beantwortet: „Das Vorverständnis für das Evangelium, das unter dem Alten Testament erwächst, kann ebensogut unter anderen geschichtlichen Verkörperungen des göttlichen Gesetzes erwachsen“ (321).

Eigentümlich ist bei HIRSCH und BULTMANN, wie ein existentialer Ansatz, der nach einer unmittelbaren Relevanz des Alten Testaments für den christlichen Glauben verlangt, und eine religionsphänomenologische Sicht im Sinne der liberalen Schule miteinander konkurrieren, wobei letztere den Sieg davonträgt. Die Verbindlichkeit des Alten Testaments für den christlichen Glauben wird auf diesem Wege nicht sichtbar.

Gerade dies rügte, noch vor dem Erscheinen des Buches von HIRSCH, E. WÜRTHWEIN in seinem Beitrag: ›Vom Verstehen des Alten Testaments‹ (Fs. G. BEER. Stuttgart 1935, 128–146 = ders., Wort und Existenz. Göttingen 1970, 9–27). Eine religionsgeschichtliche Betrachtung des Alten Testaments als einer historischen Urkunde sei möglich, der Forscher bleibe dann aber als Betrachter in der Distanz. „Ich erfahre nichts grundsätzlich Neues und mich Beanspruchendes: es geht ja um Vergangenes, nicht um Gegenwärtiges“ (131/12). „Einen Anspruch verstehe ich erst ganz, wenn ich mich selber von ihm getroffen fühle, wenn ich weiß, daß er mir gilt und ich durch ihn gestellt bin“ (136/17). Als Ziel der alttestamentlichen Exegese wird (mit der kerygmatischen Theologie) bestimmt: „die Verkündigung, die Botschaft des Alten Testaments herauszuarbeiten“ (133/14). Inhalt dieser Botschaft ist allerdings eine bestimmte Form von Existenztheologie. Vordringen zum inneren

Anliegen des Textes heißt: „zu der Existenzform, die sich in ihm ausspricht" (146/27). Eine anthropologische Betrachtung löst die Schwierigkeit, daß im Alten Testament doch das Alte Israel angeredet wird: es gibt verschiedene Typen von Menschen – „in einem sind sie alle gleich: in der Stellung vor Gott" (137/18). Diese Stellung, die sich im Alten Testament exemplarisch als die des sündigen Menschen vor dem fordernden Gott darstellen soll, wird zur Grundlage des eigenen Daseinsverständnisses in der Situation des Neuen Testaments gebraucht: „Nur da kann die Botschaft vom gnädigen Gott in ihrer ganzen Tiefe gehört werden, wo man etwas vom fordernden Gott und sündigen Menschen weiß (144/25).

Auch die Schriften F. BAUMGÄRTELS (vgl. zu ihnen u. a. SEEBASS, Biblische Hermeneutik [o. S. 21], 26–42; BAKER, Two Testaments [o. S. 1], 191–201) sind in einer ähnlichen Perspektive zu sehen, obwohl in ihnen zunächst ein ganz anderer Ton: eine warme erweckliche Frömmigkeit, ernstes Bemühen um ein wahrhaft „evangelisches" (ein Lieblingswort des Verf.) Verständnis des Alten Testaments im Dienste der Verkündigung begegnet. Neben früheren Gelegenheitsschriften (s. o. S. 14 und 31 f.) und Beiträgen zur hermeneutischen Diskussion nach dem 2. Weltkrieg (s. u. S. 45 und 46; 47) sind die frömmigkeitsgeschichtliche Untersuchung BAUMGÄRTELS (Die Eigenart der alttestamentlichen Frömmigkeit. Schwerin 1932) und sein theologisches Hauptwerk: ›Verheißung. Zur Frage des evangelischen Verständnisses des Alten Testaments‹ (Gütersloh 1952; zur Kritik vgl. G. VON RAD, Verheißung: EvTh 13 [1953], 406–413) hervorzuheben. Auch hier finden wir denselben Subjektivismus wie bei der Existentialinterpretation des Alten Testaments, den Ausgangspunkt beim eigenen Ich, der sich in einer Art Erlebnisfrömmigkeit (in der Tradition des Erlanger Luthertums) ausspricht (vgl. BAUMGÄRTELS Verteidigung gegen diesen Vorwurf mit Berufung auf HOFMANN: Verheißung, 70 f.). Entscheidend für die Bedeutung des Alten Testaments ist – in diesem subjektivistischen Sinne versteht BAUMGÄRTEL den Begriff „Heilsgeschichte" (Das alttestamentliche Geschehen als „heilsgeschichtliches" Geschehen: Geschichte und Altes Testament [Fs. A. ALT]. Tübingen 1953, 13–28) als „inneres", d. h. frömmigkeitsgeschichtlich zu untersuchendes Geschehen (These 4–13) – inwiefern das Getroffensein des alttestamentlichen Menschen von der „Grundverheißung" des Alten Testaments: „Ich bin der Herr, dein Gott" „unsere eigene Existenz vor Gott anrührt, inwiefern dieses Getroffensein unser eigenes Getroffensein . . . unter dem Evangelium ist" (Das alttestamentliche Geschehen, 14): „die Geschichte Israels ist unsere eigene Unheils-Heilsgeschichte" (Verheißung, 58). Die „Grundverheißung" erfährt der alttestamentliche Mensch in drei Punkten: 1. dem Erfahren des Offenbarsein Gottes im Sinne seiner überweltlichen Macht, 2. dem Erfahren, daß dieses Offenbarsein Gottes mir gilt, zusammen mit der Erfahrung, daß ich mich dieser unbedingten Wahrheit entziehe, 3. dem Erfahren, daß sich darin das Gericht über meine Sünde vollzieht und ich damit in einer ausweglosen Lage bin, zusammen mit der Erfahrung (die zunächst in ein ungestilltes Heilsverlangen mündet), daß mir der Weg zu einer Lebensgemeinschaft mit Gott als einziger Existenzmöglichkeit eröffnet wird (Verheißung, 37f.). Dasselbe erfährt der Christ im Glauben an Jesus Christus (vgl. ders., Das hermeneutische Problem des Alten Testaments: ThLZ 79 [1954], 199–212 = Probleme alttestamentlicher Hermeneutik, hg. C. WESTERMANN [ThB 11]. München 1960 [1968³], 114–139, 208/131). In all dem sind wir „Weggenossen der Menschen des alten Bundes" (Verheißung, 55). Aber im Lichte der Verheißung in Christus wird uns die Grundverheißung zum Evangelium. Denn die Last des Alten Bundes ist in ihm erfüllt (67). Die konkreten Verwirklichungen im Alten Bund (in der physischen Existenz des Volkes in Palästina und den dazu gehörigen geschichtlichen Ereignissen wie auch im Leben des einzelnen Israeliten) sind für uns abgetan (Verheißung, 49 ff.) – hier gelten durchaus die Vorbehalte gegenüber etwa der „Diesseitsgebundenheit" und der „kultisch-völkischen Gebundenheit" der alttestamentlichen Frömmigkeit (vgl. Eigenart, passim; Das alttestamentliche Geschehen, 21; und schon: Die Bedeutung des Alten Testaments [o. S. 31f.], passim; Die Nation vor Gott, W. KÜNNETH/H. SCHREINER [Hg.], [o. S. 31f.], 103 f.). Bereits im Alten Testament kündigt sich immerhin der „Durchbruch auf Neues" an; diese Bindungen werden an seinen Rändern gesprengt (Eigenart, 94 ff.). Die Hauptsache ist jedoch, daß schon in die „alttestamentliche“ Anfechtung und Ausweglosigkeit hinein die Verheißung des „Ich bin der Herr, dein Gott“ erklingt (Verheißung, 67 f.). Auf die Erfahrung, auf das Getroffensein kommt es an: nur das ist „Heilsgeschichte“, was als „Sündenvergebung, Kindschaft, ewiges Leben – Rechtfertigung“ als „faktisch an uns, als unsere Existenz gründend, von uns erfahren wird“ (Das alttestamentliche Geschehen, 14 f.).

Auch bei Baumgärtel wird der eigentliche Sinn des Alten Testaments für den christlichen Glauben nur via negativa faßbar: das Ausharren auf die Verheißung, die nicht erfüllt ist (Verheißung, 51 ff.), die Verlorenheit des Menschen vor dem Anspruch Gottes im Gericht, im Gesetz (ds., 54 ff.), die Ausweglosigkeit, das Scheitern (vgl. auch: Das hermeneutische Problem, 208/131). Dabei betont Baumgärtel mit Nachdruck, „daß das Alte Testament zunächst einmal Zeugnis einer ‚Religion‘ ist, daß diese Religion eine *nichtchristliche* Religion ist und daß sie in ihrem Selbstverständnis mit dem Evangelium zunächst einmal *nichts zu tun* hat“ (Der Dissensus im Verständnis des Alten Testaments: EvTh 14 [1954], 298–313, 312); „es bleibt ein fremdes Wort aus einer fremden Religion . . .“ (Das hermeneutische Problem, 209/132). Erst auf dem Umweg über das existentiale Verständnis kann es dann auch zu einem den Christen betreffenden Zeugnis werden. Der Dualismus des religionsgeschichtlichen Ansatzes bleibt auch bei ihm erhalten.

Ähnlich ist die Aufdeckung der ausweglosen Situation des Menschen vor Gott auch für A. Jepsen (Die Botschaft des Alten Testaments: Fs. H. Schreiner. Gütersloh 1953, 149–163) der Kerngehalt des Alten Testaments als „Buch der Verheißung“. Diese Not erweckt die Erwartung einer die Erlösung bringenden Endgeschichte. Von dieser Erlösung zeugt das Neue Testament. Vgl. auch die Position von D. Barthelemy (Dieu et son image. Ébauche d'une Théologie biblique. Paris 1964), der das Alte Testament definiert als « la loi de mise à mort de l'homme ancien » (2), das uns den von der Erbsünde gezeichneten Menschen in seinem Götzendienst und seiner Flucht vor Gott zeigt (21): « Car l'Ancien Testament est avant tout le grand dépistage de l'idolatrie, le grand dépistage des contrefaçons du Dieu vivant. » Es zeigt aber auch das Handeln Gottes, der als der verborgene an seinem Plan einer vollkommenen Gemeinschaft festhält, die er im neuen Bund verwirklicht. – Zu der Baumgärtel in vielem ähnlichen Position seines Schülers F. Hesse, vgl. u. S. 115.

II. DAS PROBLEM EINER SYSTEMATISCHEN DARSTELLUNG

Zur gleichen Zeit wie diese Auseinandersetzung um den christlichen Gebrauch des Alten Testaments (dazu vgl. noch Verf., ›Biblische Theologie‹) wurde im Bereich des deskriptiven Verständnisses von alttestamentlicher Theologie die Diskussion um die Form der Darstellung und den Aufbau eines solchen systematischen Entwurfs weitergeführt.

Der Aufsatz von W. Eichrodt: ›Hat die alttestamentliche Theologie noch selbständige Bedeutung innerhalb der alttestamentlichen Wissenschaft?‹ (ZAW 47 [1929], 83–91 – vgl. dazu auch Bjørndalen [u. S. 49f.], 23 ff.) bedeutete eine direkte Antwort auf den Beitrag von O. Eissfeldt (o. S. 19f.). Eichrodt erkennt die Forderung, daß die Auswahl des Materials für eine alttestamentliche Theologie nach dem Zielbegriff der Offenbarung in Christus erfolgen müsse, klar an (unter Berufung auf die zeitgenössische Grundsatzdiskussion unter den Profanhistorikern E. Spranger, C. H. Becker, u. a., daß alle Geschichtsforschung unter der Perspektive bestimmter Auswahlprinzipien erfolgen müsse, die einer wertenden Grundhaltung entstammen). Die Erfassung des Wesens der alttestamentlichen Religion könne deshalb nur durch die Erfassung ihres Zusammenhanges mit dem Zentrum der Offenbarung erfolgen, weil nur so zur Sinnhaftigkeit der alttestamentlichen Geschichte vorzudringen sei. Das bedeutet aber nicht, daß eine solche Wesenserfassung aus lauter kerygmatischen Glaubensaussagen bestehen müsse. Keineswegs werde der Alttestamentler überall zu existentiellen Urteilen gedrängt. „Er macht seine Aussagen allerdings unter der Voraussetzung eines existentiellen Urteils. Im übrigen aber bewegt er sich in der Darstellung empirischer Tatbestände und überläßt es dem Dogmatiker als dem Vertreter der normierenden Wissenschaft, die von ihm aufgezeigten Beziehungen von Gott und

Mensch im AT im System des christlichen Glaubens als normative Erkenntnis zu verwerten" (90). In gewisser Weise wird also an das Programm STEUERNAGELS von 1925 (o. S. 13) wiederangeknüpft; die prinzipielle Scheidung zwischen objektivierender („empirischer") Geschichtsdarstellung und einer Ebene der Wertung, die lediglich als Auswahl- und Anordnungsprinzip für das Material auf erstere einen beschränkten Einfluß hat, ist das methodische Arbeitsprinzip.

DENTAN (Preface [o. S. 1], 63) stellt fest, der Begriff „alttestamentliche Theologie" werde wegen des Gegensatzes zwischen den in I, 2 und 3 dargestellten systematisch-theologischen Bestrebungen und den streng historisch eingestellten Untersuchungen in einer doppelten Weise gebraucht. Im folgenden bewegen wir uns vorerst in diesem zweiten Bereich.

Das Programm einer systematischen Anordnung für die ausgeführte Darstellung einer „Theologie des Alten Testaments" wurde, wie wir sahen, als Reaktion gegen die zunehmende Auflösung solcher Entwürfe im 19. und Anfang des 20. Jahrhunderts zu bloßen „Geschichten der israelitisch-jüdischen Religion" entwickelt. Ausgeführte Darstellungen in der neuen Form begannen aber erst im Jahre 1933 zu erscheinen.

Zusammenfassende Literatur:

ALONSO SCHÖCKEL, L.: Biblische Theologie des Alten Testaments: StZ 172 (1962–63), 34–51 = Tendencias actuales en la teologia biblica del Antiguo Testamento: SelTeol 3 (1964), 209–216; BAUMGÄRTEL, F.: Erwägungen zur Darstellung der Theologie des AT: ThLZ 76 (1951), 257–272; BJØRNDALEN, A. J.: Det Gamle Testaments Teologi. Metodiske hovedproblemer: TTK 30 (1959), 22–38. 92–116; BOSCHI, B. G.: Per una teologia dell' Antico Testamento: SacDot 21 (1976), 147–174; CLEMENTS, R. E.: The Problem of Old Testament Theology: LQHR 6 (1965), 11–17; FESTORAZZI, F.: Rassegna di Teologia biblica dell' Antico Testamento. Il Problema metodologico (I): RivBib 10 (1962), 297–316; GROSS, H.: Was ist alttestamentliche Theologie?: TThZ 67 (1958), 355–363; HAMP, V.: Neuere Theologien des Alten Testaments: BZ NF 2 (1958), 303–313; HASEL, G. F.: Methodology as a Mayor Problem in the Current Crisis of Old Testament Theology: BTB 2 (1972), 177–198 = Théologie de l'Ancien Testament: à la recherche d'une méthodologie: BTB (F) 2 (1972), 179–200; JEPSEN, A.: Theologie des Alten Testaments. Wandlungen der Formen und Ziele: Bericht von der Theologie, hg. G. KULICKE/K. MATTHIAE/P. P. SÄNGER. Berlin 1971, 15–32 = ders.: Der Herr ist Gott. Berlin 1978, 142–154; LORETZ, O.: Israel und sein Gottesbund. Die Theologie des Alten Testaments auf neuen Wegen: WuW 15 (1960), 85–92; NIELSEN, E.: Det gamle Testamente: B. NOACK (Hg.), Teologien og dens fag. Kopenhagen 1960, 13–42, bes. 38–42; OTTO, E.: Erwägungen zu den Prolegomena einer Theologie des Alten Testaments: Kairos 19 (1977), 53–72; RAMLOT, R.: Une décade de théologie biblique: RThom 64 (1964), 65–96; 65 (1965), 95–135; RENDTORFF, R.: Alttestamentliche Theologie und israelitisch-jüdische Religionsgeschichte: Zwischenstation. Fs. E. KUPISCH. München 1963, 208–222 = ders., Gesammelte Studien zum Alten Testament. München 1975, 137–151; WÜRTHWEIN, E.: ThR 1971 [o. S. 2]); ZIMMERLI, W.: Erwägungen zur Gestalt einer alttestamentlichen Theologie: ThLZ 98 (1973), 81–98 = Studien zur alttestamentlichen Theologie und Prophetie. Ges. Aufsätze II (ThB 51). München 1974, 27–54. – Vgl. außerdem o. S. 1–2.

Ansätze zu einer systematischen Darstellungsform begegnen bereits im 19. Jahrhundert. So finden wir etwa in der Alttestamentlichen Theologie von E. RIEHM (o. S. 4) die religionsgeschichtliche Haupteinteilung in die drei Perioden des Mosaismus, des Prophetismus und des Judaismus, aber innerhalb dieser Hauptabschnitte nach systematischen Gesichtspunkten geordnete Unterabschnitte, Kapitel und Paragraphen, in denen das Material über den „Mosaismus" z. B. unter die Überschriften: „Gott und der Gottesstaat" (86 ff.), „Das Volk Jahves . . ." (100 ff.), „Der gottesdienstliche Verkehr Israels mit seinem Gott" [der Opferkultus] (114 ff.), „Die Veranstaltungen zur Erhaltung des Verkehrs zwischen Jahve und seinem Volke" [Sünde und Entsündigung] (124 ff.) gebracht ist. Ähnlich bei STADE (o. S. 6f.), der in die Perioden: vorprophetische Stufe, Zeitalter der Prophetie, Judentum einteilt, dabei wenigstens für den ersten Abschnitt eine nach Themenbereichen geordnete Phänomenologie der altisraelitischen Religion liefert. Bei H. SCHULTZ (o. S. 6) begegnet zum erstenmal eine Einteilung, die mehrfach Nachfolger finden sollte: er schickt zunächst in einem Ersten Hauptteil (81–278) eine historische Darstellung der „Entwicklung der Religion Israels bis zur Zeit Esras" voran, bringt aber anschließend auf der Basis einer angenommenen Entwicklungsstufe „am Ende der prophetischen Zeit" in zwei weiteren Hauptteilen eine systematisch geordnete Entfaltung des „Heilsbewußtseins" (278–439) und der „religiösen Weltanschauung" (440–758) Israels, wobei in diesem dritten Hauptteil die von der klassischen dogmatischen Einteilung der loci deutlich abhängige Gliederung: Gott und Welt (440–579), Mensch und Sünde (579–664), Die Hoffnung Israels (664–758) gewählt wird. Die Entwicklung zum Judentum wird dann, deutlich abgesetzt, in einen Anhang (758–831) verwiesen. Ähnlich findet man auch bei DILLMANN (o. S. 6) die Einteilung zwischen einem „geschichtlichen" (76–202) und einem Lehrteil (202–544). E. KÖNIG (o. S. 13) beginnt in einem ersten Teil mit Überlegungen über „Sonderstellung, Herkunft und Hauptstadien im Gesamtleben der legitimen Religion Israels" (17–110), wobei das III. Kapitel (84–110) einen Abriß der religionsgeschichtlichen Entwicklung enthält. Der zweite Hauptteil: „Entfaltungsgeschichte der einzelnen Faktoren der wahren Religion Israels" (111–306) gliedert sich dann ebenfalls in die Kapitel: „Theologie im engeren Sinne" (Gotteslehre), „Verhältnis der Welt und des ursprünglichen Menschen zu Gott", „Die Sünde . . .", „Die Wege zur Zurückführung der verirrten Menschheit" (Sammelkapitel, die verschiedensten Themen enthaltend, wie Heilsgeschichte, Kultus, Prophetie).

Das Jahr 1933 bringt das Erscheinen der ersten Entwürfe nach dem neuen systematischen Programm. W. EICHRODT veröffentlicht den 1. Band seiner ›Theologie des Alten Testaments‹ (s. u.); außerdem E. SELLIN die zwei dünnen Bände seiner ›Alttestamentlichen Theologie auf religionsgeschichtlicher Grundlage‹ (Leipzig 1933, 1936²). Die Zweiteilung in eine ›Israelitisch-jüdische Religionsgeschichte‹ (Bd. I) und die eigentliche ›Theologie des Alten Testaments‹ (Bd. II) ist bewußt gewählt: nach SELLINS Auffassung ist die Theologie des Alten Testaments eine „christlich-theologische" wie eine „historische" Disziplin, so sind die beiden Teile organisch miteinander verbunden. Die „israelitisch-jüdische Religionsgeschichte" hat den gesamten Verlauf der Geschichte der israelitischen Religion in seiner historischen Abfolge zu schildern. Aufgabe der „Theologie des Alten Testaments" im engeren Sinne ist dagegen die systematische Darstellung von Glaube und Lehre im Alten Testament, „aber nur, soweit sie Jesus Christus und seine Apostel als Voraussetzung und Grundlage ihres Evangeliums, als Offenbarung des von ihnen verkündeten Gottes anerkannt haben", die „geistig-religiöse Welt, die dem A. T. mit dem N. T. gemeinsam ist" (Theologie, 1; vgl. Religionsgeschichte, 1 f.). Daneben existieren auch die verschiedenen Richtungen des Judentums, die sich ebenfalls – mit Recht – auf das Alte Testament beriefen. Die von ihnen fortgeführten Traditionen im Alten Testament sind allerdings auch nicht außer acht zu lassen, da „nationale Kultreligion" und „prophetisch-sittlich-universalistisch-eschatologische Religion" in einem langen geschichtlichen Prozeß miteinander ringen. Doch kann man die prophetische Religion sehr wohl „herausheben und unter theologischen Gesichtspunkten zusammenfassend zur Darstellung bringen, denn sie ist etwas Einheitliches, die Religion, die auch Jesus und seine Apostel in dem A. T. gefunden haben" (Theologie, 3).

Die Einteilung des Stoffes erfolgt dann nach dem klassischen loci-System: Kap. I: Die Lehre von Gott, Kap. II: Die Lehre vom Menschen, Kap. III: Die Lehre vom göttlichen Gericht und Heil (Eschatologie). Das gleiche, noch knapper formuliert, bei L. KÖHLER (›Theologie des Alten Testaments‹, Tübingen 1936, 1966[4]; engl. Philadelphia 1958 – vgl. WÜRTHWEIN, ThR 1971 [o. S. 2], 199–202): „Von Gott", „Vom Menschen", „Von Gericht und Heil". Im übrigen kann man bei KÖHLER noch deutlicher als bei SELLIN die Schwierigkeiten erkennen, in die das kulturprotestantische Denken gegenüber dem Alten Testament gerät: während SELLIN mit dem Problem durch die Einteilung des gesamten Materials in zwei Formen von Religion und ihre Verteilung auf die beiden Bände Religionsgeschichte und Theologie recht rigoros fertig wird, bietet KÖHLER einen Paragraphen mit der Überschrift: „Die Selbsterlösung des Menschen: Der Kultus" (§ 52, 169–188), den er nirgend anders als im Zweiten Teil: „Vom Menschen" unterbringen kann! (Zum dahinterstehenden Urteil über den Kultus vgl. auch P. VOLZ, Die radikale Ablehnung der Kultreligion durch die alttestamentlichen Propheten: ZSTh 14 [1937], 63–85, und noch R. HENTSCHKE,

Die Stellung der vorexilischen Propheten zum Kultus [BZAW 75]. Berlin 1956.)

Bei KÖHLER findet sich auch die klassische Definition der Aufgabe einer als systematisch-deskriptive Darstellung verstandenen Theologie des Alten Testaments: „Mit Theologie des Alten Testaments kann man ein Buch bezeichnen, wenn es eine durch ihren Inhalt gerechtfertigte, in den richtigen Zusammenhang gebrachte Zusammenstellung derjenigen Anschauungen, Gedanken und Begriffe des AT bietet, welche theologisch erheblich sind oder es sein können" (Vorwort, V; vgl. auch die Definition bei E. JACOB [o. S. 1], 10. Noch DENTAN, Preface [o. S. 1], 94, definiert „Alttestamentliche Theologie" als "that Christian theological discipline which treats of the religious ideas of the Old Testament systematically . . ." [vgl. auch 122]). Von diesen Voraussetzungen her konnte es im Hinblick auf den Gesamtaufbau eines solchen Werkes eigentlich nur die Frage geben, welches Einteilungsprinzip der sachgemäßen Aufgliederung des Stoffes am besten gerecht werde. Während bei SELLIN und KÖHLER für die Gliederung noch die klassische Dogmatik Pate gestanden hatte, war O. PROCKSCH der erste, der sich ernsthaftere Gedanken über eine mehr dem Stoff des Alten Testaments angepaßte Einteilung machte. Seine (nach seinem 1947 erfolgten Tode) postum veröffentlichte (aber von ihm selbst 1942 fertiggestellte) ›Theologie des Alten Testaments‹ (Gütersloh 1950) spiegelt die mancherlei Spannungen, die sich aus den bisherigen Entwicklungen für die äußere und innere Form der Darstellung ergaben. (Zu PROCKSCH vgl. bes. C. A. SIMPSON, Professor Procksch's Theology of the Old Testament: AThR 34 [1952], 116–122; J. N. SCHOFIELD, Otto Procksch: Contemporary Old Testament Theologians, ed. R. B. LAURIN. Valley Forge 1970, 91–120; WÜRTHWEIN, ThR 1971 [o. S. 2] 202–205; sowie die Selbstdarstellung in: Religionswissenschaft der Gegenwart, hg. E. STANGE [o. S. 17], 161–194.) Ähnlich dem Aufbau bei SCHULTZ und SELLIN, aber aus anderen Motiven (die Religionsgeschichte ist der Theologie des Alten Testaments einzuordnen, weil die Geschichte die Form ist, in der sich die Selbstoffenbarung Gottes erschließt, 17), schickt auch PROCKSCH der systematischen Darstellung der „Gedankenwelt" des Alten Testaments einen ausführlichen religionsgeschichtlichen Abriß der „Geschichtswelt" voraus (48–419). Für die Darstellung der „Gedankenwelt" (420–712) benutzt PROCKSCH erstmals Beziehungsbegriffe: „Gott und die Welt", „Gott und Volk", „Gott und Mensch", wie sie später auch von EICHRODT übernommen wurden (der sie den Vorlesungen seines Lehrers PROCKSCH verdankte, vgl. Theologie des Alten Testaments. Bd. I. Leipzip 1933, 6, Anm. 1 = Stuttgart/Göttingen 1957[5] [1968[8]], 7, Anm. 19).

In dem Werke PROCKSCHS erkennt man einen geheimen Zwiespalt zwischen der deskriptiven Methode seiner Darstellung und einem theologischen Anliegen, das er gleich zu Eingang seines Werkes formuliert (vgl. auch schon ders., NKZ 1925 [o. S. 15]): „Alle Theologie ist Christologie" (1); Christus ist der Mittelpunkt der Geschichtstheologie, auf ihn zielt auch das Alte Testament, er kann in seiner Geschichtlichkeit nur vom Alten Testament her verstanden werden (7 ff.). Durch die Gestalt Christi ist das Alte Testament mit dem Neuen in eine unlösliche Verbindung gebracht. Zwischen der Geschichte Israels und der Kirchengeschichte besteht das doppelte Verhältnis von Kausalität und Analogie (11). Diese Grundsätze kommen jedoch, wie man mit Recht bemerkt hat (DENTAN, Preface [o. S. 1], 74) in seiner Darstellung selbst gar nicht zum Tragen.

Einen Höhepunkt erreicht die Form der systematischen Darstellung (HASEL, BTB 1972, 187 ff.; Old Testament Theology[2], 42 ff.: "Cross-Section-Method") dann in dem dreibändigen Werk von W. EICHRODT (Theologie des Alten Testaments. Bd. I–III. Leipzig 1933–1939 [spätere Auflagen zweibändig: Bd. I. a. a. O. Bd. 2/3, Göttingen 1961[4], 1974[7]]).

Zu EICHRODT vgl. bes.: F. FESTORAZZI, Rassegna di Teologia dell' Antico Testamento. Il problema methodologico (II). La Teologia dell' A. T. di W. Eichrodt e di G. von Rad: RivBib 12 (1964), 27–48; N. K. GOTTWALD, Recent Biblical Theologies. IX. Walther Eichrodt's "Theology of the Old Testament": ET 74 (1963), 209–212; ders., W. Eichrodt, Theology of the Old Testament: Contemporary Old Testament Theologians, ed. LAURIN, a. a. O., 25–62; W. G. NESBIT, A Study of Methodologies in Contemporary Old Testament Biblical Theologies. Diss. phil. Milwaukee, Wisc. 1968 (Ann Arbor Microfilm), 11–173; E. WÜRTHWEIN, ThR 1971 (o. S. 2) 195–199;

D. G. SPRIGGS, Two Old Testament Theologies: a comparative evaluation of the contributions of Eichrodt and von Rad to our understanding of the nature of Old Testament Theology (SBT 2. ser., 30). London 1974.

In den Vorworten und im einleitenden Paragraphen: „Aufgabe und Methode der Theologie des Alten Testaments" (5. Aufl., I, 1–8) gibt EICHRODT über seine Absichten klare Auskunft: es geht ihm darum, unter der Voraussetzung, daß es sich bei der alttestamentlichen Theologie um eine geschichtliche, nicht um eine normative Aufgabe handele (Vorwort z. 5. Aufl., I, VI), aber in Abgrenzung gegen die alte historisch-genetische Darstellung (I^5, 2 ff.), „die Religion, von der die Urkunden des Alten Testaments berichten, als eine trotz wechselvoller geschichtlicher Schicksale in sich geschlossene Größe von beharrender Grundtendenz und gleichbleibendem Grundtypus darzustellen" (aus dem Vorwort zur 1. Aufl.; von EICHRODT in der 5. Aufl., I, V, kursiv gedruckt). Da die alttestamentliche Religion einerseits mit den altorientalischen Religionen im Zusammenhang steht, andererseits mit der neutestamentlichen Lebenswirklichkeit nicht nur historisch, sondern wesensmäßig verbunden ist (es „ist der Einbruch und die Durchsetzung der Königsherrschaft Gottes in dieser Welt, die die beiden, äußerlich so verschiedenen Welten des Alten und des Neuen Testaments unlösbar zusammenschließt", I, 2), besteht die Aufgabe näher definiert darin, „die alttestamentliche Glaubenswelt in ihrer strukturellen Einheit zu begreifen und unter Berücksichtigung ihrer religiösen Umwelt einerseits, ihres Wesenszusammenhanges mit dem Neues Testament andererseits in ihrem tiefsten Sinngehalt zu deuten" (I, 6). Beabsichtigt ist also eine systematische Darstellung. Allerdings läßt sich dieses Prinzip nach EICHRODT nicht rein durchführen: das Moment des geschichtlichen Wachstumsprozesses in der israelitischen Religion (das andererseits nicht zu einem Rückfall in die rein historisch-genetische Darstellungsweise verleiten darf) ist immerhin dahingehend zu berücksichtigen, „daß man das historische Prinzip dem systematischen ergänzend zur Seite treten läßt und bei der Behandlung der einzelnen Glaubensgedanken die Hauptmomente ihrer geschichtlichen Entwicklung mit in die Betrachtung hineinnimmt" (ds.). Solche Entwicklungslinien sind denn auch (aber EICHRODT ist sich der oft gerügten Inkonsequenz, wie das Zitat zeigt, bewußt) in der konkreten Ausführung immer wieder zu entdecken.

Bei alledem hat EICHRODT noch ein zentrales Anliegen: „Vor einem aber gilt es sich ... zu hüten, nämlich vor einer Anordnung des ganzen Stoffes, die nicht seinen eigenen Gesetzen, sondern irgendeinem dogmatischen Schema entnommen ist." Alle aus der christlichen Dogmatik stammende Begrifflichkeit ist deshalb abzulehnen (I, 6 f.). Die Absicht muß sein, sich „an der dem Alten Testament selbst eigenen Dialektik zu orientieren" (I, 7). Daraus ergeben sich die (von PROCKSCH übernommenen, s. o. S. 54 f.) drei Hauptkreise „Gott und Volk", „Gott und Welt", „Gott und Mensch" als Gliederungsmuster der Gesamtdarstellung.

Näherhin wählt EICHRODT aber auch noch ein inhaltliches Prinzip, um das sich der gesamte theologische Inhalt des Alten Testaments gruppieren lassen soll: es ist der Gedanke des Bundes. Nach einem dazu einleitenden Paragraphen: „Das Bundesverhältnis" (I, 9–32) ist der gesamte Stoff des ersten Teiles tatsächlich zumindest den Überschriften nach unter das Stichwort „Bund" geordnet (die Bundessatzungen, der Bundesgott, die Organe des Bundes, Bundesbruch und Gericht, die Vollendung des Bundes [die endliche Heilshoffnung]). Fraglich ist allerdings schon hier, ob EICHRODT auch inhaltlich den Bezug auf den Bundesbegriff tatsächlich durch alle Abschnitte des 1. Teils hindurch festgehalten hat (er antwortet auf derartige Kritik im Vorwort zur 5. Aufl., I, VI f., nicht das Vorkommen der Vokabel, sondern die Gewißheit der grundlegenden freien Gottestat in der Geschichte als Glaubensfundament, die durch das Wort Bund ausgedrückt werde, sei hier entscheidend. Jedoch ist der Begriff in sich unscharf und in verschiedenen Verwendungsweisen gebraucht, vgl. u. a. die Kritik von GOTTWALD, bei LAURIN [ed.], 54). In Teil II und III wird dann allerdings die Vokabel in den Überschriften ganz aufgegeben, und auch die inhaltliche Beziehung zu dem Grundprinzip wird immer loser.

Hier liegt nun freilich ein Problem, auf das wir noch gesondert zurückkommen müssen (s. u. Kap. IV, S. 138 ff.).

Die Frage der Gliederung einer systematisch aufgebauten Theologie des Alten Testaments blieb auch nach EICHRODT eine ungelöste

Aufgabe. Es erschienen weitere Werke, die sich trotz seiner Forderung nach einem stoffgemäßen Einteilungsprinzip wieder stärker nach dem dogmatischen Schema gliederten. So die (röm.-kath.) ›Theologie des Alten Testaments‹ von P. HEINISCH (Bonn 1940) nach den Hauptteilen: Gott, Schöpfung (Untergliederung: Geistwesen, Welt, Mensch), Lebensführung (Ethik, Kultus, Sünde und Bekehrung), das Jenseits (Tod und Auferstehung), die Erlösung (Gericht, Enderwartung, Messias). In der Gliederung des (als erste Neuerscheinung einer Theologie des Alten Testaments seit DAVIDSON [1904] in englischer Sprache in der angelsächsischen Welt warm begrüßten) Werkes von O. J. BAAB, ›The Theology of the Old Testament‹ (New York 1949) sind die Kapitel: Gott, Mensch, Sünde, Heil, Gottesreich, Tod und das Danach, Das Problem des Bösen, ebenso unschwer als leichte Abwandlung der klassischen Gliederung zu erkennen, wie dies bei Th. C. VRIEZEN (Hoofdlijnen der Theologie van het Oude Testament. Wageningen 1949 [1960³]; dt. Übers.: Theologie des Alten Testaments in Grundzügen. Wageningen/Neukirchen o. J. [1956]; engl. Übers.: An Outline of Old Testament Theology. Oxford 1958 [1970² – Übersetzung der 3. niederl. Aufl.]) in der Einteilung des eigentlichen inhaltlichen Abschnittes seiner Darstellung der Fall ist: Auf einen ersten Teil mit Prolegomena (zum Problem: „Geschichte und Wort Gottes") folgen: „Gott, Der Mensch, Der Verkehr zwischen Gott und Mensch, Der Verkehr zwischen Mensch und Mensch (Ethik), Gott, Mensch und Welt in Gegenwart und Zukunft": das ist nach wie vor die Dreigliederung Theologie, Anthropologie, Eschatologie. VRIEZEN sucht jedoch den dialektischen Charakter der biblischen Aussagen durch die Beziehungsausdrücke und durch einen vorausgeschickten grundsätzlichen Abschnitt: „Der Charakter der alttestamentlichen Gotteserkenntnis als Gemeinschaftsverhältnis zwischen dem heiligen Gott und dem Menschen" anzudeuten. Inhaltlich nähert er sich dabei EICHRODT, vermeidet jedoch, den Begriff „Bund" herauszustellen. Auch die Gliederung, die H. Wheeler ROBINSON seinem einschlägigen Artikel in ›Record and Revelation‹ (o. S. 1 f.) gab, wäre zu erwähnen: Gott, Mensch, Sünde und Gnade, das Gericht der Geschichte.

In: The Religious Ideas of the Old Testament (London/New York 1913 [1952[9]]) hatte ROBINSON vier Grundideen im Alten Testament finden wollen: die Idee Gottes, die Idee des Menschen, die Idee des Leidens, die Idee des Reiches Gottes. – Zu ROBINSON vgl. auch M. E. POLLEY, H. Wheeler Robinson and the Problem of Organizing an Old Testament Theology: The Use of the Old Testament in the New and Other Essays. Studies . . . W. F. STINESPRING. Durham, N. C., 1972, 149–169.

Sieht man die weiter erschienenen Gesamtdarstellungen durch, findet man (mit der Ausnahme VON RADS, s. u.) auch dort entweder das klassische Schema, oder mehr oder weniger selbständige Versuche einer dem Alten Testament selbst entnommenen Einteilung. Die (röm.-kath.) Darstellung von P. VAN IMSCHOOT ›Théologie de l'Ancien Testament‹. (Bd. I. II. Tournai 1954/55; engl.: New York 1965) verteilt ihr Material unter die beiden Hauptthemen: „Gott" und „Der Mensch" auf die beiden Bände, doch wirkt diese Einteilung sehr formal, denn die einzelnen Kapitel bringen dann doch sehr unterschiedliche Stoffe; unter den Überschriften erscheinen auch Beziehungsbegriffe (« Dieu et le monde », « Dieu et son peuple »), die wieder als Sammelbecken für die verschiedenartigsten Themen dienen. Überzeugend ist die Klassifizierung im einzelnen in keiner Weise, zumal theologische Begriffe mit Sachthemen (Engel, Dämonen, Prophetie usw.) wechseln. Die Gliederung bei E. JACOB (Théologie de l'Ancien Testament. Neuchâtel [1955] 1968[2]; engl.: London/New York 1958; vgl. schon ders., Les Thèmes essentiels d'une Théologie de l'Ancien Testament. Neuchâtel 1955) ist wesentlich straffer; er stellt das gesamte Material unter den Obergedanken des Handeln Gottes in Schöpfung und Geschichte, schickt aber dem entsprechenden Hauptabschnitt, « L'action du Dieu de l'Ancien Testament » (97–223), einen kürzeren über das Wesen Gottes « Les aspects caractéristiques du Dieu de l'Ancien Testament » (27–95) vorauf. Daß darauf noch ein Schlußteil folgt: « Contestation et triomphe final de l'action de Dieu » (225–275) zeigt nochmals das Nachwirken des alten Schemas mit seinem dritten Thema, der Eschatologie. Im übrigen kann man auch hier fragen, ob die formale Einheit nicht mit allzuviel Gewaltsamkeit in der Unterordnung des Materials unter wenige, ja ein einziges Thema erkauft ist. In einem letzten Sinne könnte man wohl sagen, daß Gott das einzige Thema des Alten Testaments ist (s. u. Kap. IV), aber eignet sich diese Erkenntnis auch für eine thematische Ordnung des Materials?

Ähnlich wie bei JACOB ist auch bei G. A. F. KNIGHT (A Christian Theology of the Old Testament. London 1959) der gesamte Stoff unter den Oberbegriff „Gott" geordnet; bei ganz anderer Intention (s. u. Kap. VI), ist auch die sachliche Einteilung der JACOBS ähnlich: auf einen 1. Teil "God" (seine Offenbarung und sein Wesen) (17–104) folgen: "God and Creation" (107–145), "God and Israel" (149–193), und schließlich ein Abschnitt, der, unter einer mehr mottoartigen Überschrift: "The Zeal of the Lord", alle übrigen Themen, wie Bund, Opfer, Messianologie, Eschatologie, sammelt (197–348). Auch der kurze Abriß von J. N. SCHOFIELD (Introducing Old Testament Theology. London 1964 [1966]), bietet die streng parallel gebrauchten Überschriften: "The God Who Acts", "The God Who Speaks", "God's Kinship with Man", "The Glory of God". Auch die Einteilung von I. P. SEIERSTAD (Gammeltestamentlig bibelteologie, I., Oslo 1957): „Das alttestamentliche Zeugnis von Gott, das alttestamentliche Zeugnis von der Menschheit, das alttestamentliche Zeugnis von der religiösen und ethischen Gemeinschaft zwischen Gott und Menschen" (vgl. 45) mag erwähnt werden. Auch nach den grundsätzlichen Bedenken, die G. VON RAD gegen eine systematische Anordnung des Stoffes einer alttestamentlichen Theologie erhob (s. u. Kap. III), wird der Versuch einer solchen Einteilung nicht aufgegeben. Die Verfasser älterer Darstellungen beharren bei fällig werdenden Neuauflagen auf ihrem Prinzip (so EICHRODT, Vorwort zur 5. Aufl., I, VII – als er den Entwurf VON RADS in ausführlicher Form noch gar nicht kannte und in seiner ausführlichen Stellungnahme zu diesem in Bd. II^4, Vorwort, bes. XI f. – und JACOB, Vorwort zur 2. Aufl., V–VII, – der ihn nicht für überzeugend hält). Aber auch die neueren Gesamtentwürfe folgen fast durchweg systematischen Ordnungen. So M. G. CORDERO (Teologia de la Biblia I. Antiguo Testamento. Madrid 1970) einem weithin dogmatisch bestimmten System: I. Die Glaubensinhalte («Las creencias»). A. Gott («Dios», 33–372); B. Die Kundgaben Gottes («Las manifestaciones divinas», 373–429); C. Engel («Los espiritus angélicos»,

430–468); D. Anthropologie (469–534). II. Die Hoffnungen (« Las esperanzas »: Messiaserwartung, Gottesreich, Eschatologie, 535–582). III. Die religiösen und moralischen Verpflichtungen (« Las obligaciones religiosas y morales », 583–656). IV. Fall und Rehabilitation des Menschen (« Caida y rehabilitación del hombre », 657–730). W. ZIMMERLI (Grundriß der alttestamentlichen Theologie. Stuttgart 1972 [1976²] — vgl. C. WESTERMANN, Zu zwei Theologien des Alten Testaments [ZIMMERLI und G. FOHRER, Grundstrukturen]: EvTh 34 [1974], 96–112; E. OSSWALD, Theologie des Alten Testaments – eine bleibende Aufgabe: ThLZ 99 [1974], 641–658, 647–49; E. OTTO, Kairos 1977 [o. S. 50], 57 ff.) entscheidet sich nach reiflicher Überlegung (vgl. 10 f., und ders., Erwägungen [o. S. 50ff.]), die Darstellung wiederum systematisch zu gliedern, ausgehend von der Offenbarung des Namens Gottes (vgl. u. Kap. IV). Unter dieser Voraussetzung ergibt sich insgesamt jedoch eine, unausgesprochene, Zweiteilung: 1. *Von Gott:* „I. Grundlegung" (Name und Wesen Jahwes, 12–48), „II. Jahwes Gabe" (Krieg, Land, göttliche Gegenwart, Charisma [Ämter], 49–93), „III. Jahwes Gebot" (94–122). 2. *Vom Menschen:* „IV. Das Leben vor Gott" (Gehorsam, Gerechtigkeit, Liebe; Lob und Hilfeschrei; Weisheit, 123–146), „V. Krise und Hoffnung" (Gericht und Heil, 147–207). Die Grundeinteilung: Teil I: Gott, Teil II: Mensch, schlägt neuerdings auch wieder BOSCHI (o. S. 49) vor. Ähnlich auch der TEF Study Guide: ›Old Testament Introduction 3: Theology of the Old Testament‹. (London 1976): 1. Gott; 2. andere geistige Wesen; 3. der Mensch; 4–7: Fall, Erlösung, neues Leben, letztes Ziel; 8. Das Alte Testament im Neuen Testament. Dagegen zieht A. DEISSLER (Die Grundbotschaft des Alten Testaments. Ein theologischer Durchblick. Freiburg/Basel/Wien 1972) die Botschaft vom einzigen Gott (vgl. Dt. 6,4) als roten Faden durch das Zeugnis des gesamten Alten Testaments hindurch, wobei er auch die Weisheit einschließt. Doch ist dies eine sehr knapp gehaltene Darstellung. J.-L. MCKENZIE (A Theology of the Old Testament. London 1974) wählt als Grundsatz für die thematische Ordnung die Wege, auf denen Israel Jahwe begegnete (vgl. 32 f.). Daraus ergibt sich die ungewöhnliche Reihenfolge der Gebiete (aber hier ist der katholische

Verfasser offensichtlich unbefangener): I. Kult, II. Offenbarung (besonders Prophetie), III. Geschichte, IV. Natur, V. Weisheit (zur Einordnung vgl. 33 f.). Am Schluß bleiben als nicht subsummierbar: VI. Die politischen und sozialen Institutionen und VII. (ein letztes Nachwirken der sonst verlassenen dogmatischen Ordnung) Eschatologie.

Eine gemischte, grundsätzlich aber ebenfalls aus den gewohnten Topoi zusammengestellte Gliederung finden wir bei R. E. Clements (Old Testament Theology. A Fresh Approach. London 1978 – vgl. die Rez. des Verf.: VT 30 [1980], 369–373). Die knappe inhaltliche Darstellung (Kap. 3–6) wird hier von ausführlichen Prolegomena zur alttestamentlichen Theologie (Kap. 1. 2. 7. 8) umrahmt. Der Mittelteil gliedert sich einerseits nach den materialen Topoi Gott (Kap. 3) und Volk (Kap. 4), andererseits nach dem dogmatischen Schema Gesetz (Kap. 5) und Verheißung (Kap. 6). Clements macht sich Gedanken darüber, inwieweit die gebrochenen Linien des Alten Testaments mit denen späterer Zeitalter verbunden werden können (24) und verfällt dabei auf diese Lösung. Sie ist ein Beispiel dafür, daß auch eine Mischform von aus dem Alten Testament selbst entnommenen Themen und Stichworten der Dogmatik denkbar ist. Zugleich zeigt dieser Umstand aber auch die allgemeine Unsicherheit an, in der sich die gesamte Diskussion über die Frage des Aufbaus einer alttestamentlichen Theologie bewegt.

Als jüngstes Beispiel ist der Band von C. Westermann, ›Theologie des Alten Testaments in Grundzügen‹ (ATD Erg. – R. 6, Göttingen 1978) zu nennen (vgl. dazu auch die Stellungnahme von W. Brueggemann, A Convergence in Recent Old Testament Theologies: JSOT 18 [1980], 2–18). Wie bei anderen berühmten Namen auf dem Felde der alttestamentlichen Theologie (vor allem von Rad, Zimmerli) ist der Aufbau auch dieses Werkes nur vor dem Hintergrund einer in vielen Vorarbeiten am Alten Testament entwickelten Systematik zu verstehen (zur Diskussion dieser Inhalte vgl. u. Kap. IV und V). Gekennzeichnet ist das Werk, einer besonderen Form existentialen Ansatzes entsprechend, durch verschiedene ineinandergreifende Polaritäten: so durch den Gegensatz zwischen rettendem und segnendem Handeln Gottes (bzw. Geschichtshandeln und

Schöpfungshandeln), Teil II (28–71) und III (72–101), zwischen Gottes Gericht und Gottes Erbarmen (Teil IV, 102–133: Gerichts- und Heilsprophetie sowie Apokalyptik), weiter zwischen Wirken (und Wort) Gottes und der Antwort des Menschen (auf doppelter Ebene: Innerhalb von Teil I [„Was sagt das Alte Testament von Gott?"] und noch einmal als Gesamtüberschrift von Teil V [134–191] mit dreiteiliger Untergliederung [„Die Antwort im Reden", „Die Antwort im Handeln", „Die Antwort des Nachdenkens oder der Reflexion"]. Bemerkt sei dazu, daß der Begriff der „Antwort Israels" auch in von Rads Theologie eine Rolle spielt [s. u. S. 69], allerdings die eines Ausweichquartiers für Bereiche [Psalmen und Weisheit], die sich dem geschichtlichen Ansatz des Verfassers entziehen. Bei Westermann hat das Stichwort eine ungleich größere Bedeutung und bildet eine Säule der das Ganze tragenden Dialektik). Den Hintergrund werden hierzu die später folgenden hermeneutischen Überlegungen zu beleuchten haben. Es fällt jedoch auf, in wie starkem Maße schon der Blick auf die Gliederung eines Werkes der alttestamentlichen Theologie den Ansatz der Verfasser deutlich macht. Westermann kennt jedoch nicht nur eine Dialektik, sondern auch einen „Mittelpunkt" (vgl. u. Kap. IV) der alttestamentlichen Theologie: es ist das „Einssein Gottes als Ermöglichung des Zusammenhanges" (25–27), mit dem gleichen Hinweis auf Dt 6,4, wie wir ihn auch bei Deissler fanden (vgl. hierzu u. Kap. IV).

Anhangsweise zu diesem Überblick sei vermerkt, daß es vereinzelt auch noch Anhänger einer historisch-genetischen Darstellungsweise für die Theologie des Alten Testaments gibt. Kein Zufall ist wohl, daß dabei zum Teil ein fundamentalistischer Ansatz Pate steht. Die Spannung zwischen Geschichte und Überlieferung (s. u. Kap. III) kann nicht auftreten, wenn Ereignisse und der Bericht über sie (weil die Verfasser als Augenzeugen angesehen werden) inhaltlich zusammenfallen. Ein Beispiel für diese Art der Darstellung ist C. K. Lehman, ›Biblical Theology. Vol. I. Old Testament‹ (Scottdale, Pens., 1971). In diesem Band gibt die Einteilung des masoretischen Kanons selbst (Pentateuch, Propheten, Hagiographen) die Gliederung der Darstellung ab, und die Annahme einer bruchlos zuverlässigen Geschichtsüberlieferung von Adam bis in die nachexilische Zeit bringt historische Ereignisse und theologische Bedeutung von selbst in Deckung. Dagegen bietet der ebenfalls fundamentalistisch orientierte Band von J. B. PAYNE, ›The Theology of the Older Testament‹ (Grand Rapids 1962 [1971[3]]), eine dogmatische Gliederung: Gott, Mensch, Gnade, "Commitment" (Buße, Glaube, Ethik, Kult), Versöhnung. Als ernsthafter wissenschaftlicher Gesprächspartner ist diese vor allem noch in den USA verbreitete Richtung (vgl. dazu neuerdings J. BARR, Fundamentalism. London 1977 [mit weiterer Literatur]) nicht anzusehen.

– Vgl. auch noch E. J. YOUNG, The Study of Old Testament Theology Today. London 1958; ders., An Introduction to the Old Testament. Grand Rapids 1949 (1953[2], Reprint 1965); ders., What is Old Testament Biblical Theology?: EvQ 31 (1959), 136–142; H. LINDSELL, The Battle for the Bible. Grand Rapids 1976.

Ernster zu nehmen ist der Versuch von R. RENDTORFF (Alttestamentliche Theologie [o. S. 50]), gegenüber den systematischen Entwürfen die Forderung nach einer historischen Darstellung der Theologie des Alten Testaments zurückzugewinnen, wobei er sich vor allem auf J. KÖBERLE beruft.

Die von RENDTORFF angeführten Sekundärzitate stammen aus KÖBERLES Werk: ›Sünde und Gnade im religiösen Leben des Volkes Israel bis auf Christum‹ (München 1905). Schon KÖBERLE hatte den theologischen Gehalt des Alten Testaments und des Judentums in einer geschichtlichen Darstellung gesucht und erklärt, „daß die Realität der göttlichen Offenbarung einen wirklich geschichtlichen Verlauf der Religionsgeschichte dieses Volkes nicht ausschließt, sondern vielmehr gerade in demselben sich erweist. Die göttliche Offenbarung hat nicht ihre Geschichte neben und außerhalb der ‚profanen' Geschichte Israels, sondern in ihr . . . Je vollkommener wir die Zusammenhänge der . . . Geschichte Israels erkennen, um so vollkommener wird sich auch die Realität göttlicher Einwirkung in ihr erkennen lassen . . ." (2).

In der „Theologie des Alten Testaments" und der „Geschichte Israels", die zugleich die Darstellung der Religionsgeschichte Israels ist, gehe es grundsätzlich um die gleiche Aufgabe (RENDTORFF, Ges. Stud., 150). Das sieht aus wie eine Rückbewegung zu der Position, die EICHRODT u. a. mit ihrer systematischen Darstellung überwinden wollten; andererseits ist diese Wendung jedoch nur im Zusammenhang der Diskussion um die durch VON RAD in Bewegung gebrachte Frage nach der Bedeutung der Geschichte für die alttestamentliche Theologie zu verstehen (vgl. u. Kap. III).

Schließlich sollten die Überlegungen von F. BAUMGÄRTEL zur Systematik der Darstellung einer alttestamentlichen Theologie nicht übergangen werden, obwohl sie nicht zur Ausführung gelangt sind. Auch BAUMGÄRTEL schlägt (ThLZ 1951) eine sacheigene Systematik vor; sie soll drei Teile umfassen: I. Als Einleitung: eine Alttestamentliche Religionsgeschichte, als frömmigkeitsgeschichtliche Untersuchung konzipiert, II. Eine systematisch-religionswissenschaftliche Darstellung. Dies wäre eine religionsphänomenologische Untersuchung (nach dem Muster von R. OTTO, F. HEILER, G. VAN DER LEEUW) der alttestamentlichen Religion als semitischer Religion und ihr Vergleich mit der Religion überhaupt, III. den eigentlich theologischen Teil, in dem das alttestamentliche Geschehen als „heilsgeschichtliches" (s. o. S. 45 f.) und insofern gegenwärtiges Geschehen, in dem Gott sich erschließt in Gericht und Verheißung, in das hinein Christus als das Wort hineingesandt ist, dargestellt wird. In diesem Vorschlag wäre also (wenn man von der Besonderheit der theologischen Position BAUMGÄRTELS absieht) die religionsgeschichtliche und die eigentlich theologische Darstellungsweise miteinander kombiniert. Ein ähnlicher Dualismus begegnet auch bei E. NIELSEN (Det gamle Testamente), der in der systematischen Darstellung der tragenden theologischen Gedanken des Alten Testaments (mit dem alttestamentlichen Gottesbild als Zentrum) und der christozentrisch begründeten, von der Auffassung des Alten Testaments im Neuen ausgehenden Behandlung seines Platzes in der Verkündigung der Kirche zwei gleichwertige, getrennte Aufgaben einer alttestamentlichen Theologie sieht.

An dem Gegensatz der Vorschläge von R. RENDTORFF und F. BAUMGÄRTEL kann man erkennen, daß das Problem der Systematik der Darstellungsform einer „Theologie des Alten Testaments" keine reine Formfrage ist, sondern die Sachfrage, was man unter „Theologie des Alten Testaments" versteht, zutiefst berührt.

III. DAS PROBLEM DER GESCHICHTE

1. *Die Position Gerhard* VON *RADS*

VON RAD, G.: Das formgeschichtliche Problem des Hexateuch (BWANT 4. F., H. 26). Stuttgart 1938 = ders.: Gesammelte Studien zum Alten Testament. München 1958 (1971[4]), 9–86; ders.: Grundprobleme einer biblischen Theologie des Alten Testaments: ThLZ 68 (1943), 225–34; ders.: Kritische Vorarbeiten zu einer Theologie des Alten Testaments: Theologie und Liturgie, hg. L. HENNIG. Kassel 1952, 11–34; ders.: Theologie des Alten Testaments. Bd. I. Die Theologie der geschichtlichen Überlieferungen Israels. München 1957, 1962[4] (1969[6]). Bd. II. Die Theologie der prophetischen Überlieferungen Israels. München 1960, 1965[4] (1980[7]) (zu den versch. Ausgaben und Übersetzungen vgl. die Bibliographie von VON RABENAU, K.: Probleme biblischer Theologie. Fs. VON RAD, G., München 1971, 665–681, Nr. 13, 667 f.); ders.: Offene Fragen im Umkreis einer Theologie des Alten Testaments: ThLZ 88 (1963), 401–416 = Gesammelte Studien zum Alten Testament II. München 1973, 289–312.

BARR, J.: Gerhard von Rad's Theologie des Alten Testaments: ET 73 (1961/2), 142–146; BAUMGÄRTEL, F.: Rez.: ThLZ 86 (1961), 801–816. 895–908; CRENSHAW, J.: Gerhard von Rad. Waxo, Tx., 1979 = dt.: München 1979; DAVIES, G. H.: Gerhard von Rad, Old Testament Theology: Contemporary Old Testament Theologians, ed. LAURIN (o. S. 53), 63–90; FESTORAZZI II (o. S. 54 f.); FRUCHON, P.: Sur l'herméneutique de Gerhard von Rad: RSPhTh 55 (1971), 4–32; GREIG, A. J.: Geschichte and Heilsgeschichte in Old Testament Interpretation with Particular Reference to the Work of G. von Rad. Diss. phil. (Masch.), Edinburgh 1974, 75–168; GROVES, J. W.: Actualization and Interpretation in the Old Testament. Diss. Ph. D. Yale University 1979 (Ann Arbor Microfilm), 8–71, vgl. 118–195; KOCH, K.: Gerhard von Rad: Tendenzen der Theologie, hg. H. J. SCHULTZ (o. S. 7), 483–487; MARTIN-ACHARD, R.: La théologie de l'Ancien Testament après les travaux de G. von Rad: ETR 47 (1972), 219–226; NESBIT, W. G. (o. S. 54 f.), 174–264; RAMLOT, R.: RThom 1965 (o. S. 50 f.); RENDTORFF, R.: Gerhard von Rads Beitrag zur alttestamentlichen Wissenschaft: Gesammelte Studien (o. S. 50), 296–303; SEEBASS, H.: Biblische Hermeneutik (o. S. 21f.), 43–54; SPRIGGS, D. G. (o. S. 54f.); WOLFF, H. W./RENDTORFF, R./PANNENBERG, W.: Gerhard von Rad. Seine Bedeutung für die Theologie. Drei Reden. München 1973; WOLFF, H. W.: Gespräch mit Gerhard von Rad: Fs. VON RAD, 1971, 650–658; VON RAD, G.: Über Gerhard von Rad: W. E. BÖHM (Hg.): Forscher und Gelehrter. Stuttgart 1966, 17–18 = Fs. VON RAD, 1971, 659–661.

Im Jahre 1938 veröffentlichte G. VON RAD seine Studie ›Das formgeschichtliche Problem des Hexateuch‹. Hier wird zum erstenmal der Versuch unternommen, die geschichtlichen Überlieferungen Israels, wie sie in der „barocken" Endgestalt des Hexateuchs (so die Zuordnung VON RADS) vorliegen, unter form- und überlieferungsgeschichtlichen Gesichtspunkten nach ihrer Herkunft, ihren ältesten Ausprägungen, ihrem kultischen Sitz im Leben und durch den gesamten Traditionsvorgang bis hin zu dem literarischen Werk des Jahwisten zu analysieren. Das „kleine geschichtliche Credo" (Dt 26, 5b–9) ist nach VON RAD die älteste Form eines israelitischen Glaubensbekenntnisses, in dem die wichtigsten Stadien der Heilsgeschichte vom Ägyptenaufenthalt bis zur Landnahme genannt werden. Ähnliche bekenntnismäßige Zusammenstellungen finden sich in Dt 6, 20–24; Jos 24, 2b–13 und in anderen Texten. Streng getrennt ist ursprünglich von dieser heilsgeschichtlichen Tradition die Sinaiüberlieferung; während sie ihren kultischen Sitz im Leben in dem nach Jos 24 in Sichem gefeierten Laubhüttenfest hat, gehört das geschichtliche Credo an das in Gilgal lokalisierte Wochenfest.

Die anschließende exegetische Diskussion hat sowohl die Trennung von Auszug/Landnahme- und Sinaitradition wie das Alter der Credo-Formulierung in Dt 26 (zur Forschungsgeschichte vgl. G. WALLIS, Die geschichtliche Erfahrung und das Bekenntnis zu Jahwe im Alten Testament: ThLZ 101 [1976], 801–810; vgl. auch N. LOHFINK, Heilsgeschichte: ders., Unsere großen Wörter. Freiburg i. Br./Basel/Wien 1977, 76–91) in Frage gestellt. Diese Problematik muß hier außer Betracht bleiben.

Die überlieferungsgeschichtliche Untersuchung dieser Stoffe wurde durch M. NOTH fortgeführt; seine ›Überlieferungsgeschichte des Pentateuch‹ (Stuttgart 1948 [1966³]) geht, in Anknüpfung an VON RAD (vgl. 48 f.) von der gesamtisraelitischen Orientierung der Pentateuchüberlieferung aus (45–48) und sucht die Herkunft der verschiedenen Themenkreise des Pentateuchs und ihr Zusammenwachsen bis hin zur literarischen Endgestalt der Pentateuch-Erzählung als ganzer (267–271) zu verstehen (wobei er allerdings zu einem fast durchweg negativen Ergebnis ihrer historischen Zuverlässigkeit gelangt, vgl. 276–279). Ein weiterer Bereich geschichtlicher Traditionen des Alten Testaments, das sog. deuteronomistische Geschichtswerk, wurde durch M. NOTHS ›Überlieferungsgeschichtliche Studien‹ (Halle 1943 [Stuttgart/Darmstadt 1967[3]]) für die überlieferungsgeschichtliche Untersuchung erschlossen.

Aus diesem überlieferungsgeschichtlichen Ansatz heraus entwikkelt VON RAD auch seine Theologie des Alten Testaments. Schon 1952 fordert er gegenüber den bisher vorliegenden Entwürfen, „daß eine alttestamentliche Theologie ihrer Anlage nach geschichtlich und nicht systematisch sein muß" (Theologie und Liturgie, hg. L. HENNIG, 31). Allerdings bewegt ihn die besonders von NOTH entwikkelte Skepsis gegenüber dem historischen Gehalt der geschichtlichen Überlieferungen vor allem des Pentateuchs erneut zu einer Zweiteilung seines Werkes nach dem Vorbild von u. a. SELLIN und auch PROCKSCH. Nur wendet er gegen diesen ein, es sei fraglich, „ob eine atl. Theologie in der Darstellung einer ‚Gedankenwelt', von ‚Anschauungen, Gedanken und Begriffen' ihr eigentliches Sachgebiet zu erblicken hat" (ds., 30). Vielmehr seien beide Teile geschichtlich: auch das im zweiten Teil entfachte Zeugnis des Jahweglaubens besteht nicht aus statischen Aussagen über Gott, Welt, Mensch usw., „sondern es geht Taten entlang und vermerkt göttliche Setzungen, die in der Geschichte sukzessive manifest werden" (ds., 31). „Eine alttestamentliche Theologie muß sich an das halten, was die Zeugnisse der Bücher selbst von Jahwe, seinem Wort und seinen Taten aussagen" (ds., 32). Das noch immer nicht überwundene Fragen nach der Religion (ds., 30) oder der Frömmigkeit ist nicht am Platze: „Das Frömmigkeitsgeschichtliche hat in ihr nur einen Raum, sofern es kerygmatisch in diese Aussagen mit einbezogen ist." Ohne Frage ist VON RAD in seinem theologischen Denken von der dialektischen Theologie mitbestimmt. Das zeigt sich in einem programmatischen Satz wie diesem: „So hätte also eine alttestamentliche Theologie, wenn sie mehr sein will als eine Religions- oder Frömmigkeitsgeschichte, auszugehen von dem an Israel ergangenen Wort Jahwes und sie hätte dieses Phänomen theologisch besonders nach seiner schöpferischen Mächtigkeit zu bestimmen" (ds., 31). Diese Forderung wird allerdings später nur indirekt eingelöst; einmal unter dem Schema von „Verheißung und Erfüllung" (vgl. Verf., ›Biblische Theologie‹, Kap. II, 4), zum anderen auf dem Umweg über die Geschichte und den Vorgang, den VON RAD mit einer dem gleichen theologischen Gedankengut angehörenden Formel das „Zeugnis" nennt (ebd.). Der überlieferungsgeschichtliche Ansatz ist für den gesamten Entwurf entscheidend; hierdurch ist ebenso sein epochemachender Charakter bedingt wie auch die Fragen, die er für die anschließende Diskussion offenließ.

Entsprechend seiner Ankündigung schickt VON RAD im ersten Band seiner ›Theologie des Alten Testaments‹ einen „Abriß einer Geschichte des Jahweglaubens und der sakralen Institutionen in Israel" (I^4, 17–115) voraus. In den anschließenden „Methodischen Vorerwägungen" (I^4, 117 ff.) wiederholt er manches schon 1952 Gesagte, präzisiert aber auch als den Gegenstand einer Theologie des Alten Testaments, dieser sei nicht die geistig-religiöse Welt Israels, auch nicht seine Glaubenswelt, „sondern nur das, was Israel selbst von Jahwe direkt ausgesagt hat. Der Theologe muß sich vor allem unmittelbar mit den Zeugnissen beschäftigen, also mit dem, was Israel selbst von Jahwe bekannt hat, und ohne Frage muß er es weithin erst wieder lernen, von Dokument zu Dokument genauer als bisher nach der jeweiligen kerygmatischen Intention zu fragen". Diese Zeugnisse haben, trotz aller Verschiedenheit im einzelnen, ein Gemeinsames: „sie beschränken sich darauf, das Verhältnis Jahwes zu Israel und zur Welt eigentlich nur in einer Hinsicht darzustellen, nämlich als ein fortgesetztes göttliches Wirken in der Geschichte". Der Glaube Israels ist „grundsätzlich geschichtstheologisch fundiert . . . Er weiß sich gegründet auf Geschichtstatsachen und weiß sich gestaltet und umgestaltet von Fakten, in denen er die Hand Jahwes wirksam sah" (I^4, 118). „Das Alte Testament ist ein Geschichtsbuch", dieser ebenfalls schon 1952 formulierte Satz (G. VON RAD, Typologische Auslegung des Alten Testaments [u. S. 82]: Ges. Stud. II, 278; vgl. Theologie II^1, 370 [380^4] – anders ders., Aspekte alttestamentlichen Weltverständnisses: EvTh 24 [1964], 57–73, 57 = Gesammelte Studien I, 311–331, 311) bestimmt den gesamten Entwurf von Rads. Da aber nun die Zeugnisse des Alten Testaments über seine Geschichte in einer bunten Vielfalt von Quellen und Überlieferungszusammenhängen niedergelegt sind, gibt es für ihre angemessene Darstellung auch keine angemessene Systematik. „Die legitimste Form theologischen Redens vom Alten Testament ist deshalb immer noch die Nacherzählung ... So wird sich also auch eine Theologie des Alten Testaments im rechten Nachsprechen dieser Geschichtszeugnisse zu üben haben, wenn sie die Inhalte des Alten Testaments sachgemäß erheben will" (I^4, 134f.). Entsprechend bildet dann auch den Kern des 1. Bandes die Theologie des Hexateuchs in den verschiedenen von diesem dargestellten heilsgeschichtlichen Perioden (I^4, 143–317). Eine Mischung von theologisch-thematischer Ordnung (unvermutet blickt der traditionelle Topos „Messianologie" hindurch!) und Darstellung des Quellenzusammenhanges folgt im Hauptabschnitt „Die Gesalbten Israels" (I^4, 318–365), der vor allem das deuteronomistische und chronistische Geschichtswerk (aber auch die Königspsalmen [331–336]!) bespricht. Bemerkenswert ist, daß von Rad umfangreiche Stoffe des Alten Testaments nicht unter dem Thema „geschichtliche Überlieferungen" erfassen kann: die Gebete und Psalmen, den Bereich des Rechts und vor allem die Weisheit. Er faßt sie, ohne die Dialektik zu Ende zu denken, unter die Überschrift „Israel vor Jahwe (Die Antwort Israels)" zusammen (I^4, 366–473). (Ch. Barth [Die Antwort Israels: Fs. von Rad 1971, 44–56], gibt dem Begriff jetzt eine sehr viel engere, formgeschichtlich eingegrenzte Bedeutung.)

Ein weiterer, nur durch das Nachwirken alter Urteile zu erklärender, Schritt ist die „scharfe Abtrennung der Botschaft der Propheten von den Vorstellungen des älteren Jahweglaubens" (II^4, 13), die sich in der Verteilung des Materials auf zwei Bände ausdrückt, von denen der zweite die ›Theologie der prophetischen Überlieferungen Israels‹ umfaßt. Allerdings erteilt von Rad dem „klassischen" Prophetenbild nach dem Muster Duhms eine Absage und betont, daß auch die Propheten, und das „bis ins Zentrum ihrer Botschaft", von alten Überlieferungen abhängig gewesen seien (II^4, 14). Trotzdem läßt von Rad gegenüber den älteren geschichtlichen Überlieferungen mit den Propheten etwas völlig Neues beginnen: von den weltgeschichtlichen Ereignissen ausgehend, deren Zeugen sie wurden (das Korrespondenzverhältnis der Propheten zur Weltgeschichte ist geradezu der „Schlüssel zu ihrem rechten Verständnis, II^4, 122) sehen sie ein ganz neues Geschichtshandeln Gottes heraufkommen, welches das alte ablösen wird; „Eschatologisierung des Geschichtsdenkens" (II^4, 121 ff.) ist die große Neusetzung der Prophetie. Wieder steht zu vermuten, daß diese Beurteilung der prophetischen Botschaft als „eschatologisch" einer exegetischen Nachprüfung nicht statthalten wird – wenn man nicht umgekehrt den gesamten Jahweglauben, gerade auch die „geschichtlichen Überlieferungen", als eschatologisch bestimmen will (so H. D. Preuss, Jahweglaube und Zukunftserwartung [BWANT 87]. Stuttgart 1968). Traditionsgeschichtlich ist die Abtrennung der prophetischen von den geschichtlichen Traditionen kritisch zu hinterfragen (so bes. W. Zimmerli, Rez.: VT 13 [1963], 100–111, bes. 107 ff.). Doch lag auf diesem Punkt nicht das Schwergewicht der an von Rad anschließenden Diskussion.

Diese Diskussion hatte vielmehr von Rad selbst vorherbestimmt durch die Problematik, die er als erster im Zentrum seiner Darstellung sieht. Schon in ›Theologie und Liturgie‹ (hg. L. Hennig, [o. S. 65], 31) hatte er den Zwiespalt erwähnt zwischen der faktischen Geschichte Israels, der Geschichte des Jahweglaubens, seiner Institutionen usw., und dem Geschichtsbild, das Israel selbst von Jahwe und seinem Handeln entworfen hat. Im 1. Band der ›Theologie‹ unterstreicht er diesen Zwiespalt noch stärker: das Bild, das die historisch-kritische Wissenschaft von der Geschichte des Volkes Israels ermittelt, ist mit dem Bild, das Israel selbst von seiner Geschichte mit Jahwe gezeichnet hat, großenteils unvereinbar. „Die historisch-kritische Wissenschaft hält es für unmöglich, daß ganz Israel am Sinai war, daß Israel en bloc das Schilfmeer durchschritten und die Landnahme vollzogen hat, sie hält das Bild, das die Überlieferungen des Buches Exodus von Mose und seinem Führeramt zeichnen, für ebenso ungeschichtlich wie die Funktion, die das deuteronomistische Richterbuch den ‚Richtern' zuschreibt" (I^4, 119).

Wie das Dilemma durch die überlieferungsgeschichtliche Sicht entstanden ist (in: ›Theologie und Liturgie‹ [31], wie in der ›Theologie‹ [I^4, 119], erinnert VON RAD an NOTHS Resultate), sieht VON RAD auch seine Lösung auf überlieferungsgeschichtlichem Gebiet: Auch das Bild, das Israel selbst von seiner Geschichte entworfen hat, ist historisch existent und als solches von theologischer Bedeutung: „Die historische Forschung sucht ein kritisch gesichertes Minimum; das kerygmatische Bild tendiert nach einem theologischen Maximum" (I^4, 120). Daraus ergibt sich für die Darstellung selbst: „Die alttestamentliche Zeugniswelt wird also vor allem der Gegenstand einer Theologie des Alten Testaments sein" (I^4, 124).

Eine erste Kritik an VON RAD lautete, mit seinem Verfahren, lediglich die vielfältigen Geschichtszeugnisse Israels nachzuerzählen, ginge auf einen Schlag die Glaubensunmittelbarkeit verloren: „v. Rads Vorverständnis hat also die Folge, daß er nicht, wie Israel, die Taten Gottes nacherzählt, sondern die Nacherzählungen Israels" (C. A. KELLER, Rez.: ThZ 14 [1958], 306–309, 308). Die Diastase zwischen deskriptiver Darstellungsform und Bekenntnisgehalt bleibe auch bei VON RAD, trotz seines theologischen Engagements, erhalten. „Im Grund ist v. Rads Buch keine Theologie, sondern eine Einleitung." Das Verfahren vermeide, die Wahrheitsfrage zu stellen, „ohne – und das ist das Originelle, Verführerische – theologisch belanglos zu werden" (ds., 308). Hier ist eine Reihe von Fragen berührt, die noch weiter zu klären sein werden.

2. *„Tatsächliche" Geschichte oder geglaubte Geschichte*

Zunächst gilt es jedoch, die Diskussion um die durch VON RAD in den Mittelpunkt gestellte Frage nach dem Geschichtsbild, das der Theologie des Alten Testaments zugrunde gelegt werden muß, weiterzuverfolgen.

ALONSO SCHÖKEL, L. (o. S. 49); AMSLER, S.: Texte et événement: Maqqél Shaqedh. Hommage à W. VISCHER. Montpellier 1960, 12–19; BARBOUR, R. S.: The Bible-Word of God?: Biblical Studies, Essays . . . W. BARCLAY, ed. J. R. MCKAY/J. F. MILLER. London 1976, 28–43; BARTH, Chr.:

Grundprobleme einer Theologie des Alten Testaments: EvTh 23 (1963), 342–372; BAUMGÄRTEL, F.: ThLZ 1961 (o. S. 65); CONZELMANN, H.: Fragen an Gerhard von Rad: EvTh 24 (1964), 113–125; FESTORAZZI II (o. S. 54f.); FRANZMANN, M. H.: The Hermeneutical Dilemma: Dualism in the Interpretation of the Holy Scripture: CTM 36 (1965), 502–533 (Bespr. v. K. FRÖR, Biblische Hermeneutik. München 1961 [Neuauflage unter dem Titel: Wege zur Schriftauslegung. Düsseldorf 1967[3]]); GREIG, A. J., Geschichte (o. S. 65), 261 ff.; GILKEY, L.: Cosmology, Ontology and the Travail of Biblical Language: JR 41 (1961), 194–205; GOLDINGAY, J.: "That You May Know That Yahweh is God": A study in the relationship between theology and historical truth in the Old Testament: TynB 23 (1972), 58–93; GROSS, H.: TThZ 1958 (o. S. 49); HAMP, V.: BZ 1958 (o. S. 49); ders.: Geschichtsschreibung im Alten Testament: Speculum Historiale. Fs. J. SPÖRL. Freiburg/München 1965, 134–142; HARVEY, J.: The New Diachronic Biblical Theology of the Old Testament (1960–1970): BTB 1 (1971), 5–29 (Kurzfassung: A Decade of Development in Biblical Theology: ThD 20 [1972], 137–140]; HASEL, G. F.: The Problem of History in Old Testament Theology: Auss 8 (1970), 23–50; ders.: Old Testament Theology (o. S. 1), 57–75; HEMPEL, J.: Altes Testament und Geschichte. Gütersloh 1930; ders.: Alttestamentliche Theologie in protestantischer Sicht heute: BiOr 15 (1958), 206–214; ders.: Bespr.: G. von Rad, Theologie des Alten Testaments. Bd. II: BiOr 19 (1962), 267–273; vgl. ders.: Faktum und Gesetz im alttestamentlichen Geschichtsdenken: ThLZ 85 (1960), 824–828; ders.: Die Faktizität der Geschichte im biblischen Denken: Biblical Studies in Memory of H. C. ALLEMAN. Locust Valley, N. Y., 1960, 67–88; ders.: Geschichte und Geschichten im Alten Testament bis zur persischen Zeit. Gütersloh 1964; HESSE, F.: Die Erforschung der Geschichte Israels als theologische Aufgabe: KuD 4 (1958), 1–20; ders.: Kerygma oder geschichtliche Wirklichkeit? Kritische Fragen: ZThK 57 (1960), 17–26; vgl. auch ders.: Zur Frage der Wertung und der Geltung alttestamentlicher Texte: Fs. F. BAUMGÄRTEL. Erlangen 1959, 74–96 = Probleme, hg. C. WESTERMANN (o. S. 46f.), 266–294; ders.: Das Alte Testament als Buch der Kirche. Gütersloh 1966, 115–134; ders.: Bewährt sich eine „Theologie der Heilstatsachen" am Alten Testament?: ZAW 81 (1969), 1–18; Honecker, M.: Zum Verständnis der Geschichte in Gerhard von Rads Theologie des Alten Testaments: EvTh 23 (1963), 143–168; JEPSEN, A.: Wissenschaft vom Alten Testament (AVTRW 1). Berlin 1958 = Der Herr ist Gott (o. S. 50), 13–38 = Probleme, hg. C. WESTERMANN, 227–265 (gekürzte Fassung); KOOLE, J. L.: Het soortelijk gewicht van de historische stoffen van het Oude Testament: GThT 65 (1965),

81–104; LAKATOS, E.: Por una Teologia basada en los hechos: RevBib 21 (1959), 83–86. 142–144. 197–200; 22 (1960), 140–145; MAAG, V.: Historische oder außerhistorische Begründung alttestamentlicher Theologie?: SThU 29 (1958), 6–18 (vgl. dazu auch ders.: Das Gottesverständnis des Alten Testaments: NedThT 21 [1966/7], 161–207 = ders.: Kultur, Kulturkontakt und Religion. Ges. Studien . . ., hg. H. H. SCHMID/O. H. STECK. Göttingen 1980, 256–299); MURRAY, J.: Systematic Theology: WThJ 25 (1963), 133–142; NORTH, C.: The Old Testament Interpretation of History. London 1946; OSSWALD, E.: Geschehene und geglaubte Geschichte in der alttestamentlichen Theologie: WZ (J). GS 14 (1965), 705–715; PFEIFFER, R. H.: Facts and Faith in Biblical History: JBL 70 (1951), 1–14; PORTEOUS, N.: Magnalia Dei: Fs. VON RAD, 1971 (o. S. 65), 417–427; ders.: Old Testament and History: ASTI 8 (1970/1), 21–77; VON RAD, G.: Antwort auf Conzelmanns Fragen: EvTh 24 (1964), 388–394; ders.: Offene Fragen (o. S. 65f.); SOGGIN, J. A.: Alttestamentliche Glaubenszeugnisse und geschichtliche Wirklichkeit: ThZ 17 (1961), 385–398; ders.: Geschichte, Historie und Heilsgeschichte im Alten Testament: ThLZ 89 (1964), 721–736; DE VAUX, R.: Peut-on écrire une «Théologie de l'Ancien Testament»?: Mélanges M. CHENU. Paris 1967, 439–449 = Bible et Orient. Paris 1967, 59–71 (engl.: Is it Possible to Write a "Theology of the Old Testament"?: The Bible and the Ancient Near East, tr. D. MCHUGH. London 1972, 49–62. – Vgl. dazu auch P. MAMIE, Peut-on écrire une «Théologie de l'Ancien Testament»?: NV 42 [1967], 298–303); VAWTER, B.: History and Kerygma in the Old Testament: A Light unto my Path. Studies . . . J. M. MYERS. Philadelphia 1974, 475–491; VISCHER, W.: Das Alte Testament und die Geschichte: ZZ 10 (1932), 22–42; VRIEZEN, Th. C.: Geloof, openbaring en geschiedenis in de nieuwste Oud-Testamentische Theologie: KeTh 16 (1965), 97–113. 210–218; ZIMMERLI, W.: Die historisch-kritische Bibelwissenschaft und die Verkündigungsaufgabe der Kirche: EvTh 23 (1963), 17–31. – Zum Gesprächshintergrund: WOLF, E.: Leoni 1963: EvTh 24 (1964), 165–169; SAUTER, G.: Josefstal 1964: EvTh 25 (1965), 273–278.

Kaum hatte VON RAD den ersten Band seiner ›Theologie‹ veröffentlicht, als auch schon massive Kritik an seinem Geschichtsbegriff hervorbrach (Überblick über die Debatte u. a. bei E. OSSWALD, Wz [J]. GS 1965). Einer der entschiedensten Kritiker war F. HESSE, der in mehreren Aufsätzen die These vertrat: die wirkliche Geschichte Israels, d.h. ihr tatsächlicher Ablauf (ZThK 1960, 24; KuD 1958, 12f.), wie ihn die historisch-kritische Forschung ermittelt, nicht die

Vorstellungen, die Israel sich vom Ablauf seiner Geschichte machte, ist das theologisch Bedeutsame, denn wenn Jahwe tatsächlich in der Geschichte gehandelt hat, so können uns nur die Tatsachen interessieren. Deshalb ist die Erforschung der Geschichte Israels eine theologische Aufgabe (so der Titel des Aufsatzes in KuD 1958), „denn in, mit und unter der Geschichte Israels ereignet sich die Heilsgeschichte, die in Jesus Christus als ihrem telos kulminiert" (KuD 1958, 19). Sofern das Alte Testament Geschehnisse beschreibt, die sich in Wirklichkeit gar nicht so abgespielt haben, haben diese Berichte für uns nur noch dahingehend Bedeutung, daß sich in ihnen bestimmte Gedanken und Vorstellungen, die Israel von seiner Geschichte hatte, und ein bestimmtes Gottesverständnis widerspiegeln, nicht aber mehr als Zeugnis von einer Geschichte (ZThK 1960, 25). Noch stärker formulierte V. Maag die Kritik an von Rad: Wer etwa die deuteronomistische Geschichtsdarstellung im Richterbuch für theologisch verbindlich erklären wolle, obwohl doch der wahre Geschichtsverlauf ganz anders gewesen sei, „pflanzt Fiktionen von Gottes Handeln anstelle einer adäquaten Vorstellung. Er pflanzt . . . eine fromme Lüge und setzt sie als Wort Gottes" (SThU 1958, 13). „Wir sollten doch wohl besser keine Theologie haben als eine solche, die vom Handeln Gottes in der Geschichte Falsches lehrt, indem sie Gott Spielregeln unterschiebt, nach denen er in der geschichtlichen Wirklichkeit nie gehandelt hat und auch nie zu handeln gedenkt" (14). Hempel meint es als die „Tragik" der Theologie von Rads bezeichnen zu können, „daß seine letzte Intention ins Leere stößt", weil 1. für uns keine Kenntnis der geschichtlichen Ereignisse, vor allem der Frühzeit, abgesehen von den Traditionen des Alten Testaments selbst gegeben sei, 2. die überlieferungsgeschichtliche Sicht von dieser Frühzeit nach dem Muster Noths nur noch ein „Vakuum" zurückgelassen habe, das kaum als tragfähige Basis dafür dienen könne, das Handeln Gottes in der Geschichte als Grundlage des Jahweglaubens herauszustellen und 3. hiermit die Frage nach der Wahrhaftigkeit der Offenbarung und damit Gottes selbst gestellt werde (BiOr 1958, 213; vgl. BiOr 1962, 271 f.). Ähnlich sieht auch Eichrodt (Theologie I^4, VIII f.) in von Rads „methodischen Vorbemerkungen" die Kluft zwischen den beiden Geschichtsbildern

„mit solcher Vehemenz aufgerissen, daß eine innere Verbindung . . . nicht mehr herstellbar erscheint". Daraus ergebe sich die Frage, „ob ein Glaubenszeugnis, das keine gesicherte Verbindung zur geschichtlichen Wirklichkeit besitzt, als Zeugnis geschichtlicher Offenbarung gelten kann". Die gleiche Auffassung wird in jüngerer Zeit noch von G. KAUFMAN (What Shall We Do with the Bible?: Int. 25 [1971], 95–112) geteilt. Auch für ihn ist die Bibel als kritisch zu prüfende Geschichtsquelle anzusehen, aus der ermittelt werden muß, „what actually happened" (105), denn Gott ist als geschichtlich handelnde Person nur aus seinen Taten zu erkennen (103), die in der Bibel berichtet werden. Wir brauchen aber nicht zu glauben, was berichtet wird, sondern müssen die Berichte mit allen historisch-kritischen Mitteln untersuchen.

VON RAD antwortete auf diese Vorwürfe außer mit der Bemerkung, daß das Faktische sich keineswegs so leicht aus der Deutung herauslösen lasse (Bd. I³, 473), im II. Band seiner ›Theologie‹ (Vorwort, 1960¹, bes. 8 ff.) vor allem mit einem Hinweis auf die ganz anderen geschichtsphilosophischen Voraussetzungen der modernen Historie, die von ihren Prämissen aus außerstande sei, etwas von Gott auszusagen, deren Bild vom Verlauf der Geschichte Israels deshalb im Hinblick auf die theologische Relevanz inkompetent sei, etwa wenn es um die Deutung der Ereignisse von 587 als Handeln Gottes gehe. Zwar sei auch von der modernen Geschichtswissenschaft viel zu lernen. „Aber dieses eigene Wort Israels über das ihm von Gott Widerfahrene läßt sich durch nichts ersetzen; es läßt sich auch durch nichts beglaubigen" (10). Es komme deshalb darauf an, das Bild, das Israel von seiner Geschichte entworfen hat, als einen Gegenstand der Wissenschaft und der Analyse ernst zu nehmen. Und man spürt, daß sich VON RAD getroffen fühlt: „Gegenüber all diesem Meistern und Dreinreden ging ich von der Annahme aus, daß es verheißungsvoll sein könnte, das Alte Testament noch mehr, als es bisher geschehen ist, ausreden und seine Sache selbst sagen zu lassen, statt ihm dauernd ins Wort zu fallen" (11).

Hinter dieser Position verbirgt sich eine zusätzliche Problematik, die von allen Kritikern am scharfsinnigsten F. BAUMGÄRTEL herausgespürt hat: auch das Bild, das Israels Glaube von der Geschichte bekennend entwirft, ist ganz abgesehen davon, daß es mit den wirklichen historischen Vorgängen oft nicht übereinstimmt, selbst ein Stück Geschichte und als solches Gegenstand historischer Forschung. „Wenn v. R. das ‚theologische' Reden des AT untersucht und das vom alttestamentlichen Glauben hervorgebrachte Geschichtsbild des AT, so untersucht er historische Gegenstände, und sehr mit Recht tut er das mit den Mitteln der heutigen kritisch-historischen Wissenschaft, hier mit Hilfe der Einleitungswissenschaft" (ThLZ 1961, 804). Scharfe Kritik äußert BAUMGÄRTEL außerdem an VON RADS Programm der „Nacherzählung", dem er sein unmittelbares Überwechseln in die Verkündigung unter Umgehen theologischer Denkarbeit vorwirft (903 f.). Ob dieser Vorwurf berechtigt ist, ist zu bezweifeln, aber ohne Frage hat ihn VON RAD selbst durch ungenügende Reflexion über das Verhältnis zwischen historischem Geschichtsbild und seiner kerygmatischen Dimension hervorgerufen.

Ch. BARTH sucht zwischen den beiden gegensätzlichen Positionen zu vermitteln, indem er den „von einer *wahrhaft* historisch-kritischen Wissenschaft als *wahrscheinlich* erarbeitete(n) Hergang der Geschehnisse" als „ein unentbehrliches Mittel für das Verständnis und die Wiedergabe der biblischen Glaubenszeugnisse" herausstellt (EvTh 1963, 363). Hier deutet sich eine Nüchternheit an, die angesichts der durch NOTH hervorgerufenen überlieferungsgeschichtlichen Skepsis nicht auf großen Widerhall hoffen durfte, aber (im Zusammenhang grundsätzlicherer hermeneutischer Überlegungen) weiterbedacht zu werden verdient. Bemerkenswertes zu dem Problem (das übrigens schon sehr alt ist, vgl. HESSE, KuD 1958, 2 ff.) hatte bereits 1932 W. VISCHER geschrieben: die oft festzustellende Kluft zwischen Bericht und Tatsächlichkeit des Berichteten ist für ihn ein Beweis der Menschlichkeit der Schrift; keine Geschichtsschreibung komme ohne Auswahl und Wertung aus, und so müsse man das Geschichtszeugnis des Alten Testaments vor allem als Ganzes hören (ZZ 1932, 25 ff.; vgl. noch das ähnliche Schlußurteil bei OSSWALD, WZ [J]. GS 1965, 711). Ganz ähnlich äußert sich auch Ch. NORTH: "What concerns us . . . is not the literal accuracy of this or that happening, but whether the interpretation as a whole is valid for the events in their broad totality" (XIII). Ähnlich meint JEPSEN, es genüge, wenn die allgemeine Anschauung des Alten Testaments, daß Gott der Herr und Lenker der konkreten Geschichte ist, richtig sei; ob alle Einzelheiten richtig dargestellt seien, darauf komme es nicht an (Der Herr, 26). Auf jeden Fall wollten die Geschichtsschreiber des Alten Testaments ja wirklich Geschehenes berichten. (Vgl. HEMPEL, Geschichten und Geschichte, 12 ff. VAWTER, 483 ff., meint, die alttestamentliche Deutung sei für keine der zentralen heilsgeschichtlichen Ereignisse durch die historisch ermittelten Fakten widerlegt; ähnlich auch de VAUX, Peut-on écrire . . .?) In ähnliche Richtung geht auch KOOLES Stellungnahme, der zwar die Tatsächlichkeit des Geschehens als für die Relevanz des geschichtlichen Kerygmas unabdingbar ansieht, dabei jedoch dem Gattungscharakter volkstümlicher Erzählungen weitgehend Rechnung tragen will. BARBOUR (31 ff.) geht sogar so weit, zu behaupten, ein Ereignis könne ganz unzuverlässig berichtet und doch in einer für das Verhältnis zwischen Gott und Volk vitalen Weise theologisch interpretiert sein. Auch dann ist ein solcher Bericht rechtmäßiger Bestandteil der Heilsgeschichte.

Daß es auch fundamentalistische Kritik an VON RAD gibt, die behauptet, alles im Alten Testament Berichtete sei so tatsächlich geschehen (z. B. MURRAY), sei nur am Rande vermerkt. Auch die aus der gleichen Richtung geäußerte Überzeugung, der Glaubende sei des „Dualismus" enthoben, da ihm das Wort Gottes die objektive Wirklichkeit der Geschichte eröffne (FRANZMANN, CTM 1965, 522; ähnlich auch GOLDINGAY, TynB 1972, bes. 92 f.), zerhaut den gordischen Knoten *vor* einer genügenden Reflexion des hermeneutischen Problems. Schließlich sollte man die (nicht direkt von der Diskussion um das Werk VON RADS, aber von den ähnlichen Positionen WRIGHTS und ANDERSONS ausgehenden) Überlegungen von L. GILKEY bedenken, der angesichts des modernen, von dem biblischen abweichenden Weltbildes fordert, den Sinn analogen Sprechens von den „Taten" oder dem „Handeln" Gottes in unserer Erfahrungswirklichkeit neu zu reflektieren. Die gesamte Debatte beweist die Unklarheit, mit der erkenntnistheoretische Probleme oft gerade in der biblischen Theologie behandelt werden.

3. Geschichte und Offenbarung

Davidson, R.: Faith and History in the Old Testament: ET 77 (1965/6), 100–104; Eichrodt, W.: Offenbarung und Geschichte im Alten Testament: ThZ 4 (1948), 321–331; Ferré, N. F.: Living Light and Dedicated Decision: Comments on the Relation between Biblical and Systematic Theology: Int. 6 (1952), 1–16; Fohrer, G.: Tradition und Interpretation im Alten Testament: ZAW 73 (1961), 1–30 = ders., Studien zur alttestamentlichen Theologie und Geschichte (BZAW 115). Berlin 1969, 54–83; ders.: Prophetie und Geschichte: ThLZ 89 (1964), 481–500 = ders.: Studien zur alttestamentlichen Prophetie (1949–1965) (BZAW 99). Berlin 1967, 265–293; Gese, H.: Erwägungen zur Einheit der biblischen Theologie: ZThK 67 (1970), 417–436 = ders.: Vom Sinai zum Zion. Alttestamentliche Beiträge zur biblischen Theologie (BevTh 64). München 1974, 11–30; Galling, K.: Biblische Sinndeutung der Geschichte: EvTh 8 (1948/9), 307–319; Goldingay, J., TynB 1972, (o. S. 72 f.); Greig, A. J.: Geschichte (o. S. 65 ff.), 297 ff.; Groves (o. S. 65); Guthrie, H. H. jun.: God and History in the Old Testament. London 1961; Hasel, G. F.: (o. S. 72); Harvey, J. (o. S. 72); Hesse, F.: Zur Frage der Wertung und Geltung (o. S. 72); Honecker, M. (o. S. 72 f.); Kaufman, G.: Int. 1971 (o. S. 75 f.); Keller, C. A.: L'Ancien Testament et la théologie de l'histoire: RThPh 13 (1963), 124–137; Knierim, R.: Offenbarung im Alten Testament. Fs. von Rad, 1971 (o. S. 65), 206–235; Knight, D. A.: Revelation through Tradition and Theology in the Old Testament: Tradition and Theology in the Old Testament, ed. D. A. Knight. Philadelphia 1977, 143–180; Kraus, H. J.: Zur Geschichte des Überlieferungsbegriffs in der alttestamentlichen Wissenschaft: EvTh 16 (1956), 371–387; Loretz, O.: Die Wahrheit der Bibel. Freiburg i. Br. 1964; McKane, W., Tradition as a Theological Concept: God, Secularization and History. Essays ... R. G. Smith, ed. E. T. Long. Columbia, S. C. 1974, 44–59; Mildenberger, F.: Gottes Tat im Wort. Gütersloh 1964; North, C. R.: Old Testament Interpretation (o. S. 73); Östborn, G., Yahwe's Words and Deeds: A Preliminary Study into the Old Testament Presentation of History (UUÅ 1951: 7). Uppsala/Wiesbaden 1951; Otto, E.: Kairos 1977 (o. S. 50); Porteous, N., Asti 1970/1 (o. S. 73 f.); von Rad, G.: Offene Fragen (o. S. 65 f.); Rendtorff, R.: Hermeneutik des Alten Testaments als Frage nach der Geschichte: ZThK 57 (1960), 27–40 = ders., Gesammelte Studien (o. S. 50 f.), 11–24; ders.: „Offenbarung" im Alten Testament: ThLZ 85 (1960), 833–838; ders.: Geschichte und Überlieferung: Studien zur Theologie der alttestamentlichen Überlieferungen. K. Koch/ R. Rendtorff (Hg). (Fs. G.

v. RAD). Neukirchen 1961, 81–94 = Gesammelte Studien, 25–38; ders.: Geschichte und Wort im Alten Testament: EvTh 22 (1962), 621–649 = Gesammelte Studien, 60–88; ders.: Die Offenbarungsvorstellungen im Alten Testament: Offenbarung als Geschichte, hg. W. PANNENBERG. Göttingen (1961) 1963[2] (1970[4]), 21–41 (engl.: New York 1968, 23–53) = Gesammelte Studien, 39–59; RICHARDSON, A.: Christian Apologetics. London 1947 (1970[8]), 89 ff. 133 ff.; ROBINSON, James M.: Offenbarung als Wort und als Geschichte: Neuland in der Theologie, hg. J. M. ROBINSON/J. COBB. Bd. III: Theologie als Geschichte. Zürich 1967, 11–134 (engl.: New Frontiers in Theology. Vol. III. Theology as History. New York/Evanston/London 1967, 1–100); ROBINSON, H. W.: Inspiration and Revelation in the Old Testament. Oxford 1946 (1960[5]; Reprint 1979 – vgl. auch die Bespr. v. N. W. PORTEOUS: JThSt 48 [1947], 75–78; außerdem M. E. POLLEY [o. S. 58 f.]); SEELIGMANN, I. L.: Erkenntnis Gottes und historisches Bewußtsein im alten Israel: Beiträge zur alttestamentlichen Theologie. Fs. W. ZIMMERLI. Göttingen 1977, 414–445; SMEND, R.: Überlieferung und Geschichte. Aspekte ihres Verhältnisses: Zu Tradition und Theologie im Alten Testament, hg. O. H. STECK (BThSt 2). Neukirchen 1978, 9–26 (engl.: Tradition and History: A Complex Relation: Tradition and Theology, ed. D. A. KNIGHT [a. a. O.], 49–68); SOGGIN, J. A.: Iddio e la storia nel pensiero biblico: Protest. 25 (1970), 129–137 = God and History in Biblical Thought: Old Testament and Oriental Studies (BibOr 29). Rom 1975, 59–66; STOEBE, H. J.: Das Verhältnis von Offenbarung und religiöser Aussage im Alten Testament: Acta Tropica 21 (1964), 400–414; ders.: Überlegungen zur Theologie des Alten Testaments: Fs. H. W. HERTZBERG. Göttingen 1965, 200–220; DE VAUX, R.: Anwesenheit und Abwesenheit Gottes in der Geschichte nach dem AT: Conc (D) 5 (1969), 729–35 = Conc (F) 5 (1969), 13–22 = Conc (GB) 5 (1969), 5–12, = Conc (I) (1968), 183–96; VRIEZEN, Th. C.: KeTh 1965 (o. S. 73 f.); WEISER, A.: Glaube und Geschichte im Alten Testament (BWANT 55). Stuttgart 1931 = ders., Glaube und Geschichte im Alten Testament und andere ausgewählte Schriften. Göttingen 1961, 99–181; vgl. auch ders.: Das theologische Gesamtverständnis des Alten Testaments: DTh 10 (1943), 50–70 = Glaube und Geschichte, 257–279; WRIGHT, G. E.: The Old Testament against its Environment (SBT 2). London/Chicago 1950 – seither viele Nachdrucke; ders.: God Who Acts. Biblical Theology as Recital (SBT 8). London 1952 (1966[8]) (vgl. auch ders.: The Old Testament. A Bulwark of the Church against Paganism: IRM 40 [1951], 265–276; WRIGHT, G. E./FULLER, R. H.: The Book of the Acts of God. Garden City, N. Y., 1957); ders.: Reflections Concerning Old Testament Theology: Studia Biblica et Semitica Th. C. VRIEZEN Dedicata. Wageningen 1966, 376–388; ders.: The Old Testament and Theology. New York/London 1969; ZIMMERLI, W.: Das Alte Testament in der Verkündigung der christlichen Kirche (o. S. 43); ders.: Einzelerzählungen und Gesamtgeschichte im Alten Testament, ds., 9–36; ders.: Das Wort des göttlichen Selbsterweises (Erweiswort): Mélanges Bibliques rédigés en l'honneur de André Robert. Paris 1957, 154–164 = Studien (o. S. 50f.), 120–132; ders.: „Offenbarung" im Alten Testament: EvTh 22 (1962), 15–31; ders.: Alttestamentliche Traditionsgeschichte und Theologie: Fs. VON RAD, 1971 (o. S. 65), 632–647 = Studien, 9–26; ders.: ThLZ 1973 (o. S. 50); ders.: Die kritische Infragestellung der Tradition durch die Prophetie: Zu Tradition und Theologie, hg. O. H. STECK, a. a. O., 57–86 (engl.: Prophetic Proclamation and Reinterpretation: Tradition and Theology, ed. D. A. KNIGHT, a. a. O., 69–100).

Durch VON RADS Werk war das Thema „Geschichte" als Medium der Offenbarung wieder voll in den Blickpunkt der alttestamentlichen Theologie geraten. Ganz neu war die Frage allerdings nicht; sie war etwa von WEISER noch unter den alten Rubriken „Erlebnis" und „Glaubensideologie" thematisiert worden. Etwa gleichzeitig mit VON RADS vorbereitenden Überlegungen zu seiner Theologie erschien G. E. WRIGHTS aufsehenerregende Schrift: ›God Who Acts‹, die durch ihren Untertitel: ›Biblical Theology as Recital‹ ihre zentrale These andeutet: danach ist die Geschichte der eigentliche Ort von Gottes Offenbarung (vgl. dazu schon: ›The Old Testament against its Environment‹, 20 ff.), die Objektivität seiner äußeren Taten ist entscheidend (und erst sekundär ihre inneren Auswirkungen auf das menschliche Bewußtsein), die er vermittelt durch die Erwählung Israels ausführt (wobei die Bundesschlußzeremonie am Sinai der Ort ihrer Bestätigung war, Christus ihr Ziel ist), und Theologie bedeutet zunächst nichts anderes als die bekenntnismäßige Rezitation der Taten Gottes in der Geschichte.

(Vgl. bes. 55 ff. Diese "recital-theology" fand zunächst manche Nachfolge, vgl. u. a. C. STUHLMUELLER, The Influence of Oral Tradition upon Exegesis and the Senses of Scripture: CBQ 20 [1958], 299–326, 301. 311, A. 46. – Zur Kritik vgl. u. a. F. B. DILLEY, Does the "God Who Acts" Really Act?: AThR 47 [1965], 66–80; D. H. KELSEY, The Uses of Scripture in Recent Theology. Philadelphia 1975, 33–38.)

Auch bei VON RAD besitzt das geschichtliche Ereignis selbst, die „Fakten“ (so häufig), für Israel den absoluten Vorrang (vgl. I¹, 121), das allerdings in Form der Überlieferung, also der Botschaft *von* dem Ereignis Bedeutung gewinnt (so z. B. I⁴, 125: Gegenstand einer Theologie des Alten Testaments ist „das lebendige Wort Jahwes, wie es an Israel eben in der Botschaft von seinen großen Taten – je und je ergangen ist“). Später (II¹, 371) differenziert VON RAD indes zwischen Worten und Taten Gottes und unterscheidet zwischen der Wortoffenbarung (vom kultisch vermittelten Orakel bis zur Anrede Gottes an die Propheten) und der „Gotteserkenntnis an den Taten“, wobei er jedoch zu letzteren bei der Ansicht verharrt: „Hier – allerdings immer nur punktuell – ist ein Geschehen ganz unmittelbar zur Anrede an Israel geworden, derart, daß Israel in ihm Gottes geschichtlichen Willen erkennen konnte.“ Geschichte und Wort sind aber aufeinander bezogen, denn dadurch, daß diese Geschichtstaten immer neuen Deutungen durch spätere Generationen „in der Fluchtlinie der Gottesgeschichte ihrer Väter“ (II¹, 375) offenstanden, ergibt sich ein weitergehender Interpretationszusammenhang: „Die Geschichte wird zum Wort und das Wort wird zur Geschichte“ (II¹, 371). Dabei wird auch die Zukunft immer wieder von den Erfahrungen der Vergangenheit her gedeutet. Angesichts der daraus folgenden Verknüpfungen in der Abfolge der Ereignisse, wie Israel sie gesehen hat, ergibt sich die Nacherzählung als die legitimste Form theologischen Redens vom Alten Testament (I⁴, 126; vgl. o. S. 69 ff.).

VON RAD kennt noch ein wichtiges Interpretationsmoment, das für ihn das israelitische Geschichtsverständnis charakterisiert: es ist das Denken in der Spannung zwischen „Verheißung“ und „Erfüllung“. Im Gegensatz zu der traditionellen Verwendung dieses Schemas für das ausschließliche Verständnis des Verhältnisses zwischen den Testamenten (vgl. Verf., Biblische Theologie, Kap. II) drückt sich für VON RAD in der Bezogenheit von Erfüllung auf Verheißung eine schon in der Theologie des Hexateuchs selbst sichtbare „Periodisierung der Geschichte“ aus (I⁴, 147–149. 182 bis 186. 317), deren stufenweises Fortschreiten von einer Verheißung zur Erfüllung und von da zur nächsten Verheißung eine innere

Bewegung in die Geschichte bringt, die sie für die Zukunft offenhält.

Vgl. schon: Typologische Auslegung des Alten Testaments: EvTh 12 (1952/3), 17–33 = Vergegenwärtigung, hg. H. Urner. Berlin 1955, 47–65 = Typological Interpretation of the Old Testament: Int. 15 (1961), 174–192 = Ges. Studien II (o. S. 65), 272–288 = (Auszug) Das Alte Testament ist ein Geschichtsbuch: Probleme, hg. Westermann (o. S. 46), 11–17 = Essays on the Old Testament Interpretation. London 1963 (= Essays on the Old Testament Hermeneutics. Richmond, Virg. 1963), 17–39: EvTh 1952/3, 29/Ges. Stud. II, 284, und noch: Offene Fragen (o. S. 65 f.), 415/309; breiter ausgeführt: Rendtorff, u. S. 87 ff.; C. Westermann, The Way of Promise through the Old Testament: Old Testament, ed. B. W. Anderson (o. S. 43 f.), 200–224 = ders., Der Weg der Verheißung durch das Alte Testament: ders., Forschung am Alten Testament (Ges. St. II), (ThB 55). München 1974, 230–249; W. Zimmerli, Verheißung und Erfüllung: EvTh 12 (1952/3), 34–59 = Vergegenwärtigung, hg. Urner, 7–34 = Probleme, hg. Westermann, 69–101 = The Interpretation of the Old Testament III. Promise and Fulfilment: Int. 15 (1961), 310–338. – Vgl. weiter die Fortführung des Gedankens durch W. Pannenberg und R. Rendtorff, u. S. 83 ff. – J. Moltmann (Theologie der Hoffnung [BEvTh 38]. München 1964 [1977[10]]) hat den Zukunftsgedanken in der Geschichte, nach seiner Meinung aus dem jüdisch-christlichen Messianismus herstammend, zum Grundprinzip eines theologischen Gesamtentwurfs gemacht (vgl. dazu auch Porteous, ASTI 1970/1 [o. S. 73 f.], 66 ff.).

Hinein spielen Gedanken von Rads über den hebräischen Zeitbegriff (dazu speziell: Nesbit [o. S. 54 f.], 235 ff.; Groves, Actualization o. S. 73, 147 ff.) und den Vorgang kultischer Aktualisierung der zentralen heilsgeschichtlichen Ereignisse (II[1], 112 ff.; II[4], 108 ff.). Während in dieser Aktualisierung (vgl. hierzu auch M. Noth, Die Vergegenwärtigung des Alten Testaments in der Verkündigung: EvTh 12 [1952/3], 6–17 = Vergegenwärtigung, hg. H. Urner, 35–46 = Probleme, hg. C. Westermann [o. S. 46 f.], 54–68 = The "Re-Presentation" of the Old Testament in the Proclamation: Essays on Old Testament Interpretation/Hermeneutics, 76 bis 88 = Noth, Gesammelte Studien zum Alten Testament II [ThB 39]. München 1969, 86–98 – ausführliche Kritik bei Groves, Actualization [o. S. 65], 118–195) schon ein erster Schritt der Umprägung naturhaft-sakraler Kulttraditionen durch „Historisierung" (vgl. WEISER, 117 ff.) gesehen wird (II[1], 117 ff.), bedeutet die Aneinanderreihung derartiger Heilsfakten zu einer geschichtlichen Abfolge die Gewinnung der Konzeption von einer linearen Geschichtsstrecke (eines linearen chronologischen Geschichtsbildes), worin VON RAD „eine der größten Leistungen" Israels sieht (II[1], 121), denn dieses lineare Verständnis stehe in radikalem Gegensatz zu der zyklischen Zeitauffassung der altorientalischen Völker.

Die Frage des hebräischen Zeitbegriffes ist ein eigenes Thema, das hier nur am Rande erwähnt werden kann. Zu bemerken ist jedoch, daß sowohl die Auffassung, das hebräische Denken kenne einen eigenen Zeitbegriff (den der „gefüllten" Zeit: Zeit ist nichts Vorgegebenes, sondern Zeit und Ereignis sind im Sinne des Kairos unmittelbar aufeinander bezogen) wie die Frage, ob das israelitische Geschichtsdenken linear oder zyklisch sei, durchaus umstritten ist. Literatur: BARR, J.: Biblical Words for Time (SBT 33). London 1962; CULLMANN, O.: Christus und die Zeit. Zollikon-Zürich 1946 (1962[3]); EICHRODT, W.: Heilserfahrung und Zeitverständnis im Alten Testament: ThZ 12 (1956), 103–125; HERRMANN, S.: Zeit und Geschichte. Stuttgart 1977, 85–110; MARSH, J.: The Fulness of Time, London 1952; MOMIGLIANO, A.: Time in Ancient Historiography: History and Concept of Time, Suppl. 6 of HTh, 1966, 1–23; MUILENBURG, J.: The Biblical View of Time: HThR 54 (1961), 225–252; PANNIKAR, R.: Le Temps circulaire: temporisation et temporalité: CASTELLI, E. (e. a.): Temporalità e Alienazione (AF). Padova 1975, 207–246 = Die zirkuläre Zeit: Temporisierung und Zeitlichkeit: CASTELLI, E. (u. a.): Zeitlichkeit und Entfremdung in Hermeneutik und Theologie. KuM 6,8 (1976), 32–58; PETITJEAN, A.: Les conceptions vétérotestamentaires du temps: RHPhR 56 (1976), 383–400; PIDOUX, G.: À propos de la notion biblique du temps: RThPh III/2 (1952), 120–125; RATSCHOW, K. H.: Anmerkungen zur theologischen Auffassung des Zeitproblems: ZThK 51 (1954), 360–387; SEKINE, M.: Erwägungen zur hebräischen Zeitauffassung: VTS 9 (1963), 66–82; SNAITH, N. H.: Time in the Old Testament: Promise and Fulfilment, ed. F. F. Bruce. Edinburgh 1963, 175–186; VOLLBORN, W.: Studien zum Zeitverständnis im Alten Testament. Göttingen 1951; WILCH, J. R.: Time and Event. Leiden 1969.

VON RADS Schüler haben sein Geschichtsverständnis vor allem in zwei Richtungen ausgebaut. Eine Linie führt von der prononcierten Betonung der „Fakten" bei VON RAD zu einer sich an den geschichtlichen Fakten orientierenden, antikerygmatisch gerichteten Theologie. Hier scheint zunächst eine enge Berührung zu der scheinbar gegensätzlichen frühen Position F. Hesses vorzuliegen, obwohl sich gerade dieser sehr schnell davon distanzierte. Diese vor allem mit dem Namen W. Pannenbergs und dem Motto „Offenbarung als Geschichte" verknüpfte Richtung ist zunächst zu besprechen. Die andere, anfangs schwer von dieser ersten zu trennen, führt die überlieferungsgeschichtliche Komponente von Rads weiter und sucht der Überlieferungsgeschichte selbst eine theologische Relevanz abzugewinnen. Hierfür sind vor allem die Arbeiten von R. Rendtorff von Bedeutung.

Pannenberg, W.: Heilsgeschehen und Geschichte: KuD 5 (1959), 259–288 = ders.: Grundfragen systematischer Theologie. Göttingen 1967 (1971²), 22–78 (Kurzfassung auch in: Probleme, hg. C. Westermann [o. S. 46f.], 295–318; engl.: Essays on the Old Testament Interpretation/Hermeneutics [o. S. 82f.], 314–335); ders.: Kerygma und Geschichte: Fs. v. Rad 1961 (o. S. 78f.), 129–140 = Grundfragen, 79–90; ders.: Was ist eine dogmatische Aussage?: KuD 8 (1962), 81–99 = Grundfragen, 159–180; ders.: Hermeneutik und Universalgeschichte: ZThK 60 (1963), 90–112 = Grundfragen, 91–122; ders.: Dogmatische Thesen zur Lehre von der Offenbarung; ders.: Offenbarung als Geschichte (o. S. 79f.), 91–114; ders.: Einführung: ds. 7–20; ders.: Nachwort zur zweiten Auflage: ds. 132–148; ders.: Einsicht und Glaube. Antwort an Paul Althaus: ThLZ 88 (1963), 81–92 = Grundfragen, 223–236; ders.: Die Krise des Schriftprinzips: Grundfragen, 11–21 = (in längerer Form:) Die Grundlagenkrise der evangelischen Theologie: Radius 1962, H. 4, 7–14 = Die Fragwürdigkeit der klassischen Universalwissenschaften (Evangelische Theologie): Die Krise des Zeitalters der Wissenschaften. Frankfurt 1963, 173–188; ders.: Vorwort: Grundfragen, 5–9; ders.: Stellungnahme zur Diskussion: Neuland in der Theologie III (o. S. 79f.), 285–351 (engl.: New Frontiers in Theology III, 221–276); ders.: Wissenschaftstheorie und Theologie. Frankfurt a. M. 1973 (1977); ders.: Der Gott der Geschichte. Der trinitarische Gott und die Wahrheit der Geschichte: KuD 23 (1977), 76–92; ders.: Die Bestimmung des Menschen. Menschsein, Erwählung und Geschichte. Göttingen 1978.

Althaus, P.: Offenbarung als Geschichte und Glaube. Bemerkungen zu Wolfhart Pannenbergs Begriff der Offenbarung: ThLZ 87 (1962), 321–330; Braaten, C. E.: The Current Controversy on Revelation: Pannenberg and his Critics: JR 45 (1965), 225–237; Dufort, J.-M.: Wolfhart Pannenberg et la théologie de l'espérance: ScEs 22 (1970), 361–377; Fuchs, E.: Theologie oder Ideologie: ThLZ 88 (1963), 257–260; Galloway, A. D.: Wolfhart Pannenberg (Contemporary Religious Thinkers Series). London 1973; Geyer, H. G.: Geschichte als theologisches Problem: EvTh 22 (1962), 92–104; Hamilton, W.: Die Eigenart der Theologie Pannenbergs: Neuland in der Theologie III (o. S. 79f.), 225–251 (New Frontiers III, 176–196); Henke, P.: Gewißheit vor dem Nichts. Eine Antithese zu den theologischen Entwürfen Wolfhart Pannenbergs und Jürgen Moltmanns (TBT 34). Berlin 1978, 95–129; Hesse, F.: Wolfhart Pannenberg und das Alte Testament: NZSTh 7 (1965), 174–199; Klein, G.: Offenbarung als Geschichte: MPTh 51 (1962), 65–88; ders.: Theologie des Wortes Gottes und die Hypothese der Universalgeschichte (BEvTh 37). München 1964; Kolden, M.: Pannenberg's Attempt to Base Theology on History. Diss. Univ. of Chicago, Ill. 1976; Mühlenberg, E.: Gott in der Geschichte. Erwägungen zur Geschichtstheologie von W. Pannenberg: KuD 24 (1978), 244–261; Muschalek, G./Gamper, A.: Offenbarung in Geschichte: ZKTh 86 (1964), 180–196; Obayashi, H.: Pannenberg and Troeltsch: History and Religion: JAAR 38 (1970), 401–419; Steiger, L.: Offenbarungsgeschichte und theologische Vernunft: ZThK 59 (1962), 88–113.

Der Systematiker der Richtung „Offenbarung als Geschichte" ist W. Pannenberg. Seine Auffassung über das Verhältnis beider Größen hat er am prägnantesten in den ›Dogmatischen Thesen zur Lehre von der Offenbarung‹ in dem als Programmheft der Gruppe zu betrachtenden Heft gleichen Namens vorgetragen. Nach Pannenberg hat sich die Selbststoffenbarung Gottes (vgl. Einführung, 7 ff.) nicht direkt auf dem Wege etwa der Theophanie, sondern indirekt, durch Gottes Geschichtstaten, vollzogen. Sie ist jedermann sichtbar und hat universalen Charakter. Als solche wird sie jedoch erst am Ende aller Geschichte offenbar (hier beruft sich Pannenberg auf das Geschichtsverständnis der Apokalyptik – ähnlich noch im Vorwort zu: Grundfragen systematischer Theologie, 5 ff. – vgl. außerdem R. Rendtorff, ThLZ 1960, [o. S. 78f.], bes. 836 f.). Mit der Schwierigkeit, daß nach christlicher Auffassung in Jesus Christus bereits die Fülle der Offenbarung sich ereignet *hat*, wird Pannenberg dadurch fertig, daß er das Christusgeschehen „proleptisch" versteht: das Geschick Jesu Christi ist „Vorwegereignis des Endes und darum Offenbarung Gottes" (Offenbarung als Geschichte [o. S. 79], 106);

„das Ende der Geschichte . . . ist mit der Aufweckung Jesu an ihm schon geschehen" (104 f.). Damit aber ist auch „Gott an seinem Geschick endgültig und vollständig offenbar". Der Gegenschlag gegen die kerygmatische Theologie ist hier vollkommen (vgl. auch ders., Heilsgeschehen und Geschichte). Wichtig ist auch, daß das Christusgeschehen ganz in den Zusammenhang der Geschichte Gottes mit Israel hineingenommen wird: „Das Christusgeschehen offenbart nicht als isoliertes Ereignis die Gottheit des Gottes Israels, sondern nur, sofern es Glied der Geschichte Gottes mit Israel ist" (These 5, 107).

Die Kritiker PANNENBERGS (zur Übersicht über die Debatte vgl. BRAATEN; ROBINSON, 88 ff.) haben ihm vor allem Rationalismus vorgeworfen (ALTHAUS, 327 f.; KLEIN, MPTh 1962, 66 f. u. a.), die Übernahme einer idealistischen Vorstellung von Universalgeschichte (vgl. Einführung, 18 ff., und die häufige Berufung PANNENBERGS auf HEGEL) und die Einebnung der spezifischen Heilsgeschichte in diese (KLEIN, Theologie), sowie die Ausschaltung des Wortcharakters der Offenbarung (STEIGER, 108 f.). Wieweit diese Vorwürfe berechtigt sind, kann hier nicht weiterverfolgt werden; immerhin ist zu dem ersten Vorwurf die Antwort PANNENBERGS auf ALTHAUS zu hören, in der er auf die psychologische Notwendigkeit des Glaubens für das Erlangen dieses Wissens hinweist (ThLZ 1963, 84 f.) wie auf den bergenden Glauben als einen auf bloß theoretische Erkenntnis erst folgenden Akt (Nachwort, 145). Auch schaltet PANNENBERG das Wort aus dem Vollzug der Offenbarungsgeschichte nicht aus, sondern betont ausdrücklich: „Geschichte fügt sich nie aus sogenannten bruta facta zusammen" (Thesen, 112). Als Verheißung, Weisung und (im Neuen Testament) Kerygma behält es seine Funktion. Auch den Vorwurf, einen untheologischen Begriff von Geschichte zu verwenden, der nicht durch das Handeln Gottes konstituiert ist, hat er ausdrücklich zurückgewiesen (in: Neuland III, 321 – tatsächlich ist nach KuD 1977, 78 f., das Handeln Gottes für die Geschichte konstitutiv; vgl. schon Fs. v. RAD, 1971 (u. S. 65). Zur Einordnung der Auferstehung Jesu in die Geschichte lautet KLEINS Kritik, das Ostergeschehen verliere in dieser Konzeption seinen eschatologischen Charakter und verderbe zum vergangenen

Weltphänomen (MPTh 1962, 78). Hier bricht die BULTMANNsche Unterscheidung zwischen Geschichte und Eschatologie durch (vgl. R. BULTMANN, The Presence of Eternity. History and Eschatology. Edinburgh 1957 [Gifford-Lectures 1955] = ders., Geschichte und Eschatologie. Tübingen 1958, 1979³), die das Gespräch zwischen Alt- und Neutestamentlern oft erschwert.

Bemerkt werden muß außerdem, daß die Diskussion unterdessen weitergegangen ist. PANNENBERGS eigene Position ist dabei konsequent geblieben, wie man an seinen Äußerungen z. B. in ›Wissenschaftstheorie und Theologie‹ sehen kann. Wenn hier für die historische Schriftexegese der „Rahmen einer *theologisch* orientierten Religionsgeschichte im Sinne einer Theologie der Religionen" als Arbeitsgrundlage empfohlen wird, steht die Auffassung im Hintergrund, daß „die Phänomene der jüdisch-christlichen Religionsgeschichte schon von sich aus . . . als Selbstbekundung der göttlichen Macht über alles" zu verstehen sind (381 f.). Die Bewährung in der Gegenwart wird dann in einem zweiten Akt erfragt. Hier interessiert vor allem der Beitrag der Gruppe zur alttestamentlichen Theologie. Ihr Hauptvertreter auf diesem Gebiet ist R. RENDTORFF. Sein wichtigstes Bemühen besteht darin, den bei VON RAD aufgebrochenen Gegensatz zwischen zwei Formen von Geschichte: der historisch-kritisch aufweisbaren Geschichte der Fakten und der von Israels Glauben bezeugten Geschichte durch den Aufweis zu überwinden, daß Geschichte und Überlieferung zusammenfallen, ein und dasselbe sind. „Wenn wir vom Handeln Gottes in der Geschichte reden, dann kann also nicht gemeint sein, daß er nur in bestimmten Geschichtsfakten gehandelt hat und daß nun diese Fakten immer neu interpretiert werden. Vielmehr ist die Überlieferung von Gottes Geschichtshandeln selbst Geschichte. Sie begreift die Fakten mit ein, aber sie ist nicht von ihnen ablösbar . . ." (Ges. Stud. [o. S. 50], 23). So sind z. B. für die Frühgeschichte Israels die Überlieferungen, die von den Stämmen mitgebracht wurden, viel bedeutsamer als die (weithin unbekannten) äußeren Fakten (28 ff.). Die *Geschichtswirksamkeit* eines Ereignisses liegt ja oft darin, welche Erfahrungen die Beteiligten darin gewannen und wie sie diese Erfahrungen für ihre geschichtliche Existenz deuteten (33). Damit ergibt sich aber auch, daß die Geschichtsdarstellung Israels nicht nur Zeugnis *von* Gottes Handeln ist, sondern diese Geschichte als ganze Gottes Handeln mit Israel umgreift (35). Denn: „Die Geschichte Israels vollzieht sich in den äußeren Vorgängen, die herkömmlicherweise Gegenstand der historischen Geschichtsforschung sind, *und* in den vielfältigen und vielschichtigen inneren Vorgängen, die wir in dem Begriff der Überlieferung zusammenfassen" (37). (Diesen Gedanken hatte D. Lerch [Zur Frage nach dem Verstehen der Schrift: ZThK 49 [1952], 350–367, 358] bereits vorweggenommen.)

Rendtorff ergänzte diese Ausführungen durch Bemerkungen, die im Sinne des Programms „Offenbarung als Geschichte" das Geschehen selbst als Offenbarungsgeschehen definieren und das (prophetische) Wort als selbständige Offenbarungsquelle ausschließen. „Die Erkenntnis (Jahwes) wird nicht durch das isolierte Wort gewirkt, sondern erst durch das im Wort angekündigte Geschehen in seinem überlieferungsgeschichtlichen Zusammenhang" (58). Das entspricht der „Einheit von Geschehen und Wort (bzw. Bedeutung)" im Überlieferungsgeschehen, wie sie Pannenberg (seine Übereinstimmung mit Rendtorff betonend) hervorhebt (Offenbarung als Geschichte, 137). Da Rendtorff sich hierbei u. a. auf die Formel אני יהוה berufen hatte, die W. Zimmerli zum Mittelpunkt seiner theologischen Betrachtung des Alten Testaments gemacht hatte (in: ›Ich bin Jahwe‹: Fs. Alt [o. S. 45], 179–209 = ders.: Gottes Offenbarung [ThB 19]. München 1963 [1969²] und weiteren Aufsätzen ds., vgl. seinen ›Grundriß‹ [o. S. 60]), ergab sich hieraus eine Diskussion mit Zimmerli. Dieser ging in einem Aufsatz: ›‚Offenbarung' im Alten Testament‹ (EvTh 1962 [o. S. 80]), auf Rendtorffs Beitrag in ›Offenbarung als Geschichte‹ ein. Nach Darlegungen über die „Selbstvorstellungsformel" selbst (die nicht Prädikataussage, sondern Aussage der Selbsterschließung, nicht Zusammenfassung des Machtanspruches Jahwes, sondern Selbstvorstellung ist), kommt Zimmerli dabei auf das Verhältnis zwischen Geschichte und Wort als Träger der Offenbarung zu sprechen. Daß die Geschichte selbst die Offenbarung Gottes sein könnte, widerspricht nach Zimmerli dem alttestamentlichen Geschichtsverständnis. Vielmehr ist Geschichte „hier immer verstanden als das kreatürliche, frei von Gott gehandhabte Werkzeug" (28). Zentral ist dagegen die Verkündigung des Wortes, zentral die prophetische Verkündigung des Namens Jahwes: „Es ist ... ein ... alttestamentlich unmögliches Unterfangen, die Geschichte vom Wort der Verkündigung weg zu isolieren und dem Wort nur eine beiläufige Nebenrolle zuzuweisen" (25). Geschichte „trägt nicht etwa in sich verborgen ein Sinngeheimnis, das der Mensch mit seiner Kraft des Deutens angehen könnte". Vielmehr sind es die Propheten, die Gottes Handeln ankündigen und über dem Geschehen den Namen Jahwes ausrufen, die „Erkenntnis Gottes" und Glauben bewirken (28 f.). (Die Bedeutung der Offenbarung im göttlichen Wort [als Ankündigung göttlichen Handelns], ohne das die göttlichen Taten in der Geschichte unverständlich sind, betont auch B. ALBREKTSON, History and the Gods [u. S. 124f.], 118 ff.; vgl. schon RICHARDSON, 139 ff. [zur Rolle der Prophetie] und neuerdings GREIG, Geschichte [o. S. 65] 297 ff.; GOLDINGAY, TynB 1972 [o. S. 72 f.], 62 f.)

Zu der Position „Geschichte als Offenbarung" vertritt ZIMMERLI also die Gegenposition der Worttheologie, wie er sie schon 1956 in: ›Das Alte Testament als Anrede‹ vertreten hatte. Bereits dort war es ihm darauf angekommen, das Alte Testament als „ein Buch, dessen Wort verkündigt sein will" (76), die Pentateucherzählung als „auf verkündigende Nacherzählung ausgerichtete Wiedergabe jener Grundgeschichte Israels" (69) und die prophetische Verkündigung des bevorstehenden geschichtlichen Geschehens als Ausdruck göttlichen Anspruches auf sein Volk Israel (70 ff.) herauszustellen, als die beiden Pfeiler, die den „Spannungsbogen" (75) des Alten Testaments tragen. Auf ZIMMERLI hat dann wieder RENDTORFF (Geschichte und Wort) geantwortet, der verschiedene Stufen und Bereiche (Geschichtsbetrachtung und Prophetie) mit unterschiedlicher Rolle des Wortes voneinander trennt. Für die Geschichtsschreibung (Beispiel: Thronfolgegeschichte, 633 f./72 ff.) hält er an seiner Auffassung fest, daß dort ein Geschichtsverständnis hervortrete, das „in dem Zusammenhang des Geschehens selbst das Handeln Jahwes erkennt" (649/88).

ZIMMERLIS Position ist vor allem aus seinen Vorarbeiten zu seinem Ezechiel-Kommentar (BK XIII, 1955–69 [1979²]) herausgewachsen, die nach dem Vorwort zu seinem Aufsatzband: ›Gottes Offenbarung‹ (8) „danach fragen, wie Gott im Zeugnis des Alten Testaments aus seinem Geheimnis heraustritt und wie menschliches Erkennen diesem Heraustreten zu begegnen vermag". Insbesondere der Beitrag: ›Das Wort des göttlichen Selbsterweises (Erweiswort), eine prophetische Gattung‹ verbindet die Kundmachung des Namens Jahwes als der „Mitte des Offenbarungsvorganges" (160/127) mit seinem Wahrheitserweis im geschichtlichen Ereignis selbst. Dieser Wahrheitserweis kann also nur angetreten werden, wenn er die vorausgegangene prophetische Ankündigung des Geschehens bestätigt. „Die Geschichte Jahwes mit Israel ist der Ort, an dem die Wahrheit eines Offenbarungswortes im Vollzug erkennbar wird" (›Ich bin Jahwe‹ [o. S. 45], 190/22). Die Position der Gruppe „Offenbarung *als* Geschichte" löst diese Spannung auf.

Eine Variante dieser Auffassung bietet der Beitrag von I. L. SEELIGMANN in der ZIMMERLI-Festschrift, der die jeweilige Augenzeugengeneration (nach Ausweis der Verwendung des Begriffes ירע) als die, welche Gottes Herrlichkeit unmittelbar in seinen geschichtlichen Taten geschaut haben, von den späteren Generationen unterscheidet, denen diese Kenntnis nur noch auf dem Wege mündlicher Tradition, durch Hören, zuteil wird. Hier bleibt aber die Frage unerörtert, ob denn die Ereignisse selbst ihre Deutungen schon mit sich brachten, ob diese nicht selbst eine „Tradition" voraussetzen. – (Vgl. zu dem Problem auch den Beitrag von J. H. ROBINSON, The Historicality of Biblical Language: B. W. ANDERSON [ed.], Old Testament [o. S. 43 f.], 124–158, der auf die Berachoth- und Hodayyot-Formeln als Überlieferungsträger unmittelbar erlebten heilsgeschichtlichen Geschehens verweist.)

Die Auffassung ZIMMERLIS, daß zu den geschichtlichen Ereignissen das deutende und ankündigende Gotteswort als Medium der Offenbarung hinzukommen muß, wird von einer großen Zahl anderer Exegeten geteilt. So von RICHARDSON; EICHRODT (ThZ 1948); ÖSTBORN; PREUSS (MPTh 1961); DAVIDSON; FOHRER, Tradition; ders., Prophetie, 487/273; MILDENBERGER (1964); E. JACOB, Possibilités et limites d'une théologie biblique: RHPhR 46 (1966), 116–130, 123.

F. MILDENBERGER versucht diese Doppelseitigkeit von „Tat" und „Wort" in der Geschichte mit einem von H. DIEM (Dogmatik. Tübingen 1955, 102 ff.; ders., Der irdische Jesus und der Christus des

Glaubens [SGV 215]. Tübingen 1957, 8 ff.) übernommenen Begriff als „Verkündigungsgeschichte" (82. 107ff.) zu charakterisieren, von der gilt, „daß in der Verkündigung der Gottesgeschichte der in dieser handelnde Gott sich der jeweiligen Gegenwart präsent macht – oder besser: diese jeweilige Gegenwart in die Zeit seiner Geschichte zieht" (113). – Zur Diskussion mit MILDENBERGER vgl. auch K. SCHWARZWÄLLER, Das Alte Testament in Christus (ThSt [B], 84). Zürich 1966, 10ff.

Vgl. auch G. E. WRIGHTS eigene Korrektur seiner früheren Position in ›God Who Acts‹: "The event-centered mode of God's revelation cannot be systematized, for it includes both the confessional recital of God's activity and the inferences and deductions which a worshipping community draws from it in the variety of historical situations in which it finds itself" (Fs. VRIEZEN, 383). – Zum Miteinander von „Tat" und „Wort", ds. 382, Anm. 1. The Old Testament and Theology, 44: "The historical happening and its interpretation, the deed and the word of God as its commentary, these constitute the Biblical event."

R. KNIERIM hat das Verhältnis zwischen Tat- und Wortoffenbarung in Aufnahme der Diskussion zwischen RENDTORFF und ZIMMERLI erneut untersucht und kommt dabei zu dem Ergebnis, „daß in der Offenbarung Jahwes als Jahwe zwei verschieden geartete Offenbarungsvorgänge in eins zusammenfallen" (223), nämlich die Offenbarung durch geschichtliche Taten (die der Jahweglaube mit den vorderorientalischen Religionen gemeinsam hat) und die spezifische Offenbarung des Jahwenamens, durch den die Identität des Gottes, der hier handelt, erst bekannt wird. Der Unterschied ist also auch der zwischen Jahwe und Elohim (221) oder der zwischen „allgemeiner Religionsgeschichte und spezieller Jahwegeschichte" (223). Zugleich ergeben sich hieraus auch Bedenken gegen die These „Offenbarung als Geschichte", dazu vgl. u.

Die Frage ist, ob die Alternative: „Offenbarung als Geschichte" oder „Geschichte und Offenbarung" nicht falsch gestellt ist. A. RICHARDSON hat schon 1947 darauf hingewiesen, daß die Unterscheidung zwischen objektivem historischem Ereignis und subjektiver, nachträglich hinzugekommener Deutung eine Simplifizierung ist. Wir wissen von Geschehen nur durch den geschriebenen und seinerseits wieder gedeuteten Bericht. So ist auch die Offenbarung nicht in Geschichte und Deutung aufzuteilen (146 ff.). Ebenso bedeutet für C. H. Dodd (History and the Gospel. London 1964, 19 ff.) Geschichte zweierlei: 1. eine Folge von Ereignissen, 2. eine Deutung dieser Folge von Ereignissen. Seit damals hat die Geschichtshermeneutik noch erhebliche Fortschritte gemacht, welche die überlieferungsgeschichtliche Sicht bestätigen. Besonders wäre hier auf H. G. Gadamers Begriff der „Wirkungsgeschichte" hinzuweisen (vgl. ›Wahrheit und Methode‹. Tübingen [1960], 1975^4), der seither weithin einflußreich geworden ist.

Seiner Zeit voraus war zweifellos H. Wheeler Robinson, der in seinem (postumen) Werk: ›Inspiration‹ (o. S. 79 f.) (das als Prolegomena-Band zu einer alttestamentlichen Theologie gedacht war) die Hauptthese entfaltet, die Form der Offenbarung in Israels Glaube sei durch zwei Faktoren bestimmt: die Mittel, durch die Gott handelt, und die deutende Antwort derer, welche die Offenbarung empfangen: "The divine revelation in Nature, Man, and History is through acts, which need to be interpreted through human agency to make them *words* in our ordinary sense" (159). Damit ergibt sich auch eine Brücke zu den nicht in von Rads Schema passenden Bereichen des Alten Testaments. Beachtlich ist auch das Modell der „dynamischen Transzendenz", wie es P. D. Hanson (Dynamic Transcendence. The Correlation of Confessional Heritage and Contemporary Experience in a Biblical Model of Divine Activity. Philadelphia 1978) entwickelt hat. An den Beispielen des Exodus-Geschehens (28 ff.) und der Deutung des Kyros-Siegeszuges durch Deuterojesaja (38 ff.) zeigt er auf, daß ein auf der synchronen Ebene sich als ein breites Gewebe sozialer, politischer und historischer Ereignisse darstellendes Geschehen nur durch die visionäre Perspektive, die der lebendige Glaube einer Gemeinschaft in Aufnahme ihres konfessionellen Erbes entwickelt, als göttliches Handeln verstanden werden kann. So wäre das Exodusgeschehen nicht ohne die Vätertraditionen, der Siegeszug des Kyros in seiner Bedeutung für die Zukunft der jüdischen Gemeinde nicht ohne die Exodustraditionen für den Glauben transparent geworden. – In ähnlichem Sinne auch N. W. Porteous, Living the Mystery (o. S. 1), Introduction, 2 (vgl. auch ders., The Old Testament and some Theological Thought-Forms: SJT 7 [1954], 153–169 = Living the Mystery, 31–46, 42). Doch würde die Entfaltung dieser Thematik die Grenzen unseres Berichtes überschreiten.

Als eine Deutung des Geschichtsproblems, die der Gesamtheit des Alten Testaments mehr gerecht wird als die einseitige Position PANNENBERGS, wäre noch die Auffassung von R. DE VAUX zu nennen (Anwesenheit). DE VAUX weist darauf hin, daß das Alte Testament ebenso oft, wie es von dem Offenbarsein Gottes in der Geschichte spricht, auch von seinem Verborgensein weiß. Zeitweise scheint er sich aus der Geschichte sogar ganz zurückzuziehen. Die Beter in den Psalmen und die Propheten suchen auf verschiedene Weise mit diesem schweren Problem fertig zu werden (etwa mit der Erklärung, daß es sich um ein zeitweises Fernbleiben als Strafe handele). Vgl. dazu noch u. Abschnitt 4.

Seither hat sich die überlieferungsgeschichtliche Perspektive als wichtiger Gesichtspunkt zur Lösung von Problemen alttestamentlicher Theologie weithin durchgesetzt (vgl. ZIMMERLI, Alttestamentliche Traditionsgeschichte, und D. A. KNIGHT, Rediscovering the Traditions of Israel [SBLDS 9]. Missoula 1975[2]). Davon zeugen die neuesten Beiträge zur alttestamentlichen Theologie, die gerade das Thema „Überlieferung“ als Rahmen wählen. Sie sind enthalten in dem Band: ›Tradition and Theology‹, ed. D. A. KNIGHT. (o. S. 78), und teilweise in deutscher Originalfassung in: Zu Tradition und Theologie im Alten Testament, hg. O. H. STECK (o. S. 79), abgedruckt. Der Beitrag zum Thema ›Überlieferung und Geschichte‹ von R. SMEND (49–68/9–26) ist eigentlich nichts weiter als eine Bestätigung der Gültigkeit des überlieferungsgeschichtlichen Gesichtspunktes für die Exegese und damit auch für die Theologie des Alten Testaments. Unmittelbarer sichtbar wird die theologische Relevanz der Tradition (als Ort [locus] der Offenbarung) in dem (nicht ins Deutsche übersetzten) Beitrag von D. A. KNIGHT zu demselben Sammelband. Er ist deshalb wichtig, weil er die Auswirkungen der überlieferungsgeschichtlichen Forschung auf das Verständnis der gegenseitigen Beziehung zwischen Überlieferung und Offenbarung innerhalb des Alten Testaments am deutlichsten zeigt. KNIGHT weist auf den „Ort“ der Offenbarung in der Überlieferung als einer lebendigen, von den aufeinanderfolgenden Generationen getragenen Bewegung, die sowohl Vorverständnis, Ursprungsanlaß und Deutung der Offenbarung hervorbringt, und unterstreicht dabei die aktive Rolle der menschlichen Seite in dem Offenbarungsprozeß (168). Ohne die Souveränität Gottes in seiner Offenbarung (ds.) und das letzte in dieser liegende Geheimnis (149. 180) antasten zu wollen (wichtig ist seine Bemerkung: “For this reason also theology must not be equated with the history of tradition . . . tradition can constitute only one, albeit a very important contribution to our understanding of theology” [180]), hebt er doch die besondere Bedeutung der Überlieferung für das Werden der Offenbarung hervor. Einen punktuellen Offenbarungsvorgang im isolierten Sinne gibt es überhaupt nicht (152 f.), jedenfalls ist er äußerst schwer auszumachen (161 f.), und auch von einem depositum der Offenbarung kann man nicht sprechen (164). Infolgedessen gibt es ein traditum (179), das Zeugnischarakter für die ursprüngliche Offenbarung trägt, die aber sofort in den Überlieferungsvorgang eingeht, ja in ihm selbst ihren Entstehungsort hat (173). Wichtig ist die (aus neueren textexegetischen Erkenntnissen stammende) Bemerkung KNIGHTS über die „Demokratisierung“ der „Inspiration“: in Prophetenbüchern wird nicht mehr ausschließlich das „echte“ Wort des großen Einzelpropheten, sondern ebensosehr die späteren Wachstumsstufen des Textes für theologisch bedeutsam gehalten (177).

Ähnlich möchte auch W. MCKANE (a. a. O.) die Tradition als Träger von Glaubensüberlieferung, die in uns die Antwort des Glaubens herausfordert, theologisch gewertet wissen, wobei er sich gegen die Spiritualisierung in der religionsgeschichtlichen Schule, aber auch gegen die kerygmatische Beschränkung auf „Taten Gottes“ in der Geschichte abgrenzt. – Vgl. weiter T. M. RAITT, Horizontal Revelation: RelLife 47 (1978), 423–429. – Ein Versuch vor dem Hintergrund katholischer Hermeneutik ist der Beitrag C. STUHLMUELLERS (o. S. 80 f.), der den Charakter inspirierten Gotteswortes nicht nur den von den ältesten biblischen Schriftstellern herstammenden Stoffen, sondern auch den auf dem Wege der jeweiligen Aktualisierung hinzugekommenen redaktionellen Ergänzungen zubilligen möchte, da die Bibel den gesamten Vorgang der jeweils aktualisierenden Tradition alter Heilsgeschichtsüberlieferungen widerspiegele. Ganz ähnlich auch J. SCHARBERT (Probleme der biblischen Hermeneutik: J. B. LOTZ, Neue Erkenntnisprobleme in Philosophie und Theologie. Freiburg i. Br. 1968, 180–211, 195 ff.), der sich von daher auch kritisch zu den älteren katholischen Lehräußerungen zur Frage der Schriftinspiration ausspricht (vgl. dazu Verf., Biblische Theologie, Kap. II, 3).

Festzuhalten ist, daß KNIGHT keinesfalls Tradition mit Offenbarung gleichsetzt (vgl. o.) und auch den Fall erwähnt, wo Tradition ein Hindernis der Offenbarung sein kann, besonders wenn sie eine Versteinerung früherer Offenbarung bewirkt (174 f.) oder falsche Hoffnungen erweckt (die falschen Propheten, 176).

Auch die Vorbehalte gegen eine zu weitgehende Aufwertung der Tradition für die alttestamentliche Theologie sind nicht erloschen. Als ihr Sprecher tritt neuerdings noch einmal W. ZIMMERLI hervor (in seinem Beitrag zu dem gleichen Sammelband; vgl. außerdem P.R. ACKROYD, Continuity and Discontinuity, ds., 215–234). In manchem darin der Einordnung ähnlich, die VON RAD im 2. Band seiner ›Theologie‹ den „prophetischen Überlieferungen Israels" zugewiesen hatte, betont auch ZIMMERLI stärker das „Nein" der Propheten gegenüber den (versteinerten) Traditionen des Volkes, das Zerbrechen ihrer Funktion der Heilsvergegenwärtigung im Gericht und die antitypische Wendung über das Gericht hinaus zu der Ankündigung eines neuen Handelns Jahwes, das an Sprache und Inhalte der alten Überlieferungen anknüpft.

Es wäre zu fragen, ob die Dialektik nicht stärker in den Traditionsprozeß selber hineinzuverlegen wäre und die angenommene antithetische Struktur zwischen dem „geschichtlichen" und dem prophetischen Bereich nicht doch noch Nachwirkung des alten personalistischen Prophetenverständnisses ist, das von der Exegese der Prophetenbücher selbst her, die sich als Ergebnis eines langdauernden Traditionsprozesses darstellen, und von der in diesen aufgenommenen „außerprophetischen" Traditionen her als überwunden betrachtet werden müßte. – Zur Position GESES vgl. Verf., ›Biblische Theologie‹, Kap. III.

4. Das Problem der Heilsgeschichte

BAUMGÄRTEL, F.: Das alttestamentliche Geschehen als „heilsgeschichtliches“ Geschehen (o. S. 45 f.); BLANK, J.: Geschichte und Heilsgeschichte: WuW 23 (1968), 116–127; BULTMANN, R.: Heilsgeschichte und Geschichte. Zu Oscar Cullmann, Christus und die Zeit: ThLZ 73 (1948), 659–666 = ders., Exegetica. Tübingen 1967, 356–368 = Das Problem der Theologie des Neuen Testaments, hg. G. STRECKER (o. S. 3 f.), 294–308; ders.: Weissagung und Erfüllung: StTh 2 (1949), 21–44 = ZThK 47 (1950), 360–383 = ders., Glauben und Verstehen, Bd. II. Tübingen 1952 (1968⁵), 162–186 = Probleme, hg. C. WESTERMANN (o. S. 46 f.), 28–53 (engl.: Essays in Old Testament Hermeneutics [o. S. 81 f.], 50–75); ders.: Geschichte und Eschatologie im Neuen Testament (History and Eschatology in the New Testament: NTS 1 [1954], 5–16) = ders., Glauben und Verstehen III, Tübingen 1960 (1965³), 91–106; ders.: "The Bible To-day" und die Eschatologie: The Background of the New Testament (Fs. C. H. DODD). Cambridge 1956, 402–408 (vgl. dazu OTT, H.: Geschichte und Heilsgeschichte in der Theologie Rudolf Bultmanns [BHTh 19]. Tübingen 1955, und die Erwiderung von BIEHL, P.: Welchen Sinn hat es, von einer „theologischen Ontologie“ zu reden?: ZThK 53 [1956], 349–372); ders.: Geschichte und Eschatologie = History and Eschatology (o. S. 87 f.); BURROWS, M.: "Ancient Israel": R. C. DENTAN (ed.), The Idea of History in the Ancient Near East. New Haven/London (1955) 1966³, 99–131; CONZELMANN, H.: EvTh 1964 (o. S. 72 f.); CULLMANN, O.: Christus und die Zeit (o. S. 83); ders.: Heil als Geschichte. Heilsgeschichtliche Existenz im Neuen Testament. Tübingen (1965) 1967² (dazu BRAUN, D.: Heil als Geschichte. Zu Oscar Cullmanns neuem Buch: EvTh 27 [1967], 57–76); ders.: Gottes Heilsplan in der Weltgeschichte: EK 7 (1974), 730–733; DARLAP, A.: Fundamentale Theologie der Heilsgeschichte: MySal I, 3–156; DODD, C. H.: The Autority of the Bible. London (1928) 1960² (Reprint 1978), 227 ff.; ders.: The Bible Today. Cambridge 1946/New York 1947; EHLEN, J. A.: Old Testament Theology als Heilsgeschichte: CTM 35 (1964), 517–544; FANGMEIER, J.: Heilsgeschichte?: J. FANGMEIER/M. GEIGER: Geschichte und Zukunft (ThSt 87). Zürich 1967, 5–27; FLÜCKINGER, F.: Heilsgeschichte und Weltgeschichte: EvTh 18 (1958), 37–47; FRITSCH, C. T.: Biblical Typology II: The Bible as redemptive history: BS 103 (1946), 418–430; FUCHS, E.: Christus das Ende der Geschichte: Vorträge der Ev. Studentengemeinde Marburg, H. 2. Gießen 1946 = EvTh 8 (1948/9), 447–461 = ders., Zur Frage nach dem historischen Jesus. Ges. Aufsätze II. Tübingen 1960, 79–99; GÉLIN, A.: Les idées maîtresses de l'Ancien Testament. Paris 1948 (engl.: New York 1955; dt.: Die Botschaft des Heils im Alten Testament. Düsseldorf 1957); GLOEGE, G.: Der Heilsplan Gottes als geschichtliches Problem: ELKZ 2 (1948), 115–118 = ders., Heilsgeschehen und Welt. Theologische Traktate I. Göttingen 1965, 11–26; ders.: Vom Sinn der Weltgeschichte: LM 2 (1963), 112–122 = Heilsgeschehen, 27–52; GUNNEWEG, A. H. J.: Über die Prädikabilität alttestamentlicher Texte: ZThK 65 (1968), 389–413; ders.: Vom Verstehen des Alten Testaments. Eine Hermeneutik (ATD Erg. R. 5). Göttingen 1977, 164–175; HASEL, G. F., Old Testament Theology (o. S. 1); HELLER, J.: Die Etappen der alttestamentlichen Heilsgeschichte: OIKONOMIA. Fs. O. CULLMANN, Hamburg-Bergstedt 1967, 3–10; HERBERG, W.: Biblical Faith as „Heilsgeschichte": Christian Scholar 39 (1956), 25–31 = ders., Faith enacted as History. Philadelphia 1976, 32–42; HESSE, F.: Zur Frage der Wertung (o. S. 72f.); ders.: Das Alte Testament als Buch der Kirche (o. S. 72), 141–150; ders.: Abschied von der Heilsgeschichte (ThSt 108). Zürich 1971; ders.: Zur Profanität der Geschichte Israels: ZThK 71 (1974), 262–290; JACOB, E.: Grundfragen alttestamentlicher Theologie. Stuttgart 1970, 32–40; KÄSEMANN, E.: Rechtfertigung und Heilsgeschichte im Römerbrief: ders., Paulinische Perspektiven. Göttingen 1969, 108–139; KLEIN, G.: Römer 4 und die Idee der Heilsgeschichte: EvTh 23 (1963), 424–447 = ders., Rekonstruktion und Interpretation (BEvTh 50). München 1969, 145–169 (Kurzfassung: Heil und Geschichte nach Römer IV: NTS 13 [1966/7], 43–47); ders.: Individualgeschichte und Weltgeschichte bei Paulus. Eine Interpretation ihres Verhältnisses im Galaterbrief: EvTh 24 (1964), 126–165 = Rekonstruktion, 180–224; ders.: Bibel und Heilsgeschichte. Die Fragwürdigkeit einer Idee: ZNW 62 (1971), 1–47; ders.: Die Fragwürdigkeit der Idee der Heilsgeschichte: Spricht Gott in der Geschichte?, hg. F. T. TENBRUCK u. a. Freiburg i. Br. 1972, 95–153 (vgl. auch ders.: Präliminarien zum Thema „Paulus und die Juden": Rechtfertigung. Fs. E. KÄSEMANN. Tübingen/Göttingen 1976, 229–243); KRAUS, H. J.: Biblische Theologie (o. S. 1), 185–188. 240–253; ders.: Das Problem der Heilsgeschichte in der Kirchlichen Dogmatik: Antwort. K. BARTH zum 70. Geburtstag. Zürich 1956, 69–83; KÜMMEL, W. G.: Heilsgeschichte im Neuen Testament?: Neues Testament und Kirche. Fs. R. SCHNACKENBURG. Freiburg i. Br. 1974, 434–457 = ders., Heilsgeschehen und Geschichte. Bd. 2. Marburg 1978, 157–176; LADD, E.: The Search for Perspectives: Int. 25 (1971), 41–62; LÖWITH, K.: Meaning in History. Chicago 1949 = ders., Weltgeschichte und Heilsgeschehen. Stuttgart 1967[5], bes. 168–174; LOHFF, W.: Art. Heil, Heilsgeschichte, Heilstatsache: HWP 3, 1031–1033; LOHFINK, N.: Freiheit und Wiederholung. Zum Geschichtsverständnis des Alten Testaments: Die religiöse und theologische Bedeutung des Alten Testaments. Würzburg 1964, 79–103; MALEVEZ, L.: Les dimensions de l'histoire du salut: NRTh 86 (1964), 561–578 (zu CULLMANN und BULTMANN); ders., Histoire du salut et philosophie: Barth, Bultmann, Cullmann. Paris 1971; MALY, E. H.: The Nature of Biblical History: BiTod 1 (1962), 278–285; MUÑOZ IGLESIAS, S.: Werte der alten Heilsökonomie, die durch die neue Heilsordnung überholt sind: Conc(D) 3 (1967), 819–824; NOTH, M.: Vergegenwärtigung (o. S. 82f.); PANNENBERG, W.: Heilsgeschehen (o. S. 84f.); ders.: Vorwort: Grundfragen (o. S. 84); ders.: Weltgeschichte und Heilsgeschichte: Fs. VON RAD 1971 (o. S. 65), 349–366 = Geschichte – Ereignis und Erzählung, hg. R. KOSELLECK/W. D. STEMPEL. München 1973, 307–323; PHYTHIAN-ADAMS, W. J. T.: The Fulness of Israel. A Study of the Meaning of Sacred History. London/New York/Toronto 1938; vgl. die in Verf.: ›Biblische Theologie‹, Kap. I, genannten übrigen Arbeiten des Verfassers; PIPER, O.: God in History. New York 1939; PROCKSCH, O.: NKZ 1925 (o. S. 15); VON RAD, G.: Offene Fragen (o. S. 65); ders.: Antwort auf Conzelmanns Fragen: EvTh 1964 (o. S. 73); RAHNER, K.: Altes Testament. Heilsgeschichtlich: SM (D) I, 101–108; ders.: Weltgeschichte und Heilsgeschichte: ders., Schriften zur Theologie V. Einsiedeln 1964², 115–135; ders., Altes Testament (als heilsgeschichtliche Periode): HTTL 1 (1972), 79–84; REVENTLOW, H. Graf: Rechtfertigung im Horizont des Alten Testaments (BEvTh 58). München 1971, 41–66; RICHARDSON, A.: The Bible in the Age of Science. London 1961 (1968³) = ders., Die Bibel im Zeitalter der Wissenschaft. Göttingen 1964, 112–130; ROBINSON, J. M.: Heilsgeschichte und Lichtungsgeschichte: EvTh 22 (1962), 113–141; RUPPERT, L.: Gottes befreiendes Handeln in der Geschichtstheologie des Alten Testaments: SPK 28 (1977), 67–81; ders.: Jahwe, Israels Gott, als Gott der Geschichte: K. HEMMERLE (Hg.): Die Botschaft von Gott. Orientierungen für die Praxis. Freiburg/Basel/Wien 1974, 94–111; SCHARBERT, J.: Heilsgeschichte und Heilsordnung des Alten Testaments: MySal 2, 1076–1144; ders.: Was ist Heilsgeschichte? (SBEsp. 26). Madrid 1970, 21–34; SCHÜTZ, F.: Anmerkungen zu einer Theologie der Heilsgeschichte: NZSTh 12 (1970), 103–113; SEELIGMANN, I. L.: Menschliches Heldentum und göttliche Hilfe. Die doppelte Kausalität im alttestamentlichen Geschichtsdenken: ThZ 19 (1963), 385–411; SEKINE, M.: Vom Verstehen der Heilsgeschichte: ZAW 75 (1963), 145–154; SOGGIN, J. A.: ThLZ 1964 (o. S. 73); STECK, K. G.: Die Idee der Heilsgeschichte (ThSt 56). Zürich 1959; DE VAUX, R.: Conc 1969 (o. S. 79f.); VIELHAUER, P.: Paulus und das Alte Testament: Studien zur Geschichte und Theologie der

Reformation. Fs. E. Bizer. Neukirchen-Vluyn 1969, 33–62 = ders., Oikodome. Aufsätze zum Neuen Testament. Bd. 2, hg. G. Klein (ThB 65) München 1979, 196–228); Weth, G.: Die Heilsgeschichte (FGLP IV, 2). München 1931; Wolff, H. W.: Heilsgeschichte und Weltgeschichte im Alten Testament: EvErz 14 (1962), 129–136 = Wegweisung. München 1965, 78–94.

Das Thema „Heilsgeschichte" wurde im 19. Jahrhundert vor allem (ältere Ursprünge weisen auf die reformierte Förderaltheologie und in die Gruppe schwäbischer Pietisten um J. A. Bengel. – Zur Vorgeschichte vgl. bes. Weth und den Überblick bei Ehlen) durch die sog. Erlanger Schule in die neuere Bibelwissenschaft eingeführt (daneben im Bereich des schwäbischen Pietimus durch J. T. Beck). Ihr wichtigster Vertreter ist J. C. K. (von) Hofmann.

Vgl. zu Hofmann: bes. G. Flechsenhaar, Das Geschichtsproblem in der Theologie Johannes Hofmanns. Diss. theol. Gießen 1935; E. W. Wendebourg, Die heilsgeschichtliche Theologie Joh. Chr. K. von Hofmanns kritisch untersucht als Beitrag zur Klärung des Problems der „Heilsgeschichte". Diss. theol. Göttingen 1953 (Masch.); Teilabdruck: Die heilsgeschichtliche Theologie J. Chr. K. v. Hofmanns in ihrem Verhältnis zur romantischen Weltanschauung: ZThK 52 (1955), 64–104; E. Hübner, Schrift und Theologie (FGLP 10. R., VIII). München 1956; Steck, Idee, 19–30; Kraus, Biblische Theologie (o. S. 1), 247–253; zur Würdigung aus konfessionell-konservativer Sicht auch Ch. Preus, The Contemporary Relevance of von Hofmann's Hermeneutical Principles: Int. 4 (1950), 311–321.

Hofmann hat bereits die wichtigsten Züge des Konzepts der Heilsgeschichte, die in der späteren Diskussion über dieses Thema eine Rolle spielen sollten, in seinen diversen Schriften (Bibliographie bei P. Wapler, Johannes v. Hofmann. Leipzig 1914), vor allem in seinem frühen Hauptwerk: ›Weissagung und Erfüllung im alten und im neuen Testamente‹ (Bd. I und II. Nördlingen 1841/44 – vgl. dazu auch die interessante Selbstanzeige: Mecklenburgisches Kirchenblatt 1 [1844], 54–82 = Grundlinien der Theologie Joh. Christ. K. v. Hofmanns, hg. J. Haussleiter. Leipzig 1910, 1–29) entwickelt. In seiner Selbstanzeige spricht er sich über das doppelte Motiv aus, das ihn zu seiner heilsgeschichtlichen Konzeption veranlaßte: „Ich sehe nur zwei Wege, welche einer selbständigen Wissenschaft würdig sind. Der erste und nächste geht von dem allgemeinsten der persönlichen Heilserfahrung aus . . . und führt von der unmittelbar gewissen Tatsache, welche den Inhalt derselben bildet, auf die Voraussetzungen dieser Tatsache, die also selbst wieder Tatsachen sein müssen . . .; so findet der Theologe in der Tatsache der Wiedergeburt die ganze heilige Geschichte ihren wesentlichen Begebnissen nach zusammenbeschlossen . . . Der andere Weg ist der geschichtliche, daß man das Ganze der heiligen Geschichte, wie dasselbe in der Schrift überliefert vorliegt, im Sinne der Schrift, also von dem aus, was die Schrift für den Mittelpunkt dieser Geschichte erklärt, zusammenstelle“ (bei Haussleiter, 2 f.). Den zweiten Weg beschreitet Hofmann in seinem Werk: „Jesus ist Schluß, aber auch Mitte der Geschichte: seine Erscheinung im Fleische ist der Anfang des Endes.“ (Weissagung und Erfüllung I, 58). Die dem Christusereignis vorauslaufende Geschichte erhält eben durch diesen ihren Zielpunkt als solche Weissagungscharakter: „Sonach haben wir an der Selbstdarstellung Christi in der Welt zugleich Geschichte und Weissagung: Geschichte, nämlich immer fortschreitende Gestaltung der Gemeinschaft von Gott und Mensch; Weissagung, nämlich immer bestimmtere Hinweisung auf die endliche Gestalt der Gemeinschaft von Gott und Mensch“ (ds., 40). Den profanen Entwicklungsgedanken in der üblichen Form lehnt Hofmann entschieden ab; nicht zu leugnen ist, daß er ihn zugleich wieder übernimmt: „Aller Fortschritt der Geschichte dieses Volkes (Israels) wurde damit (mit dem Kommen Jesu) für Fortschritt in der Geschichte des Heils erklärt, denn ihr Ergebnis war Bedingung der Geburt Jesu“ (ds., 36; zum Problem des Verhältnisses Hofmanns zum Historismus bes. Rankes vgl. Wendebourg, ZThK 1955, 66 ff. 77 f.). Auf der anderen Seite hat er keine Bedenken gegen die Annahme des supernaturalen Charakters heilsgeschichtlicher Ereignisse: „Es läßt sich die Wirklichkeit dessen, was Sache des Glaubens ist, nicht beweisen mit Beweismitteln, die von einem außerhalb des Glaubens gelegenen Gebiet hergenommen sind“ (Theologische Ethik. Nördlingen 1878, 13). Für das alttestamentliche Geschehen gilt dann aber, daß der Zweck der Vorausdarstellung Christi zugleich den Maßstab für die Faktizität des Geschehens abgibt, die historischer Kritik entzogen ist: „Wenn Gott im Garten Eden's wandelt, wenn Mose die Wasser des Meeres zertheilt, wenn Bileam den Untergang Assur's vorhersagt; so ist es vergeblich, das alles für unmöglich zu erklären, so bald sich zeigen läßt, daß es geschehen mußte" (Weissagung und Erfüllung, I, 55). Für diese Sicherheit beruft sich HOFMANN einfach auf das Zeugnis des Heiligen Geistes, der die Gemeinde der Schrift gewiß macht; ein wissenschaftlicher Beweis ist der Nachvollzug dieser Gewißheit, bleibt als solcher immer Stückwerk (ds., 50). Auch für den Theologen gilt: „Nicht die wissenschaftlich systematische Heilserkenntnis, welche er besitzt, bringt er mit zur Schrift – denn sie will er erst an ihr prüfen – . . . wohl aber seinen Christenstand, vermöge dessen er sein Heil, nämlich die Vergebung seiner Sünden und das Vermögen, Gott zu lieben, in Jesu Christo zu besitzen gewiß ist, eben hiermit den Beruf Israel's weiß, das Volk der Heilsgeschichte zu sein, und in der Schrift ein Zeugniß desselben Heils erkennt, welches er in Christo zu eigen hat" (Die Aufgabe der biblischen Hermeneutik: ZPK NF 45 [1863] = Vermischte Aufsätze, hg. H. SCHMID. Erlangen 1878, 114–122, 115). Dieses testimonium spiritus sancti internum verbindet die beiden oben genannten Wege der individuellen Subjektivität und des objektiven Geschichtsganzen (zu dem hier vorliegenden „naiven" Hegelianismus vgl. WENDEBOURG, ZThK 1955, 75 ff.). Für erstere beruft sich HOFMANN auf die dem einzelnen Christen zuteil werdende Erfahrung. (Vgl. STECK, Idee, 19 ff., und etwa Theologische Ethik, 13: „Die Beantwortung aber jener Frage ‚was für ein Erkenntnißgegenstand das Christentum sei' ist Aussage einer Erfahrungstatsache, über welche, wie es die Natur einer Erfahrungstatsache mit sich bringt, nicht hinausgegangen werden kann", oder: ›Der Schriftbeweis‹, 1. Hälfte. Nördlingen 1852, 9: „Die Erkenntnis und Aussage des Christentums muß also vor allem Selbsterkenntniß und Selbstaussage des Christen seyn".)

Für das heilsgeschichtliche Verständnis des Alten Testaments ist noch wichtig, daß HOFMANN auch die Typologie als Blickpunkt wiedererweckt; das im Titel seines Werkes aufgenommene orthodoxe Schema von „Weissagung" und „Erfüllung" wird dadurch von seinem ursprünglichen Bezug auf die als Weissagung auf Christus verstandene prophetische Verkündigung weg uminterpretiert in eine Gesamtbeziehung zwischen der Heilsgeschichte und dem universal verstandenen Heile selbst, wobei nicht so sehr die Worte, als die Ereignisse im Blick sind: „Wer die Allmählichkeit der Gottesoffenbarung, den Fortgang in der Vollbringung des Heils anerkennt; dem kann es nicht fremd sein, die ganze heilige Geschichte . . . als Weissagung oder Hinweisung auf das schließliche, das ewig bleibende Verhältnis zwischen Gott und dem Menschen dargestellt zu finden. Und hinwiederum wird er jede Stufe der Verwirklichung dieses Verhältnisses eine Erfüllung voraufgegangener Weissagung nennen. Nur so, in der Ausdehnung über die ganze heilige Geschichte, hat die verrufene Typologie ihre Wahrheit . . ." (Selbstanzeige, bei HAUSSLEITER, 4). Weissagung hört aber nicht mit der alttestamentlichen Geschichte auf (das wäre das bekannte „Zerrbild" der Typologie, ebd.), sondern geht bis zum Ende der Geschichte weiter: „Selbstdarstellung Christi in der Welt" (sie geschieht im Leben seiner Gemeinde) ist „zugleich Geschichte und Weissagung: Geschichte, nämlich immer fortschreitende Gestaltung der Gemeinschaft von Gott und Mensch; Weissagung, nämlich immer bestimmtere Hinweisung auf die endliche Gestalt der Gemeinschaft von Gott und Mensch" (Weissagung und Erfüllung I, 40).

In der theologischen Wissenschaft ihrer Zeit repräsentierte die heilsgeschichtliche Schule lediglich eine Außenseiterrolle. Der Historismus brachte Fragestellungen, denen sie scheinbar nicht gewachsen war, und so wirkte sie bald altmodisch und überholt. Das Wiedererwachen theologischen Bewußtseins in der exegetischen Fachwissenschaft nach dem 1. Weltkrieg ließ das Thema der Heilsgeschichte (nachdem es durch die dialektische Theologie zunächst abgewertet worden war, vgl. K. BARTH, Der Römerbrief[2] [o. S. 16], 32; G. WETH, [o. S. 99], 11 u. passim) jedoch erneut aktuell werden. (WETH erklärt am Ende seiner Kritik an der „heilsgeschichtlichen Schule": „Wir müssen eine heilsgeschichtliche Theologie neu aufbauen", 230.) Die in der neueren Debatte darüber bezogenen Positionen lassen sich (obwohl man sich gewöhnlich entschieden von ihm abgrenzt) ohne das Vorbild HOFMANNS jedoch kaum verstehen; er vereinigte in fast dialektisch zu nennender Weise Perspektiven, die in neuerer Zeit oft alternativ verstanden wurden: den Blick auf die individuelle Glaubenserfahrung des einzelnen Christen entsprechend einer lutherisch-pietistischen Frömmigkeitstradition und eine Gesamtschau der Heilsgeschichte als organischer Einheit, beide verbunden durch die „Mitte“ des Christusereignisses, das sowohl den Glaubensgrund für die individuelle Frömmigkeit des der Schrift begegnenden Christen wie den Zielpunkt der vom Alten Testament herkommenden und auf das Ende aller Geschichte zugehenden Heilsgeschichte darstellt. Auffälligerweise kann man die gleiche Doppelung des Verständnisses von „Heilsgeschichte“ wie bei HOFMANN auch in K. BARTHS ›Kirchlicher Dogmatik‹ finden (wobei man zwar bedenken muß, daß die beiden Stellen, an denen das Thema ausführlicher verhandelt wird, KD II/1, 569ff., und IV/4, 27ff., im Abstand von fast 30 Jahren entstanden sind, aber ihre dialektische Einheit nicht verkennen kann). In KD II/1, 569ff., ist die „Heilsgeschichte“ das besondere Verhältnis, das Gott, der zuerst Herr der ganzen Schöpfung ist, in *Auswahl* mit bestimmten Menschen als direkten Verkehr und Partnerschaft begründet hat, und zwar, von Gen 3 angefangen, zunächst mit den Vätern: „So von Abel über Noah zu Abraham, Isaak und Jakob, so innerhalb Israels in immer neuer Aussonderung und Scheidung, so in der Berufung und Sammlung der Kirche, so auch innerhalb der Kirche selber“ (KD II/1, 571), also eine Linie, die durch die Weltgeschichte hindurchgeht, als solche aber immer eine besondere ist. „Der Sinn und das Geheimnis“ dieser im Leben Israels und der Kirche sich abspielenden Heilsgeschichte ist aber Jesus Christus: weil „die Heilsgeschichte selbst zuerst und zuletzt, in ihrer Mitte und in ihrem Ursprung die Geschichte Jesu Christi ist“ (KD II/1, 577). Für das Verständnis dieser Aussagen wird man, wie auch KRAUS gezeigt hat (Fs. K. BARTH 1956) von der Rolle der Christologie im dogmatischen Systems BARTHS und auch von der spezifischen Fassung bestimmter Begriffe wie „Ursprung“ (vgl. zur Verwendung des Begriffes beim „frühen“ BARTH: W. HÄRLE, Die Theologie des „frühen“ Karl Barth in ihrem Verhältnis zu der Theologie Martin Luthers. Diss. theol. Bochum 1969, 6f., bes. Anm. 35; 98f.) und „Mitte“ ausgehen können, in denen der Transzendenzgedanke, die berühmte „Vertikale“ des „Senkrecht von oben“ bei BARTH zum Ausdruck kommt. In diesem Verständnis ist die „Heilsgeschichte“ eine besondere, nur von Gottes

Offenbarungshandeln bestimmte und zu der allgemeinen Geschichte analogielose Geschichte, für die auch der Begriff „Bundesgeschichte" zur Bezeichnung ihres besonderen Ortes verwandt werden kann. Der offenbarungstheologische Ansatz führt dann bis zu der Aussage, daß die Heilsgeschichte die (verborgene, aber bestimmende) Mitte aller Geschichte ist: „Die Heilsgeschichte ist aber *die* Geschichte, die *eigentliche* Geschichte, in der alle andere Geschichte beschlossen ist ... Die Heilsgeschichte ist *die* Geschichte" (KD III/1, 64). Daraus ergibt sich dann auch die andere Verwendungsweise des Wortes „Heilsgeschichte" für den Vorgang, wie „die einmal in der Zeit geschehene Geschichte Christi (BARTH hebt hervor: wieder 'einmal in der Zeit'!) im Leben eines Menschen zum Ereignis seiner Erneuerung wird". Nach BARTH geschieht das „in ihrer Macht, sich selber zu allen Zeiten, in allen Räumen allen Menschen als die für sie geschehene Heilsgeschichte *kundzutun* ... auch Heilswort ... zu sein". Als solches ist es für jeden Menschen, den es erreicht, Zusage und Verheißung (KD IV, 4, 27f.), es wird „seine eigene Heilsgeschichte" (KD IV, 4, 30).

Die Schwäche von BARTHS Position wird man im zeitlichen Abstand darin sehen müssen, daß er, wie einen absoluten Offenbarungs-, so auch einen absoluten (Heils-)Geschichtsbegriff einführt und das Gespräch mit der allgemeinen Geschichtshermeneutik nicht versucht. Dadurch entsteht eine Unschärfe im Geschichtsverständnis, die auch in der BARTH-Schule nicht überwunden wurde.

Als eigenständige systematische Lösung ist auch noch der Entwurf von G. GLOEGE, (Vom Sinn der Weltgeschichte) zu erwähnen, der (in kritischer Weiterführung LÖWITHS von einem neutestamentlich-eschatologischen Ausgangspunkt her) die gesamte Weltgeschichte als (verborgene) Heilsgeschichte begreift, da sie auf die endzeitliche Vollendung zugehe.

In der katholischen Dogmatik wird das Thema „Heilsgeschichte" im allgemeinen als unproblematisch aufgenommen (zur Literatur vgl. J. SCHARBERT, SBEsp 26 [o. S. 98f.], 23, A. 5). Für K. RAHNER liegt ein heilsgeschichtlicher Sinn zunächst der Geschichte als ganzer zugrunde, denn „der eine Mensch, der als einer und ganzer vor der Heilsentscheidung in seinem geschichtlichen Dasein steht, hat letztlich nur eine Geschichte, so daß es darin keine so abgegrenzten Regionen gibt, daß sie in keiner Weise von der Gnaden- und Glaubensgeschichte in seinem Dasein mitbestimmt wären" (Schriften zur Theologie V, 118). „Heil und Unheil geschieht in der profanen Geschichte, denn überall, wo Menschen in Freiheit sich selbst vollziehen, stehen sie vor Gott und entscheiden über ihr Heil" (ds., 119). Aber die Profangeschichte ist als solche noch zweideutig; die „Heilsgeschichte ist ... in ihrem eigenen Gehalt und ihrer eigenen Wirklichkeit in der Profangeschichte verborgen, weil die unmittelbar geschichtlich greifbaren Ereignisse und Wirklichkeiten von sich aus in ihrer Zweideutigkeit von Heils- *oder* Unheilshaftigkeit nicht gedeutet werden können" (ds., 117). Innerhalb der Profangeschichte, in der sie auf diese Weise verborgen ist, wird die Heilsgeschichte erst durch die prophetische Interpretation und vor allem durch das Christusereignis transparent (ds., 118). Die derart interpretierte Heilsgeschichte ist der profanen Weltgeschichte „material koextensiv". „Es gehört zu den katholischen Glaubenssätzen, daß der übernatürliche Heilswille Gottes sich auf alle Menschen aller Zeiten und geschichtlichen Religionen erstreckt" (ds., 121). Neben dieser „allgemeinen Heils- und Offenbarungsgeschichte" (ds., 123) gibt es aber noch die „eigentliche, amtliche und ausdrückliche Heilsgeschichte" (ds., 125. vgl. 127). Sie ist dadurch konstituiert, daß „Gott durch sein Wort, das ein konstitutives Element dieser Heilsgeschichte selbst ist, ein ganz bestimmtes Stück dieser profanen, sonst zweideutig seienden Geschichte auf ihren Heils- und Unheilscharakter gedeutet hat, und so dieses gedeutete Stück der einen Geschichte von der übrigen Geschichte abhebt..." (ds., 125). In solchem Sinne spezielle Heilsgeschichte ist die Geschichte Israels; es bleibt das Privileg Israels, „daß seine greifbare und einigermaßen abgesetzte Heilsgeschichte die unmittelbare Vorgeschichte der Fleischwerdung des Logos war und nur sie in der Weise autoritativ gedeutet wurde durch das Wort Gottes in der Schrift, daß sie eben dadurch von anderer Profangeschichte... abgegrenzt und so erst amtliche und spezielle Heilsgeschichte im Unterschied von Profangeschichte wurde" (ds., 128f.). (Ganz ähnlich auch E. Schillebeeckx, Offenbarung und Theologie [Ges. Schr. I]. Mainz 1965,

15 ff.) Allerdings gilt: „Aber dennoch sind auch im Alten Testament die Grenzen zwischen Heils- und Profangeschichte noch sehr fließend: der Mensch im Alten Testament konnte nur schwer zwischen den legitimen und falschen Propheten unterscheiden . . . der ganze Alte Bund als ganzer konnte von seiner Sendung abfallen und (sich) so . . . zu einem leeren Zeichen, zu einer illegitimen Usurpation der Repräsentanz der Gnade Gottes in der Welt werden" (ds., 128).

Gleichwohl ist die Heilsgeschichte für die katholische Dogmatik eine so zweifelsfreie Größe, daß das umfangreiche Werk: ›Mysterium Salutis‹ einen allesumfassenden ›Grundriß heilsgeschichtlicher Dogmatik‹ liefern kann. In der Einleitung schreiben die Herausgeber: „daß es überhaupt berechtigt sein kann, einer katholischen Dogmatik eine heilsgeschichtlich geprägte Form zu geben, dürfte heute nicht mehr fraglich sein" (MySal I, XXIII). Sie können sich dabei auf die Konstitution des 2. Vatikanums ›Über die göttliche Offenbarung‹ (vgl. die Ausgabe von E. Stakemeier, Die Konzilskonstitution über die göttliche Offenbarung. Werden, Inhalt und theologische Bedeutung [KKTS XVIII]. Paderborn 1966), Kap. IV, 14 (dort 165) berufen; dort heißt es knapp: „Oeconomia autem salutis ab auctoribus sacris praenuntiata, enarrata atque explicata, ut verum Dei verbum in libris Veteris Testamanti exstat" („Die Geschichte des Heiles liegt, von heiligen Verfassern vorausverkündet, berichtet und gedeutet, als wahres Wort Gottes vor in den Büchern des Alten Bundes"); (zur Rolle des Themas „Heilsgeschichte" auf dem Vaticanum II vgl. auch G. Müller-Fahrenholz, Heilsgeschichte zwischen Ideologie und Prophetie [ÖF. S IV]. Freiburg 1974, 169 ff.). Aus dem dazugehörigen Kommentar Stakemeiers (a. a. O., 166) geht hervor, daß das Schwergewicht dieser Definition auf dem in der Heilsgeschichte verheißenen, verwirklichten und entfalteten (die Dreiteilung soll die drei Teile des alttestamentlichen Kanons andeuten: prophetische, geschichtliche, Weisheitsbücher) Heilsplan („Heilsökonomie", vgl. Vaticanum II und Muños Iglesias, Conc (D) 1967 [o. S. 98]) Gottes liegt (zu anderen hermeneutischen Problemen des Abschnittes vgl. u. Verf., Biblische Theologie, Kap. II, 3). Auch Darlap (MySal I, 3) weist darauf hin, daß „in der neueren katholischen Theologie ein breites Interesse an der

Heilsgeschichte zu entdecken ist". Er unterscheidet (ds., 11–13) sogar sechs verschiedene Weisen möglichen Verständnisses von „Heilsgeschichte", wobei die erste (Heilsgeschichte als Religionsgeschichte, „d.h. als Geschichte aller Heilserfahrungen der Menschheit") und die vierte (Heilsgeschichte „im engeren Verständnis als Biblische Theologie des Alten und Neuen Testaments") der RAHNERschen Zweiteilung entsprechen würde. (DARLAP sieht sogar in der „autorisierte[n] prophetische[n] Interpretation" das einzig Besondere der alttestamentlichen Heilsgeschichte gegenüber der allgemeinen Religionsgeschichte, ds., 49.) Gerade die erste Version scheint zunächst eine spezifisch katholische Möglichkeit zu sein. Sie wird aber von W. PANNENBERG aufgenommen, der in der Weltgeschichte als ganzer das Feld göttlichen Handelns zum Heil des Menschen („das Ganze des Menschseins") sehen und so die Heilsgeschichte in die Religionsgeschichte einmünden lassen will (Fs. VON RAD, 1971, bes. 362ff.; vgl. auch o. S. 85ff.). Die Auffassung RAHNERS und DARLAPS (vgl. zu ihr MÜLLER-FAHRENHOLZ, Heilsgeschichte, 193ff.) ist jedoch keineswegs die aller katholischen Theologen. Z.B. J. SCHARBERT, SBEsp. 26 (o. S. 98f.) betont: „die Heilsgeschichte im biblischen Sinne (ist) nicht einfach mit der Menschheitsgeschichte gleichzusetzen" (25) und schränkt diese auf solche Fakten ein, „an denen die biblischen Tradenten Gottes Heilshandeln und die menschlichen Reaktionen darauf erkannten" (26), also auf die im engeren Sinne „biblische Geschichte", an der er allerdings die Kirche durch ihre Zeugenschaft beteiligt. BLANK grenzt sich ausdrücklich gegen DARLAP ab und wirft ihm vor, seine Konzeption von Heilsgeschichte sei „im Grunde nichts anderes als eine um ein paar moderne Gesichtspunkte erweiterte ‚natürliche Theologie'" (118). Für ihn ist „Heilsgeschichte" „zunächst und primär der in der Schrift Alten und Neuen Testaments bezeugte Geschichtszusammenhang der Offenbarung Gottes in *Israel und in Jesus Christus*" (119).

Vgl. im übrigen zu den katholischen Entwürfen einer Theologie der Geschichte die Übersichten von R. AUBERT, Discussions récentes autour de la Théologie de l'Histoire: CMech 18 (1948), 129–149; L. MALEVEZ, La vision chrétienne de l'Histoire II. Dans la théologie catholique: NRTh 71 (1949),

244–264; ders., Deux théologies catholiques de l'histoire: BPTF 10 (1949), 225–241; J. DAVID, Theologie der irdischen Wirklichkeiten: J. FEINER/J. TRÜTSCH/F. BÖCKLE (Hg.), Fragen der Theologie heute. Einsiedeln 1957 (1960[3]), 560–567 (Lit.); G. THILS, La théologie de l'Histoire. Note bibliographique: ETL 26 (1950), 87–95. – Auch in der katholischen Geschichtstheologie gibt es das Gegenüber einer mehr eschatologisch und einer mehr inkarnatorisch ausgerichteten Geschichtstheologie, vgl. W. KASPER, Grundlinien einer Theologie der Geschichte: ThQS 144 (1964), 129–169 = ders., Glaube und Geschichte. Mainz 1970, 67–100 = ders., Glaube im Wandel der Geschichte. Mainz 1973, 63–102, 129/67/63.

Das Problem der „Heilsgeschichte“ ist vor allem eine hermeneutische Frage, bei der systematische Gesichtspunkte eine ausschlaggebende Rolle spielen. Die Diskussion über sie wurde außer von systematischen Theologen vor allem auch von Neutestamentlern geführt, während der Anteil der Alttestamentler an ihr quantitativ geringer ist. Auch stehen die Alttestamentler häufiger positiv zu dem Konzept als solchem, während die Kritik, vor allem im Gefolge R. BULTMANNS, am stärksten von neutestamentlicher Seite erfolgt ist.

Relativ nah zu der individuellen Perspektive HOFMANNS steht F. BAUMGÄRTEL in seinem Verständnis von „Heilsgeschichte“ im Alten Testament: danach ist „Heilsgeschichte“, vom zentralen Christusgeschehen her begriffen, ein „inneres Geschehen, das sich in und mit dem äußeren Geschehen von Gott her an Israel vollzieht“ (Fs. ALT [o. S. 45], 13), sie ist das „Getroffensein des alttestamentlichen Menschen durch das Geschehen von Gott her, die Bezeugung des alttestamentlichen Erfahrens von Gericht und Gnade im und durch das alttestamentliche Geschehen“, das „unsere eigene Existenz vor Gott anrührt,... unser eigenes Getroffensein (mit Israel zusammen Getroffensein) unter dem Evangelium ist“ (ds., 14). Für den Christen ergibt sich zur alttestamentlichen Heilsgeschichte ein dialektisches Verhältnis: Das alttestamentliche Verständnis der Geschichte des israelitischen Volkes, das diese als Heils-Unheilsgeschichte von seinem irdisch-völkischgebundenen Verheißungsbegriff aus versteht, ist für den Christen nicht relevant. Gleichwohl treffen uns die alttestamentlichen Zeugnisse als unsere eigene Heils-Unheilsgeschichte; wir stehen mit Israel in der Finsternis des Schuldigwerdens, empfangen aber mit Israel die in Jesus Christus erfüllte und zur Gewißheit gewordene Verheißung des „Ich bin der Herr dein Gott" (vgl. „Verheißung" [o. S. 45], 54ff.). Bei BAUMGÄRTEL treffen wir also auf eine recht eigenwillige Art von Existentialisierung des Begriffes „Heilsgeschichte", die den Aspekt des Geschichtszusammenhanges als solchen stark in den Hintergrund treten läßt.

Üblicher ist das Verständnis von „Heilsgeschichte" als eines Gesichtszusammenhanges von äußeren Ereignissen (die man sogar periodisieren kann: HELLER), die in der Geschichte Israels, wie sie sich im Alten Testament widerspiegelt, beginnen und auf das Christusgeschehen als ihren Abschluß und Höhepunkt zulaufen. Eine solche Vorstellung entfaltete z. B. C. H. DODD, für den sich die Geschichte der israelitischen Religion, trotz mancher Differenzierungen im einzelnen, als eine Entwicklung der Offenbarung von niederen religionsgeschichtlichen Formen zu höheren darstellt, die im Christentum des Neuen Testaments ihren Klimax erreicht. Für W. PYTHIAN-ADAMS (Fulness [o. S. 98]) ist die Heilsgeschichte die mit ABRAHAM beginnende Geschichte Israels, die auf Jesus Christus zuläuft und sich in der Geschichte der Kirche fortsetzt (5): ihr endzeitliches Ziel ist die Vollendung der Menschheit in der Versöhnung (8). Der Versöhnungsgedanke ist der rote Faden, der sich durch die Heilsgeschichte hindurchzieht (vgl. auch ders., The Way of At-one-ment, Studies in Biblical Theology, London 1944 [vgl. Verf., Biblische Theologie, Kap. I]). Ähnlich ist auch für LÖWITH die Heilsgeschichte eine besondere, auf Christus zulaufende Geschichte innerhalb der allgemeinen Weltgeschichte. Nach BLANK, für den Heilsgeschichte ausschließlich „die Geschichte Israels, Jesu und der Urkirche" umfaßt (119; vgl. 121), ist diese durch Stellvertretung und Repräsentation mit dem Ganzen der Geschichte verbunden, indem sie „in ihrer konkreten Geschichtlichkeit zugleich einsteht für das Heil des Ganzen" (120).

SCHARBERT (SBEsp. 26 [o. S. 98f.], 23f.) definiert genauer, Heilsgeschichte sei nicht Geschichte des Heils, denn „Heil" sei ein Zustand der Vollkommenheit, der erst am Ende der Geschichte zu erhoffen ist, sondern Geschichte der Heilserwartung, der Sehnsucht nach den eschatologischen Heilsgütern, denen Gott den Menschen durch die Geschichte hindurch entgegenführt. Doch ist diese Auffassung vereinzelt. In G. von Rads Œuvre spielt der Begriff „Heilsgeschichte“ als Zusammenfassung der Geschichtstaten Jahwes, wie Israel sie in seinen bekenntnismäßigen Summarien darstellte, eine bedeutende Rolle (vgl. etwa ›Das formgeschichtliche Problem‹ [o. S. 65 f.], 3/12, und passim; ›Theologie‹, Register s. v. „Heilsgeschichte“, „Heilsgeschehen“, „heilsgeschichtliche Vorstellungen“). Im „Rückblick und Ausblick“ der 4. Auflage des 2. Bandes seiner ›Theologie‹ spricht von Rad zusammenfassend von den Anstößen, die (auch gerade nach der Ablehnung des entwicklungsgeschichtlichen Schemas der religionsgeschichtlichen Schule durch die wiedererwachende alttestamentliche Theologie nach dem 1. Weltkrieg) von der formgeschichtlichen Methode in Richtung auf die Entdeckung von größeren zusammenfassenden Darstellungen geschichtlicher Zusammenhänge durch die großen Erzählwerke des Alten Testaments ausgegangen waren. „Die Pentateuchquellen oder das deuteronomistische Geschichtswerk beschränken sich ja nicht darauf, einzelne geschichtliche Begegnungen mit Jahwe darzustellen... Hier handelt es sich vielmehr um Darstellungen von Geschichtsstrecken von erheblicher Länge, deren Bedeutung für den Darsteller allein darin begründet war, daß diese Geschichtsstrecke im ganzen von Jahwe gefügt und durchwaltet war, dergestalt, daß eine Logik des göttlichen Waltens aufgewiesen werden konnte... Von da ab begannen wir von ‚Heilsgeschichte‘, von einem ‚heilsgeschichtlichen‘ Walten Jahwes zu reden“ (Theologie II^{4}, 441).

Freilich sieht sich von Rad mit diesen Feststellungen methodisch vielfach erst am Anfang. Neben dem schon behandelten Problem der zwei verschiedenen Geschichtsbilder, des modernen historisch-kritischen und des von Israel dargestellten (s. o. S. 71 ff.), ist es vor allem das Nebeneinander unterschiedlicher Auffassungen von der Heilsgeschichte in den verschiedenen Quellen des Alten Testaments und „die oft gewalttätige Interpretation eines älteren Textes durch einen jüngeren“, die Beschwer bereitet (Offene Fragen [o. S. 65 f.], 404/292 f.), also die verschiedenen Erwählungstraditionen und der „Tatbestand der ruhelosen Aktualisierung geschichtlicher Heilsfakten“ (ds., 405/293), die sich durch das gesamte Alte Testament hindurch beobachten läßt, wobei VON RAD auch die „fortwährenden Traditionsbrüche, die Neueinsätze unterstreicht, die sich in diesem Vorgang abspielen (vgl. EvTh 1964 [o. S. 73], 390). Diese Schwierigkeit wirkt sich vor allem hinderlich für die Einheit des Kanons aus (s. u.). Innerheilsgeschichtlich fängt VON RAD sie vor allem durch die Annahme eines schon im Raume der alttestamentlichen Entwicklung selbst fortschreitenden Verhältnisses von Verheißung und Erfüllung auf (s. o. S. 81 ff.).

VON RAD betont den Abstand dieses neuen Redens von „Heilsgeschichte" von der alten „heilsgeschichtlichen Schule" des 18. und 19. Jahrhunderts (Theologie II⁴, 441). Der neue Ansatz scheint ihm unmittelbar aus dem Text durch die Anwendung der formgeschichtlichen (= überlieferungsgeschichtlichen) Methode herauszuwachsen. Unverkennbar ist jedoch auch das kerygmatische Anliegen, das den Gebrauch eben dieses Begriffes hervorruft.

Stärker noch gilt das für den Neutestamentler O. CULLMANN (vgl. zu ihm auch MÜLLER-FAHRENHOLZ, Heilsgeschichte [o. S. 106], 137 ff.), dessen beide Bücher ›Christus und die Zeit‹ und (als dessen Fortführung) ›Heil als Geschichte‹ die profilierteste Gesamtschau eines heilsgeschichtlichen Systems darstellen. Für CULLMANNS Ansatz in ›Christus und die Zeit‹ ist der Ausgang von der linearen Zeitauffassung der biblischen Offenbarungsgeschichte" im Gegensatz zur (angenommenen) zyklischen des Hellenismus (31 ff. 43 ff.) charakteristisch (vgl. auch o. S. 83). Innerhalb der durch die Auswahl von Kairoi gebildeten (33 ff.) linearen Heilsgeschichte stellt aber das Christusgeschehen die Mitte dar; auf sie sind heilsgeschichtliche Vergangenheit und Zukunft bezogen (93 ff. 107 ff.). Dabei ist CULLMANN der Begriff „*Heils*geschichte" offensichtlich nicht entscheidend; es kommt ihm vor allem auf die „göttliche Ereignisfolge" (oder: den Plan Gottes, vgl. „Gottes Heilsplan". – Zur Kritik dieses Denkschemas vgl. jedoch GLOEGE, Der Heilsplan Gottes) an. „Auf Grund von Sünde und Gericht kann sie auch Unheilsgeschichte sein" (Heil als Geschichte, 3 [sowie: EK 1974, 732], vgl. aber 39). Wie er in seinem neueren Buch hervorhebt, ist auch der Begriff „Heils*geschichte*" nur ein Notbehelf, da (wie er auch in Revision seines Ansatzes in ›Christus und die Zeit‹ gegen STECK betont) „Heilsgeschichte“ in dem von ihm gemeinten Sinne keinen lückenlosen Kausalzusammenhang nachweisbarer historischer Tatsachen meine, sondern der heilsgeschichtliche Glaube der „an einen nur von Gott offenbarten, auf einer völlig unberechenbaren Auswahl einzelner Ereignisse beruhenden Zusammenhang ist“ (Heil als Geschichte, 37; vgl. EK 1974, 732). Der Begriff „Geschichte“ sei also in Anführungsstriche zu setzen, obwohl andererseits auch eine Analogie zwischen Geschichte und Heilsgeschichte bestehe (Heil als Geschichte, 59). Wie man sieht, spielen auch bei CULLMANN die bei VON RAD auftauchenden Probleme der Diastase zwischen „tatsächlicher“ und „kerygmatischer“ Geschichte (s. o. S. 71–77) hinein (die frühe Kritik BULTMANNS [Exegetica, 356ff.] kreist vor allem um dieses Problem).

Vehemente Kritik am Konzept der „Heilsgeschichte“ wurde außer von einigen Systematikern vor allem von seiten BULTMANNS und der BULTMANN-Schule (im weiteren Sinne; der Einfluß BULTMANNS geht über den Kreis seiner engsten Schüler weit hinaus) vorgetragen. Sie entzündete sich nicht zuletzt an der Position CULLMANNS, der als erster nach dem 2. Weltkrieg ein ausgeführtes heilsgeschichtliches System wiederbelebt hatte. BULTMANNS Einwände gegen die Anerkennung der „Heilsgeschichte“ kann man in nuce in seiner Stellungnahme in der DODD-Festschrift zu DODDS ›The Bible Today‹ nachlesen: für BULTMANN ist heilsgeschichtliches Denken deshalb nicht als theologisch legitim anzuerkennen: „Da dieses letztere die Geschichte von einer dem geschichtlichen Geschehen immanenten Idee aus versteht, das theologische Verständnis dagegen von dem der Geschichte im Christus-Geschehen gesetzten Ende aus...“ (ds., 402; ähnlich auch FUCHS [Christus das Ende] der Röm 10,4 entsprechend umdeutet). Die Kirche ist nach neutestamentlichem Verständnis gewiß das Ziel der Heilsgeschichte, aber nicht als Höhepunkt einer geschichtlichen Entwicklung, sondern als „eine eschatologische Größe in dem radikalen Sinne, daß sie kein weltliches Phänomen ist, und daß diejenigen, die zu ihr gehören, nicht mehr zur Welt gehören, sondern entweltlicht sind. Denn mit Christus hat die Geschichte der Welt ihr Ende erreicht“ (ds., 404; vgl. auch GuV III, 102). „... als Leib Christi hat die Kirche gar keine Geschichte, sondern ist ein eschatologisches Phänomen" (ds., 408). Es ist also der Gegensatz zwischen Geschichte und Eschatologie (so auch der Titel der Gifford-Lectures von 1955 [1957/64] – o. S. 87, der BULTMANN in seiner Ablehnung des Konzepts bestimmt; für Jesus und das Neue Testament ist die (apokalyptische) eschatologische Botschaft charakteristisch (vgl. Geschichte und Eschatologie, 36ff.). Im Hintergrund steht der bekannte, für BULTMANN typische Gegensatz zwischen (gegenständlich-objektiviert verfügbarer) „Geschichte" und (im Jetzt der Entscheidung unverfügbarer) „Geschichtlichkeit"; von daher bestimmt sich seine Frage an DODD: „Muß nicht ein theologisches Verständnis der Geschichte vom Verständnis der Geschichtlichkeit (als zum Wesen menschlichen Seins gehörig) ausgehen, nicht aber vom Verständnis der Geschichte als des Zusammenhanges eines vergangenen Geschehens?" (Fs. DODD [o. S. 96f.], 407).

Geschichtlichkeit löst Geschichte nicht auf, aber beschränkt sie auf die individuelle Geschichte; vgl. Geschichte und Eschatologie, 49: „Die *Geschichtlichkeit des menschlichen Seins,* das heißt die Geschichte, die jeder Mensch erfährt oder erfahren kann..."; ds. 184: *„Der Sinn der Geschichte liegt je in der Gegenwart*... Schau nicht um dich in die Universalgeschichte; vielmehr mußt du in deine eigene persönliche Geschichte blicken. Je in deiner Gegenwart liegt der Sinn der Geschichte ..."

Von dieser Voraussetzung aus bestimmt sich auch gerade das Verständnis des Alten Testaments: „Nun will ich nicht leugnen, daß in der kirchlichen Verkündigung auch das Alte Testament zum Worte Gottes werden kann, aber doch nur so, daß ein Wort des Alten Testaments sub specie Christi uns zum anredenden Wort wird, nicht aber so, daß wir konstatieren könnten, in der Geschichte Israels habe sich Gottes Wort ereignet" (ebd.). Auch im Hinblick auf Stellen wie Act 7, 2–53 oder Hebr 11 wehrt sich BULTMANN gegen die Auffassung, „als ob sich das Urchristentum als ein echtes geschichtliches Phänomen verstanden hätte und als ob es die Zusammengehörigkeit mit dem Volke Israel als geschichtliche Kontinuität aufgefaßt hätte... Die Kontinuität ist nicht eine durch organischen geschichtlichen Zusammenhang gewachsene, sondern sie ist durch das Handeln Gottes geschaffen... jetzt erst ist der göttliche Heilsplan offenbart worden... Sein Inhalt ist nicht die göttliche Lenkung der Geschichte Israels... Vielmehr ist der Inhalt des Geheimnisses das eschatologische Geschehen, das jetzt begonnen hat mit der Menschwerdung Christi usw." (Geschichte und Eschatologie, 40f.). Das Geschichtsverständnis besonders des Paulus ist für BULTMANN apokalyptisch geprägt, modifiziert durch seine Anthropologie: so ist die gesamte Vergangenheit nicht spezielle Geschichte Israels, sondern Menschheitsgeschichte, und als solche ist sie wesensmäßig von der Sünde bestimmt, deshalb – wie das Gesetz – Voraussetzung der Gnade und durch ihr Kommen beendet (Geschichte und Eschatologie, 47f.). Der Gegensatz zwischen dem (existentiell zu interpretierenden) Glaubensgeschehen und dem Heil als einer einzig dem Glauben erschlossenen aktuellen Wirklichkeit einerseits, der (durch historische Forschung zu ermittelnden) geschichtlichen Vergangenheit andererseits ist (in Nachfolge BULTMANNS) Kernpunkt der Kritik von G. KLEIN an der „Heilsgeschichte" (z.B. ZNW 1971, 1f.: „da Heil als eine einzig dem Glauben erschlossene Wirklichkeit historisch, d.h. mittels einer Methode, für die Glaube keine Bedingung ihrer Möglichkeit stellt, nicht zu verifizieren ist, kann eine mögliche *Geschichte* von Heil dies ebenso wenig sein"). Verwandt ist der Einwand von STECK, wonach Geschichte immer vergangen ist, und deshalb „vor allem Gräber- und Totenfeld" (a.a.O., 53 – ähnlich auch die Charakterisierung der Geschichte bei LÖWITH, Weltgeschichte, 177, vgl. 180, als „ein Reich der Sünde und des Todes", dessen Ende in Christus angebrochen ist). Neben diesem zentralen Bedenken ist der auch bei KLEIN auftauchende Gegensatz zwischen tatsächlicher und geglaubter Geschichte (s.o.), wobei er besonders HESSE zitiert (ZNW 1971, 9ff.; Spricht Gott in der Geschichte? hg. F.T. TENBRUCK [o. S. 97], 99ff., u.ö.), weniger gewichtig. Für sein existentielles, geschichtsabgelöstes Glaubensverständnis beruft sich KLEIN (ausführliche Kritik an KLEIN bes. bei KÜMMEL, Fs. SCHNACKENBURG) vor allem auf Paulus, und zwar auf eine als Gegensatz zum alttestamentlichen Heilsverständnis verstandene paulinische Botschaft. Die Abrahamsgestalt nach Röm 4 wird zum Exemplum eines Glaubens, der gerade nicht heilsgeschichtlich verstanden ist, sondern von der Geschichte befreit. „Es gibt eine Kontinuität von Abraham als einer historischen Gestalt zum heutigen Glauben, aber sie ist nicht das Produkt einer geschichtlichen Entwicklung und in keiner Weise historisch aufweisbar. Vielmehr *entsteht* diese Kontinuität allererst dort, wo man wie Abraham glaubt" (Rekonstruktion, 157; vgl. NTS 1966/7, 44f.). Dasselbe sagt KLEIN im Hinblick auf die Aufhebung des Unterschiedes zwischen Juden und Heiden nach Gal 2, 15f. im christologisch begründeten Rechtfertigungsgeschehen, wodurch die Ausgrenzung einer besonderen Heilsgeschichte innerhalb der Profangeschichte gerade aufgehoben werde – „die Geschichte sui generis, die sich innerhalb der Ausgrenzung begab, ebenso als Bestandteil der sündigen Profangeschichte *erweist,* wie sie jene dazu allererst nun *macht*" (Rekonstruktion, 180ff.; Zitat: 194).

In ähnliche Richtung läuft auch die Argumentation von P. VIELHAUER, der z.B. zu 2. Kor 3, 7–18 betont: „Die Ausführungen des Paulus sind *nicht* geschichtstheologisch, *sondern* soteriologisch orientiert; sie wollen *nicht* die Geschichte Israels von Mose bis Christus mit heilsgeschichtlichem Gesichtspunkt als Unheilsgeschichte kennzeichnen, . . . *sondern* mit der Antithese alter Bund / neuer Bund das gegenwärtige *Entweder-Oder* unausweichlich machen" ([o. S. 98], 48/212). Exegetisch ist die soteriologische Entscheidungsintention des Paulus ausgezeichnet beobachtet und überzeugend belegt. Dennoch bleibt die grundsätzliche Kritik, ob nicht hier aus ideologischen Gründen eine Alternative zwischen „heilsgeschichtlich" und „soteriologisch" konstruiert wird, die zutiefst unpaulinisch ist, weil der Jude Paulus den Kairos nicht anders als die alttestamentlichen Propheten vor dem Hintergrund der je und je gültigen Treue des Gottes Israels von seinen anfänglichen Heilssetzungen bis zum gegenwärtigen „Zuletzt" hin versteht (vgl. dazu auch u. S. 118–120).

Auf der Linie KLEINS liegt auch der vorerst letzte Standpunkt F. HESSES zum Problem der „Heilsgeschichte", wie er ihn in dem schon im Titel signifikanten Büchlein ›Abschied von der Heilsgeschichte‹ ausgeführt hat (vgl. auch ZThK 1974). Worauf seine Argumentation hinausläuft, wird in dem am Schluß auftauchenden Bild vom „Astigmatismus" (66) sehr schön deutlich: das Heilsgeschehen, in Wirklichkeit nur ein Punkt, nämlich das Ereignis des Christus crucifixus, werde von der Theologie der Heilsgeschichte als eine Linie gesehen, als „eine Reihe einander folgender Heilstatsachen", die sich zu einer auch das alttestamentliche Geschehen einschließenden Heilsgeschichte zusammenfügen. Das an Christus gebundene Heil, das für den Gottlosen Vergebung der Sünden bedeutet, ist aber unableitbar, unvoraussehbar, in der Geschichte nirgendwo enthalten, fügt sich nicht in ihre Kontinuität ein und ist von ihr auch nicht vorbereitet. „Die Auferstehung Jesu von den Toten ist als innergeschichtliches Faktum nicht verifizierbar" (62); die Heilsbedeutung des Kreuzes ist nur durch die Verkündung und ihre Annahme im Glauben erfahrbar (62 f.). Daraus ergibt sich auch für die Geschichte Israels: in ihr ist kein extraordinäres, den Kausalzusammenhang durchbrechendes Handeln Gottes festzustellen. „Darum unterscheidet sich die Geschichte Israels qualitativ nicht von der Geschichte jedes beliebigen anderen Volkes" (59; vgl. auch ZThK 1974, wo u. a. die These Bultmanns von dem „Widerspruch zwischen dem Gedanken eines Gottesvolkes und einem staatlich verfaßten Volk" [GuV II, 183, vgl. o. S. 96] zustimmend zitiert wird, 289). Eine Reihe von Nebenargumentationsketten stützen diese Schlußfolgerung: so der Hinweis, die Geschichte Israels sei gar keine Heils-, sondern eine Unheilsgeschichte, auch Israel selbst habe sie nicht anders sehen können (25 ff.), das Neue Testament kenne auch nicht ein auf das Christusereignis hinführendes heilsgeschichtliches Kontinuum (31 ff.), auch nicht die ehedem (Das Alte Testament als Buch der Kirche [o. S. 72], 141 ff.) vom Verf. selbst vertretene Position, die Heilsgeschichte sei nicht in der tatsächlichen Geschichte Israels, noch in der von Israel geglaubten Geschichte, sondern „in, mit und unter" der von Israel erlebten Geschichte abgelaufen. Hesse meint jetzt, auch diese Lösung komme letztlich nicht in Frage, denn sie sei niemandem, auch dem glaubenden Menschen nicht, einsichtig zu machen (41 f.).

Hesses neueste Auffassung stellt den Endpunkt in der einen der beiden von Hofmann ausgehenden Linien dar: von seinem Lehrer Baumgärtel übernimmt er Begriff und Inhalt von „Verheißung" (Das Alte Testament als Buch, 67 ff.; Abschied, 43 ff.) und damit einen auf das individuelle Glaubenserleben zugeschnittenen Gedanken. Der Gemeinschaftsbezug des Glaubens wird weitgehend ausgeblendet, (wie bei Hirsch) die Jenseitigkeit des christlichen Heils betont. Verwirklichung von Heil in soteriologischem Sinne kann es deshalb im Raum einer völkischen Gemeinschaft, wie Israel sie war, nicht geben: „Heil für ein Volk ist nach dem Alten Testament ganz und gar ein politisches Heil" (Abschied, 11), „etwas ausgesprochen Materielles" (12). Demgegenüber wird von Hesse der neutestamentliche Begriff σωτηρία als allein maßgeblich geltend gemacht (14 f.): es ist rein zukünftig gedacht, besteht in Sündenvergebung und Rechtfertigung des Gottlosen, „betrifft demnach allein das Gottesverhältnis des Menschen, bezieht sich nicht auf dessen irdische Verhältnisse" (15).

Es ist auffallend, wie die Linie von einem internalisierten Luthertum her, die von einem existentialistisch gefaßten Glaubensverständnis wie in der Bultmann-Schule her und die von einer isolierenden Worttheologie her zusammenlaufen. Denn das bleibt bei Hesse: im Geschichtskontinuum, von dem das Alte Testament handelt, ist auch für ihn Gott am Werke; er ist es aber ausschließlich durch sein Wort, und „da geschieht solches Gotteswort unabhängig von jedem Geschichtskontinuum" (54).

Mit ähnlichen Argumenten wie Klein und Hesse kritisiert auch A. H. J. Gunneweg (Vom Verstehen; vgl. auch schon ZThK 1968) das Konzept der Heilsgeschichte. Beim *Heilsgeschehen*, das von *Heilsgeschichte* zu unterscheiden ist (169), handele es sich nicht um einen kontinuierlichen *Prozeß*, sondern um unverbundene Einzelepisoden (zwischen denen es nur nachträglich gezeichnete Verbindungslinien, wie bei den Pentateuchthemen, gibt). Von einer Entwicklung, einem auf ein Ziel zulaufenden Prozeß des Heils, könne keine Rede sein. Auch das Argument des Kairos als eines außerhalb eines Geschichtskontinuums stehenden, eschatologisch gefüllten Augenblicks des Heils (im Neuen Testament) taucht bei Gunneweg wieder auf (165). Der Standpunkt ist vorsichtiger und abgewogener als bei Klein und Hesse, folgt aber doch der generellen Linie der Bultmann-Schule. Gemeinsam ist auch Bultmann, Klein und Hesse, daß sie sich für den Bruch zwischen alt- und neutestamentlichem Geschehen vor allem auf Paulus berufen (vgl. Hesse, Abschied

32f., mit Hinweisen auf KLEIN). Es kann hier nur angedeutet werden, daß die Paulusexegese sich in jüngster Zeit langsam, aber sicher von dieser einseitigen Interpretation zu entfernen beginnt. Eine erste Warnung gegen sie sprach E. KÄSEMANN 1969 (Rechtfertigung und Heilsgeschichte) aus. Er nennt den Streit, ob Paulus eine heilsgeschichtliche Konzeption entfalte, ein „Muster an Befangenheit der Exegese in systematischen Vorurteilen" (116). Die „Theologie kann nicht beim Individuum beginnen und enden, wo Weltmission als christliche Aufgabe schlechthin erscheint..." (116f.). Der heilsgeschichtliche Horizont der paulinischen Theologie lasse sich nicht ernsthaft bestreiten (118). Wohl aber könne man eine tiefe Paradoxie der heilsgeschichtlichen Wirklichkeit feststellen: auf der einen Seite besteht eine Kontinuität in Raum und Zeit, ausgehend von der Verheißung über Israel als einer geschichtlichen Größe, von Schöpfung, Erwählung Israels, Christusgeschehen bis zur Parusie. Andererseits ist die Geschichte kein Heilskontinuum, sondern ein Kampffeld (Augustin), indem in ihr das Heil im Unheil verborgen ist, der angefochtene Glaube im Schatten des Kreuzes lebt. Aus der Nähe gesehen ist Heilsgeschichte eine Geschichte von Katastrophen. „Wer sich in sie einreiht, tut es auf Hoffnung gegen Hoffnung, im Vertrauen darauf, daß Gott stets das Nichtseiende ins Sein ruft, die Toten auferweckt, die Gefallenen aufrichtet, den Sündern vergibt und die Gottlosen zu Werkzeugen seiner Gnade macht" (124).

Diese grundsätzlichen Überlegungen (zu denen noch gehört, daß die Rechtfertigungslehre des Paulus eine antijudaistische Kampflehre war, wenn auch kein Nebenkrater paulinischer Theologie, sondern zentral [125], da eine Interpretation der Christologie [130], sowie, daß sie nie am Individuum orientiert gewesen sei, sondern kosmischen Horizont besitze [132]) müssen durch noch eingehendere Exegesen der paulinischen Briefe differenziert werden.

E. KÄSEMANN sagt neuerdings: „Die paulinische Lehre von der Heilsgeschichte ist eine Variation seiner Lehre von der Rechtfertigung des Gottlosen" (An die Römer [HNT 8a]. Tübingen 1973 [1974³], 254). Der Begriff „Heilsgeschichte" wird nur dann theologisch angemessen verwendet werden können, wenn man sich der in der Geschichte Israels obwaltenden Dialektik bewußt bleibt. Er ist unangemessen, wenn man ihn im Sinne einer ungebrochenen, kontinuierlichen Heilsverwirklichung verstehen wollte, die in der Lebenswirklichkeit des alten Gottesvolkes stattgefunden hätte. Insofern ist die Kritik an bestimmten Verwendungsweisen des Begriffes berechtigt (zur Kritik vgl. auch CONZELMANN, EvTh 1964 [o. S. 72f.], 119f.; WESTERMANN, Theologie [o. S. 61], 10). Durch das Verhalten des Volkes, das ist einhelliges theologisches Urteil der alttestamentlichen Zeugnisse selbst (vgl. REVENTLOW, Rechtfertigung), ist die Geschichte Israels zu dem geworden, als das sie sich in der historischen Realität darstellt: einer einzigen Kette von Rückschlägen und Katastrophen mit nur wenigen lichten Augenblicken. Heilsgeschichte kann man sie nur nennen, wenn man sie vom Handeln Gottes aus betrachtet: von seinen immer neuen Heilssetzungen durch das Unheil, das die Folge des menschlichen Verhaltens ist, hindurch, von seiner Treue und seinem Festhalten an seinen Zusagen und der einmal angesprochenen Erwählung aus. (Vgl. BLANK, 123: „Ihren sachlich-theologischen, Heilsgeschichte als Kontinuität tragenden und bewirkenden Grund hat Heilsgeschichte in jener Gegebenheit, welche die Bibel die 'Treue Gottes', *emeth jahwe*, nennt.") Hierdurch kommt eine Dialektik in das Geschehen, die einen zukunftsgerichteten Aspekt einschließt. CULLMANN (Heil als Geschichte [o. S. 96f.], 147ff.) betrachtet die „heilsgeschichtliche Spannung zwischen ‚schon' und ‚noch nicht' als Schlüssel zum Verständnis der neutestamentlichen Heilsgeschichte". Hier ergibt sich eine große Nähe zu VON RAD, der die alttestamentliche Heilsgeschichte als eine „ruhelose Bewegung auf eine zunächst ausbleibende Erfüllung hin" (Theologie II⁴, 397) versteht, wobei er stark auch die „Diskontinuität der Israel widerfahrenen Gottesoffenbarungen" (II⁴, 385) unterstreicht. Gerade dieser letzte Aspekt wäre stärker zu beachten, wenn man von „Heilsgeschichte" spricht, denn der Begriff des Kontinuums als einer der Geschichte immanenten Qualität ist (wie der Begriff der Geschichte selbst) dem Alten Testament fremd (so auch H. SEEBASS, Zur Ermöglichung biblischer Theologe: EvTh 37 [1977], 591–600, 591, Anm. 5). Gegenüber dem linearen Ansatz in CULLMANNS ›Christus und die Zeit‹ kann man die neuere

Darstellung der Heilsgeschichte in ›Heil als Geschichte‹ eher mit einer Wellenlinie vergleichen (vgl. BRAUN [o. S. 96], 62). Die Dialektik als Heils- *und* Unheilsgeschichte kommt allerdings bei VON RAD und CULLMANN nicht deutlich genug zum Ausdruck (vgl. jedoch BLANK, 124). Der Zukunftsaspekt verbindet die alttestamentliche Heilsgeschichte für den christlichen Glauben mit dem Christusereignis als ihrem Ziel (vgl. dazu P. POKORNÝ [Probleme biblischer Theologie: ThLZ 106 (1981), 1–8, 4]: der Zusammenhang beider Testamente ist keine vorgegebene historische Kontinuität. Wohl aber hat von ihrer Glaubenserfahrung mit Jesus Christus her „die Kirche das im Alten Testament bezeugte Geschehen als ihre Vergangenheit aufgenommen und die alttestamentliche Überlieferung für ihre eigene Tradition gewählt . . ."); hier wird die Zusage Gottes sub contrario endgültig eingelöst (die Frage der „futurischen Eschatologie" im Neuen Testament selbst – für CULLMANN bleibt das Christusereignis in diesem Sinne die „Mitte der Zeit" – kann hier außer Betracht bleiben).

Die Rede STECKS von der Geschichte als „Gräber- und Totenfeld" (s. o. S. 114) erinnert noch an einen letzten Aspekt, der einem historisch geprägten Denken den Zugang zur Perspektive der Heilsgeschichte so schwermacht. Für Israel war die Geschichte nie in diesem Sinne Vergangenheit. Das hat M. NOTH in seinem Aufsatz ›Die Vergegenwärtigung des Alten Testaments in der Verkündung‹ (o. S. 82f.) am Beispiel der kultischen Vergegenwärtigung heilsgeschichtlicher Ereignisse, vor allem des Auszugs, auf den drei großen Wallfahrtsfesten Israels deutlich gemacht. Die kultische Präsenz der Vergangenheit ist auch der christlichen Kirche nicht fremd; sie verdient es, auch gedanklich realisiert und der biblisch-theologischen Arbeit am Geschichtszeugnis beider Testamente nutzbar gemacht zu werden. Auf den gleichen Gesichtspunkt macht auch N. LOHFINK (Freiheit) aufmerksam: es gebe zwei Auffassungen von Geschichte, die statische und die dynamische. Keine von beiden ist primitiv. Das statische Geschichtsverständnis, für das die Wiederholung des Geschehens charakteristisch ist, gehört in den Kult; gerade in Israel gibt es diese Hineinnahme der Geschichte in den Kult. Daneben gibt es auch die Eschatologisierung der Geschichte, die nach Meinung LOHFINKS die Leistung der großen Propheten sei. Bei allem Vorbehalt gegen diesen zweiten Gedanken behält der erste doch sein Gewicht. Auch F. SCHÜTZ (NZSTh 1970) greift (gegen CULLMANNS Rede von einem auf die Vergangenheit gerichteten Glauben „an" die Heilsgeschichte [vgl. o. S. 112]) auf das alttestamentliche Geschichtsverständnis zurück und deutet von daher den lukanischen Entwurf von der „Mitte der Zeit": „Heilsgeschichte" bedeutet immer Gewißheit für den Glauben in der Gegenwart aus der geschichtlichen Erfahrung heraus, Gewißheit der Gegenwart der *Person* des Christus praesens und nicht Glaube an vergangene Ereignisse als eine objektive Größe. In diesem Sinne ist auch für das Alte Testament die in der heilsgeschichtlichen Vergangenheit erfahrene Nähe Gottes aktuelle Gegenwart.

5. *Ist das Alte Testament ein Geschichtsbuch?*

BARR, J.: The Problem of Old Testament Theology and the History of Religion: CJT 3 (1957), 141–149; ders.: ET 1961/2 (o. S. 65); ders.: Revelation through History in the Old Testament and in Modern Theology: Int. 17 (1963), 193–205 = PSB 56 (1963), 4–14 = M. E. MARTY/D. G. PEERMAN (eds.): New Theology. No. 1. New York 1964, 60–74; ders.: Old and New in Biblical Interpretation. London 1966 = Alt und neu in der biblischen Überlieferung. München 1967 (vgl. auch die kritische Rez. von G. E. WRIGHT: Int. 22 [1968], 83–89); ders.: Trends and Prospects in Biblical Theology: JThSt 25 (1974), 265–282; New Directions in Faith and Order. Bristol 1967. Reports–Minutes–Documents. Genf 1968 (bes. 9ff.) = Bristol 1967. Studienergebnisse der Kommission für Glauben und Kirchenverfassung (ÖR. B. 7/8). Stuttgart 1967 (bes. 8ff.); CURTIS, J. B.: A Suggested Interpretation of the Biblical Philosophy of History: HUCA 34 (1963), 115–123; HALPERIN, J.: Les dimensions juives de l'histoire: RThPh 98 (1965), 222–240; KNIERIM, R.: Offenbarung im Alten Testament: Fs. VON RAD, 1971 (o. S. 65), 206–235; VON RAD, G.: Glaube und Welterkenntnis im Alten Israel: Ruperto-Carola (Heidelberg) 13 (Bd. 30) 1961, 84–90 = ders., Gesammelte Studien II (o. S. 65), 255–266; ders., Aspekte alttestamentlichen Weltverständnisses (o. S. 68f.); RENDTORFF, R.: Fs. W. ZIMMERLI (o. S. 79), ders.: Weisheit und Geschichte im Alten Testament: EK 9 (1976), 216–218; SCHMID, H. H.: Das alttestamentliche Verständnis von Geschichte in seinem Verhältnis zum gemeinorientalischen Denken: WuD 13 (1975), 9–21; SMEND, R.: Elemente alttestamentlichen Geschichtsdenkens (ThSt 95). Zürich 1968; ders.: Tradition and History = Überlieferung und Geschichte (o. S. 79f.); WESTERMANN, C.: Das Verhältnis des Jahweglaubens zu den außerisraelitischen Religionen: Forschung am Alten Testament (ThB 24). München 1964, 189–218; ders.: Theologie (o. S. 61).

„Dem Menschen der Neuzeit wird alles, die ganze Wirklichkeit, zur Geschichte“, hat G. EBELING einmal gesagt (Die Welt als Geschichte: Mensch und Kosmos. Zürich/Stuttgart 1960, 103–114, 103 = ders., Wort und Glaube (o. S. 2f.), 381–392, 381) und von der Ahnung des darin lauernden Verhängnisses gesprochen. Doch herrschte die gewohnte Auffassung, daß die Geschichte das Zentrum des Glaubens Israels sei, z.B. in den Beratungen von "Faith and Order" in Bristol 1967 noch ungebrochen. G. VON RAD ist gegen seine einstige Äußerung: „Das Alte Testament ist ein Geschichtsbuch“ (s. o. S. 68f. – vgl. auch noch R. MACK, Basic Aspects of Revelation in the Old Testament: GBT 4, 8 [1975], 13–23, und zuletzt H.-J. ZOBEL, Altes Testament – Literatursammlung und Heilige Schrift: ThLZ 105 [1980], 81–92, 83–85) später selbst skeptisch geworden: „Sehe ich recht, so sind wir heute in der Gefahr, die theologischen Probleme des Alten Testaments zu einseitig im Bereich des Geschichtstheologischen zu sehen“ (Aspekte, [o. S. 68f.] 57/311).

Diese Skepsis wurde in massiver Form vor allem von J. BARR vorgetragen. Nach den schon in seiner Rezension des Werkes von RADS zutage tretenden Vorbehalten (vgl. ExT 1961/2 [o. S. 65], 145: "It may be one of the effects of this book in the end that, by doing the very utmost to make Heilsgeschichte control everything, it may only prove the impossibility of letting Heilsgeschichte control anything") führte er seine Bedenken in Int. 1963 weiter aus und zählte die Gebiete auf, in denen das Thema „Offenbarung in Geschichte“ für das Alte Testament nicht zutreffe: so vor allem im Bereich der Weisheit, im Falle der direkten Kommunikation Gottes z.B. gegenüber Mose, in seinem Handeln außerhalb des Raumes der Geschichte (Beispiel: Noah und die Flut). Auch gegen den Begriff „Geschichte“ selbst sei einzuwenden, daß er nicht biblisch sei, genauso künstlich wie die Unterscheidung zwischen Geschichte und Historie, zwischen Heilsgeschichte und Weltgeschichte. Immerhin möchte er den Begriff „Heilsgeschichte" nicht aufgeben; es gibt eine solche und sie ist das Zentralthema der Bibel. Daneben gibt es aber auch andere Achsen, wie die direkte Kommunikation Gott – Mensch, wobei das Verständnis der Prophetie besonders schwierig ist (ds. 206, Anm. 6: hier blieb die Theologie methodisch liberal). In seinem Buch von 1966 (Old and New = Alt und Neu) hat Barr dann (unter betonter Voranstellung eines Kapitels über die Vielschichtigkeit der alttestamentlichen Überlieferung, Kap. I, 15 ff. / dt. 11 ff.) diese Notizen breiter ausgeführt (vgl. bes. Kap. III, 65 ff. / dt. 61 ff.), wobei er den Bereich der Schöpfung (in Auseinandersetzung mit von Rads Position dazu, s. u. S. 151–154) hinzufügt (74 ff./ dt. 70 ff.). Wieder betont er den Weg der verbalen Kommunikation als zentral für das Offenbarungsgeschehen, wobei es sich nicht um eine nachkommende Deutung geschichtlicher Taten Gottes, sondern um vom Geschehen unabhängige oder ihm vorauslaufende Wortmitteilungen handelt (77 ff. / dt. 72 ff.). Ein weiterer wichtiger Gedanke ist, daß die Vorstellung einer durch die Gesamtgeschichte hindurchlaufenden Kontinuität für die alttestamentlichen Erzählungen nicht zutreffe: „Die Texte konstruieren keinen fortlaufenden Zusammenhang, indem sie göttlich gewirkte Taten aneinanderreihen. Vielmehr bilden diese Taten eine bunte Reihe mit göttlichen Worten und mit menschlichen Handlungen und Worten" (77 / dt. 73). Die Nähe dieser Erzählungen zu dem, was wir Geschichte nennen würden, ist unterschiedlich: die Flutgeschichte ist vollkommen unhistorisch, die Davidsgeschichte fast in unserem Sinne historisch. Doch weisen die Erzählungen im einzelnen, und dann der große Bogen der Gesamterzählungen, mit den Angaben von Daten usw. den Bezug auf eine Zeitfolge auf, und insofern sind sie doch in den Rahmen einer „Geschichte" hineingestellt.

Bei seinem Rückblick in JTS 1974 auf das Thema kann Barr feststellen, daß sich eine Reihe von Forschern seiner Auffassung angeschlossen haben (er nennt Westermann, Smend und Fohrer, 268). Smend etwa betont 1968: „Die Geschichte ist durchaus nicht *die* Denkform des alttestamentlichen Glaubens, sondern eine unter mehreren; neben ihr stehen Kultus, Recht und Weisheit." Er fügt jedoch hinzu: „Unbestreitbar ist und bleibt aber, daß die Geschichte unter den Denkformen im Alten Testament mindestens schon der Quantität nach eine hervorragende Stellung einnimmt" (Elemente, 4). In ähnlicher Weise hat sich auch R. Knierim (Fs. von Rad, 1971 [o. S. 65], 228 ff.) gegen die einseitige Betonung der Geschichte als einziger Kategorie von Wirklichkeitserfahrung im Alten Testament gewandt und auf den Bereich der „Natur" als „auf einen der wichtigsten Modi des Offenbarwerdens Jahwes" (229) verwiesen. Auch Zimmerli betont, daß Israel im Raum seiner geschichtlichen Erfahrungen besonders nachdrücklich seinem Gott begegnet sei (Erwägungen [o. S. 49 ff.], 86 f. / 34 f.). Die Entwicklung der Forschung hat diese Linie seither voll bestätigt (Smend wiederholt seine Bemerkungen ganz ähnlich 1978 (Zu Tradition, hg. Steck [o. S. 79] 9 f. / Tradition, ed. Knight [o. S. 78], 49–51). H.H. Schmid (WuD 1975), stellt fest, daß Jahwe in älterer Zeit fast wie die Götter benachbarter Völker vor allem als Schöpfer der Welt und damit als Herr über Natur und Geschichte verstanden wurde (vgl. dazu auch u. S. 195 ff.) und daß erst durch die spezifischen Geschichtserfahrungen in der zweiten Hälfte der Königszeit und vor allem im Vorgang der theologischen Bewältigung des Exils die Geschichte zu einem tragenden Element der israelitischen Religion geworden sei.

Aus der geschichtlich orientierten Einheitsschau der theologischen Struktur des Alten Testaments bei von Rad ist also eine Pluriformität der Lebensbereiche geworden, die auch von Rad schon als Vielfalt der Zeugnisse erkannt, aber durch ihre gewaltsame Orientierung auf den geschichtlichen Fokus grandios überhöht und zugleich nivelliert hatte.

Diese einseitige Orientierung stand im Zusammenhang mit einer bestimmten Form von Ideologie, gegen die Barr ebenfalls früh seine Kritik angemeldet hatte. Diese Ideologie bestand in der früher weitverbreiteten, noch heute nicht ausgestorbenen Ansicht, das Alte Testament sei vor allem durch sein Geschichtsverständnis vor allen umliegenden altorientalischen Religionen und Kulturen und auch vor der griechischen Geschichtsauffassung ausgezeichnet.

Albrektson, B.: Främreorientaliska och gammaltestamentliga föreställningar om uppenbarelse i historien. Några preliminäre synpunkter: TAik 71

(1966), 13–34; ders.: History and the Gods. An Essay on the Idea of Historical Events as Divine Manifestations in the Ancient Near East and in Israel (CB. OT 1). Lund 1967 (vgl. dazu die Besprechungen von BLEEKER, C. J.: BiOr 26 [1969] 228 f.; LAMBERT, W. G.: Or. NS 39 [1970], 170–177); CANCIK, H.: Mythische und historische Wahrheit. Interpretationen zu Texten der hethitischen, biblischen und griechischen Historiographie (SBS 48). Stuttgart 1970; ders.: Grundzüge der hethitischen und alttestamentlichen Geschichtsschreibung. Wiesbaden 1976; GESE, H.: Geschichtliches Denken im alten Orient und im Alten Testament: ZThK 55 (1958), 127–145 = ders., Vom Sinai zum Zion [o. S. 78 f.], 81–98; GOOSSENS, G.: La philosophie de l'histoire dans l'Ancien Orient: SacPag 1 (1959), 242–252; HANSON, P.: Jewish Apocalyptic Against Its Near Eastern Environment: RB 78 (1971), 31–58; HEMPEL, J.: Altes Testament und Religionsgeschichte: ThLZ 81 (1956), 259–280 (vgl. auch ders.: Biblische Theologie und biblische Religionsgeschichte I. AT: RGG^3, Bd. I, 1256–1259); KOCH, K.: Der Tod des Religionsstifters: KuD 8 (1962), 100–123 (dazu: BAUMGÄRTEL, F.: Der Tod des Religionsstifters: KuD 9 [1963], 223–233; ders.: Das Offenbarungszeugnis des Alten Testaments: ZThK 64 [1967], 393–422; RENDTORFF, R.: Mose als Religionsstifter?: ders., Gesammelte Studien [o. S. 50 f.], 152–171); KRECHER, J./MÜLLER, H. P.: Vergangenheitsinteresse in Mesopotamien und Israel: Saec. 26 (1975), 13–44; LAMBERT, W. G.: Destiny and Divine Intervention in Babylon and Israel: OS 17 (1972), 65–72; LINDBLOM, J.: Den gammaltestamentliga religionens egenart. Lund 1935; ders.: Zur Frage der Eigenart der alttestamentlichen Religion: Werden und Wesen des Alten Testaments (BZAW 66). Berlin 1936, 128–137; NOORDZKY, A.: Das Rätsel des Alten Testaments. Braunschweig 1928; NOTH, M.: Von der Knechtsgestalt des Alten Testaments: EvTh 6 (1946/7), 302–310 = ders., Gesammelte Studien II) (o. S. 82), 62–70; ders.: Geschichte Israels. Göttingen 1954^2 (1976^8), 11; REVENTLOW, H. Graf: Die Eigenart des Jahweglaubens als geschichtliches und theologisches Problem: KuD 20 (1974), 199–217; RIDDERBOS, N. H.: Het Oude Testament en de geschiedenis: GThT 57 (1957), 112–120; ROBERTS, J. J. M.: Divine Freedom and Cultic Manipulation in Israel and Mesopotamia: Unity and Diversity, ed. H. GOEDICKE and J. J. M. ROBERTS. Baltimore and London 1975, 181–187; ders.: Myth Versus History: Relaying the Comparative Foundations: CBQ 38 (1976), 1–13; SAGGS, H. W. F.: The Encounter with the Divine in Mesopotamia and Israel. London 1978; SELLIN, E.: Die alttestamentliche Religion im Rahmen der anderen altorientalischen. Leipzig 1908; SMITH, M.: The Common Theology of the Ancient Near East: JBL 71 (1952), 135–147; ders.: The Present State of Old Testament Studies: JBL 88 (1969), 19–35; SPEISER, E. A.: The Biblical Idea of History in its Common Near Eastern Setting: IEJ 7 (1957), 201–216; STOLZ, F.: Monotheismus in Israel: O. KEEL (Hg.), Monotheismus im Alten Israel und seiner Umwelt (BiBe 14). Fribourg 1980, 143–184; WESTERMANN, C.: Sinn und Grenze religionsgeschichtlicher Parallelen: ThLZ 90 (1965), 489–496 = ders., Forschung am Alten Testament II (o. S. 82), 84–95; WRIGHT, G. E.: How Did Early Israel Differ from Her Neighbours?: BA 6 (1943), 1–10. 13–20; ders.: The Old Testament Against Its Environment (o. S. 79). Vgl. auch den Sammelband: DENTAN, R. C. (ed.), The Idea of History in the Ancient Near East (o. S. 96) (darin: BURROWS, M.: Ancient Israel [o. S. 96]).

Beispiele für diese Auffassung sind aus älterer Zeit etwa die Bücher von E. SELLIN und A. NOORDZKY, aber sie findet sich auch – als erratischer „theologischer Block" – unvermutet bei einem Historiker wie M. NOTH. In dem Aufsatz ›Von der Knechtsgestalt des Alten Testaments‹ unterstreicht NOTH zwar zunächst die weitgehende Abhängigkeit der Inhalte des Alten Testaments von den altorientalischen Kulturen seiner Umwelt und das Verwobensein seiner Geschichte (in deren Kenntnis er ein Meister war) in die des alten Orients, fährt dann aber fort, „daß das Alte Testament als ganzes nach wie vor ein Fremdling in der uns nun so gut bekanntgewordenen Welt des alten Orients geblieben ist, ein Fremdling freilich, der das Gewand seiner Umwelt und seiner Zeit trägt" (305/66). Das zeige sich an den drei Themen des „Gesetzes", das etwas Einmaliges im alten Orient sei, indem es nicht an eine staatliche Ordnung, sondern das Bundesverhältnis gebunden sei (vgl. dazu NOTH, Die Gesetze im Pentateuch [Ihre Voraussetzungen und ihr Sinn]. SKG. G 17 [1940]. H. 2. Halle 1940 = ders., Gesammelte Studien zum Alten Testament [I] [ThB 6]. München 1957, 9–141), aber doch materiell zwischen „natürlichem", altorientalischem und speziell alttestamentlichem Bundesrecht unauflöslich vermischt sei, der Geschichte („Etwas Einmaliges innerhalb der Welt des alten Orients ist weiter die alttestamentliche Geschichtsschreibung", 305/66 f.; das altorientalische „Kreislaufdenken" kenne nur die ständige Wiederholung und nicht das zielgerichtete Geschichtsverständnis, das dann [durch Augustin vermittelt] für das Abendland maßgeblich geworden sei), und der Propheten („Die Propheten haben ihresgleichen nicht in der Welt des Alten Orients oder sonst irgendwo in der menschlichen Geschichte", 307/67 f.). Aber auch dic Geschichte werde im Alten Testament unter zeitgeschichtlichen Voraussetzungen geschrieben, wie auch die Prophetie zeit- und geschichtsbedingt zu verstehen sei. In der ›Geschichte Israels‹ setzt NOTH zwar ebenfalls bei dieser Voraussetzung an, läßt aber seine Sätze mit lyrischem Schwung bei der Eigenart Israels kulminieren: „Und doch erscheint ... ‚Israel' als ein Fremdling in dieser seiner Welt, der zwar deren Gewand trug und sich auf die in ihr übliche Weise gebärdete, in seinem Wesen jedoch von ihr geschieden war; ... so, daß im Zentrum der Geschichte ‚Israels' Erscheinungen begegnen, für die es keine Vergleichsmöglichkeiten mehr gibt ..." Kein Zweifel, daß in dieser Sicht die alte idealistische Auffassung von der Religion Israels als „Höhepunkt der Religionsgeschichte" nachwirkt, wie wir sie etwa bei KITTEL und SELLIN 1921 (o. S. 11 f. und S. 33–38) beobachten können.

Zustimmend auch H. W. WOLFF, Zur Hermeneutik des Alten Testaments: EvTh 16 [1956], 337–370 = C. WESTERMANN (Hg.), Probleme (o. S. 46 f.), 140–180 = ders., Gesammelte Studien zum Alten Testament [ThB 22]. München 1964 [1973²], 251–288 = The Hermeneutics of the Old Testament: Int. 15 [1961], 439–472, 343/147, A. 19; ähnlich auch H. WILDBERGER, Auf dem Wege zu einer biblischen Theologie: EvTh 19 [1959], 70–90, 77, der das Alte Testament in seiner religionsgeschichtlichen Umwelt als einen „erratischen Block" und [wie NOTH] als einen „Fremdling" bezeichnet, den seine Eigenart allein mit dem Neuen Testament verbinde.

J. BARR wendet sich in ›Alt und Neu‹ (o. S. 121 f.) ebenfalls gegen diese Einschätzung der israelitischen Geschichtsauffassung als etwas Singulärem. Dabei kann er auf entsprechende Beobachtungen von H. GESE zurückgreifen, der in Mesopotamien und bei den Hethitern schon die Anfänge geschichtlichen Denkens festgestellt hatte, die dann allerdings von Israel im Lichte seines besonderen Gottesverhältnisses und der dadurch bedingten theologischen Geschichtsauffassung fortgeführt wurden. BARR schließt aus diesen und anderen Beobachtungen, es sei „weder möglich noch weise, eine vollständige Trennung zwischen hebräischer und altorientalischer Geschichtsschreibung durchzuführen" (71/67). Ein gradueller Unterschied zwischen hebräischem und altorientalischem Denken sei auch hier möglich, der sich aber nicht theologisch ausmünzen lasse.

Seit BARRS damaligen beiläufigen Bemerkungen haben sich die Beweise gegen die Annahme, allein Israel habe eine ernsthafte Geschichtsschreibung gekannt, der alte Orient und auch Griechenland kenne nur ein zyklisches Zeitverständnis, weiter verdichtet. Bahnbrechend war hierin die Arbeit von B. ALBREKTSON: ›History and the Gods‹. Der Untertitel gibt den Hauptskopus an: ALBREKTSON weist nach, daß auch im alten vorderen Orient die Geschichte als Wirkungsfeld der Götter angesehen wurde (auf den unmittelbar Israel benachbarten Mesa-Stein hatte schon BARR aufmerksam gemacht [72/68; vgl. ALBREKTSON 7. 100f.]). Zwischen israelitischen und außerisraelitischen Texten ergeben sich dabei teilweise erstaunliche Parallelen. Die Kritiker ALBREKTSONS (BLEEKER, LAMBERT) haben ihm vorgeworfen, daß er bei seinen Thesen die Besonderheit des alttestamentlichen (monotheistischen) Gottesglaubens in seinem Einfluß auf das Geschichtsverständnis (vgl. dazu auch SPEISER) nicht berücksichtigt habe, wobei LAMBERT vor allem auf die tiefere Bedeutung des Wortes Gottes im Alten Testament als einen weitreichenden Geschichtsplan enthüllend hinweist, wofür es keine wirkliche Parallele im alten Orient gebe. Im Alten Testament gebe es zwei Ziele des göttlichen Handelns: die Aufrechterhaltung der Ordnung und das Erreichen eines geschichtlichen Zieles, während im alten Orient nur jeweils eine gestörte Ordnung kurzfristig wiederhergestellt werde. Trotz dieser Einzelbedenken eines intimen Kenners der mesopotamischen Texte bleibt aber ALBREKTSONS Generalthese überzeugend. Allerdings hat LAMBERT bereits Widerspruch erfahren. J. J. M. ROBERTS bezweifelt, ob er die altorientalische Situation vollständig wiedergebe (1, Anm. 3), führt im übrigen in Auseinandersetzung mit der (durch HANSON vertretenen) üblichen Auffassung von der Einzigartigkeit der israelitischen Geschichtsschreibung eindrucksvolle Belege aus dem mesopotamischen Raum an, die den Unterschied einer angeblich erstmalig „echten" Geschichtsschreibung in Israel und einer angeblich „mythischen" Weltauffassung im Alten Orient weitgehend relativieren (vgl. dazu neuerdings auch den Gesamtüberblick bei KRECHER/MÜLLER, aus dem allerdings das

Fragmentarische der Geschichtsdarstellung und die sehr unterschiedliche gattungsmäßige und interessenmäßige Ausprägung der Beschäftigung mit Vergangenheit in Mesopotamien [und Israel!] hervorgeht. – Vgl. auch u. S. 129f.). Wichtig ist der Hinweis, daß auch die alttestamentliche Geschichtsschreibung mit direkten „kosmischen“ Eingriffen Jahwes in den Geschichtsverlauf rechnet, während umgekehrt das Verhältnis zwischen menschlicher Schuld und geschichtlichem Ergehen auch in Mesopotamien nicht unbekannt ist. Daß ein Unterschied zwischen israelitischer und altorientalischer Geschichtsschreibung bestehe, will Roberts nicht leugnen (9. 12), vermißt aber mit Recht bisher einen zuverlässigen exegetischen Nachweis dafür aus den Quellen.

Wertvoll sind auch die Ausführungen des Semitisten H. W. F. Saggs (o. S. 125), der den Vergleich zwischen der mesopotamischen und der israelitischen Religion in einem noch breiteren Spektrum untersucht hat. Für die mesopotamischen bzw. israelitischen Vorstellungen über das göttliche Handeln in der Geschichte (64–92) ergeben sich dabei so gut wie gar keine Unterschiede. In beiden Religionen schließt das göttliche Eingreifen in das Geschehen auch den Bereich der Natur ein. Bezeichnenderweise sieht Saggs den einzig wesentlichen Unterschied zwischen Israel und Assyrien/Babylonien im Wesen Jahwes selbst, der als gegenüber der Natur transzendent sich von dem Immanentismus der (polytheistischen) mesopotamischen Gottesvorstellung abhebt (90 ff.).

Einen Schritt weiter führt die Untersuchung von H. Cancik (Wahrheit). Aus einem Vergleich der griechischen, hethitischen und alttestamentlichen Historiographie und ihres Wahrheitsbegriffes ergibt sich, daß sich in allen drei Kulturen neben der mythischen Traditionsbildung und -weitergabe und kultischer Vergegenwärtigung der Vergangenheit schon Ansätze zu historischer Kritik finden, wobei nach dem Urteil des Verf. die israelitischen Geschichtsschreiber in solcher Kritik weniger fortgeschritten sind als die (zeitlich früher wirkenden) hethitischen Historiographen. Die Aufmerksamkeit richtet sich noch besonders auf 2 Makk (108 ff.), in dem eine Art Synthese hellenistischer (Jason von Kyrene) und alttestamentlicher Geschichtsschreibung vorliegt.

Über den engeren Bereich der Geschichtsschreibung hinaus darf ein Ergebnis CANCIKS noch breitere Beachtung für die alttestamentliche Theologie beanspruchen: „Es dürfte also nicht ratsam sein, einen eigenen biblischen oder semitischen Wahrheitsbegriff zu konstruieren und diesem einen fiktiven griechischen oder europäischen, angeblich grundsätzlich anders gearteten Wahrheitsbegriff gegenüberzustellen", schreibt dieser am Schluß seiner Untersuchung (129). Den Unterschied zwischen auf mythischen Grundlagen aufbauender, tradierter und kultisch vergegenwärtigter Geschichte und einem kritisch sichtenden Geschichtsbewußtsein sieht er vielmehr auf der Grenzlinie zwischen antikem und modernem Denken, wobei Ost- und West-Antike, durch vielerlei Einflüsse miteinander verknüpft, sich ihrer Denkstruktur nach kaum wesentlich unterscheiden (vgl. außerdem CANCIK, Grundzüge).

Auch hiermit wird J. BARR recht gegeben, der schon in: ›Alt und Neu‹ (Kap. II: „Athen oder Jerusalem": 34ff. / dt. 30ff.), vor allem aber in: The Semantics of Biblical Language. (Oxford 1961, dt.: Bibelexegese und moderne Semantik. München 1965; vgl. auch ders., Biblical Words for Time [o. S. 83]) die lange als selbstverständlich angesehene Annahme eines grundlegenden Unterschiedes zwischen hebräischem und griechischem (abendländischem) Denken in Frage gestellt hatte.

Vgl. hierzu bes.: BOMAN, Th.: Das hebräische Denken im Vergleich mit dem griechischen. Göttingen 1952 (1977⁶; engl. 1960); HESSEN, J.: Platonismus und Prophetismus. München 1939 (1955²); ders.: Griechische oder Biblische Theologie? (Leipzig 1956) München/Basel 1962²; LAUER, Q.: The Genius of Biblical Thought: J. M. OESTERREICHER (ed.), The Bridge. Vol. 2. New York 1956, 191–211; McKENZIE, J. L.: Geist und Welt des Alten Testamentes. Luzern 1962; ders.: Aspects of Old Testament Thought: JBC 2 (1968), 736–767; PATTERSON, C. H.: The Philosophy of the Old Testament. New York 1953; PEDERSEN, J.: Israel. Its Life and Culture. I–II. III–IV. London/Kopenhagen (dänisch: 1920/1934). 1926/1940 (1959²); SNAITH, N. H.: The Distinctive Ideas of the Old Testament. London 1944 (1950⁴); TRESMONTANT, C.: Essai sur la pensée hebraique. Paris 1953 (1956²) = ders., Biblisches Denken und hellenische Überlieferung. Düsseldorf 1956 = A Study of Hebrew Thought. New York 1960. – Vgl. außerdem die Arbeiten von LEIST, F.: Zeugnis des lebendigen Gottes. Donauwörth 1948 (2. Aufl.

u. d. T.: Der größere Gott. München 1960); ders.: Moses-Sokrates-Jesus. Frankfurt 1959; ders.: Nicht der Gott der Philosophen. Freiburg/Basel/Wien 1966; ders.: Die biblische Sage von Himmel und Erde. Freiburg/Basel/Wien 1967.

Zu diesem Thema müssen hier einige Andeutungen genügen (wobei die Perspektive der Semantik, von der aus BARR bevorzugt argumentiert, ausgeklammert werden muß).

Die meisten der hier genannten Studien, die (auf Anregungen J. PEDERSENS zurückgreifend) semitisch/hebräisch/biblisches und griechisch/philosophisch/abendländisches Denken einander als miteinander unvereinbar gegenüberstellen und dabei auf Gegensatzpaare wie dynamisch–statisch, kontemplativ–tätig, intellektuell–voluntativ, dualistisch–monistisch, Spekulation – unmittelbare Gotteserfahrung abheben, gehen, wie jetzt deutlich wird (vgl. auch u. S. 193 ff.), von einer falschen Wahl der Vergleichsebenen aus: sie vergleichen nämlich das Weltbild der Bibel und das Weltbild der entwickelten Systeme der klassischen griechischen Philosophie oder gar des Hellenismus (Neuplatonismus) und kommen dann zu dem Urteil der Unvereinbarkeit. Tatsächlich bestehen aber zwischen der als Weltbild der Weisheit im Alten Testament erkennbar werdenden Denkstruktur und der altgriechischen Kosmologie weitgehende Übereinstimmungen. Dagegen sind die ein lebendiges Geschehen widerspiegelnden Erzählstrukturen der Bibel (und entsprechende Gattungen außerhalb der Bibel!) und die Seinsontologie griechischer philosophischer Spekulation nicht deshalb fundamental voneinander verschieden, weil sie der hebräischen und griechischen Denkwelt angehören, sondern weil es sich um zwei vollkommen getrennte Arten geistiger Beschäftigung handelt, die sich in Zielsetzung, Form und Sitz im Leben grundlegend unterscheiden. Ein unmittelbarer Vergleich beider mißachtet Grundregeln gattungsgeschichtlicher Methodik und kann deshalb keine brauchbaren Ergebnisse zeitigen.

Kann denn die israelitisch-jüdische Religion in ihren Ursprüngen von den Religionen und Kulturen ihrer Umwelt überhaupt als vollkommen unabhängig betrachtet werden? Ist sie nicht zumindest genetisch aus vielfältigen Wurzeln innerhalb der altorientalischen Religionsgeschichte zu erklären? Letzteres hat K. KOCH seinerzeit in seiner provozierenden These: ›Der Tod des Religionsstifters‹ vertreten, wobei er zusätzlich (in Nachfolge NOTHS) die Rolle Moses als des „Stifters" ausschalten möchte. Widerspruch aus theologischen Gründen hat diese These vor allem von BAUMGÄRTEL (KuD 1963; ZThK 1967 – einen zentralen Platz räumt dem „Stiftererlebnis" auch HEMPEL [ThLZ 1956] ein) und, was die historische Rolle Moses angeht, auch von S. HERRMANN (Mose: EvTh 28 [1968], 301–328; vgl auch ders., Geschichte Israels in alttestamentlicher Zeit. München 1973 [1980²], 91 ff.) gefunden. Dagegen wurde sie von R. RENDTORFF (Mose als Religionsstifter? [o. S. 125]; vgl. auch ders., Die Entstehung der israelitischen Religion als religionsgeschichtliches und theologisches Problem, ThLZ 88 [1963], 735–746 = Ges. Stud. [o. S. 50], 119–136; ähnlich auch STOLZ, Monotheismus, bes. Anm. 76) unterstützt. Abgesehen von der vermutlichen Unterschätzung der Bedeutung Moses, die von der Tradition doch wohl treuer bewahrt worden ist, als übergroße überlieferungsgeschichtliche Skepsis behauptet hat, wird man KOCH recht geben müssen, daß verschiedene Umweltreligionen (vgl. auch RENDTORFF) bei der Entstehung der Religion Israels Pate gestanden haben (vgl. auch STOLZ, Monotheismus), wie auch noch in späteren Epochen (Landnahme, frühe Königszeit) vielfältige äußere Einflüsse auf ihre Entwicklung eingewirkt haben. Entsprechend hat J. J. M. ROBERTS unlängst (1975) – gegen WRIGHT – auch den Unterschied in der kultischen Gebets- und Opferhaltung zwischen mesopotamischen Polytheisten und israelitischen Jahwegläubigen (beide wollen von ihrem Gott etwas erreichen) relativiert. Die Frage nach dem spezifischen Anspruch des Jahweglaubens ist damit freilich weder negativ (wie BAUMGÄRTEL unter dem Bann des Unvergleichlichkeitsdogmas meinte) noch positiv entschieden.

Schon vor längerer Zeit hat Morton SMITH (JBL 1952) eine gemeinsame Grundstruktur altorientalischer Religionen (einschließlich der Religion Israels) herausgestellt (im Anschluß an SMITH vgl. auch N. K. GOTTWALD, The Tribes of Yahweh. Maryknoll, N. Y./London 1979, 676–678), in denen die Verehrung des höchsten Gottes übereinstimmende Züge aufweist. Zu ihnen gehört seine Wirksamkeit in Geschichte, Natur und Moral, sowie die direkte Beziehung, die zwischen der Befolgung seiner Gebote und dem Ergehen des Volkes besteht. Es ist ein idealistischer Irrweg, die Besonderheit des Jahweglaubens auf einem inhaltlichen Gebiet zu suchen (vgl. auch u. S. 95).

In neuester Zeit ist die Problematik der „Geschichte" durch den Begriff der „Erzählung" („Story") und das Programm der „narrativen Theologie" auch für das Alte Testament neu in Bewegung gebracht worden, wobei J. Barr ebenfalls eine wichtige Rolle gespielt hat.

Barr, J.: Old and New (o. S. 121 f.), 80–82 (dt. 75–78); ders.: Story and History in Biblical Theology: JR 56 (1976), 1–17; = ders., The Scope and Authority of the Bible. London 1980, 1–17; Brown, R. M.: Story and Theology: Philosophy of Religion and Theology. Proceedings of the American Academy of Religion, ed. J. W. McClennon, Jr. Missoula, Mont. 1974, 55–72; ders.: My Story and "The Story": ThT 32 (1975), 166–173; Coggins, R. J.: History and Story in Old Testament Study: JSOT 11 (1979), 36–46; Crites, S.: The Narrative Quality of Experience: JAAR 39 (1971), 291–311; Danto, A. C.: Analytical Philosophy of History. Cambridge 1968² = Analytische Philosophie der Geschichte. Frankfurt 1974; Harvey, J.: Symbolique et théologie biblique: ScEc 9 (1957), 141–157; Jüngel, E.: Metaphorische Wahrheit. Erwägungen zur theologischen Relevanz der Metapher als Beitrag zur Hermeneutik einer narrativen Theologie: Metapher. Sonderheft zu EvTh 1974, 71–122; Metz, J. B.: Kleine Apologie des Erzählens: ConC (D) 9 (1973), 334–341; Rice, C.: The Preacher as Storyteller: USQR 31 (1976), 182–197; Ritschl D./Jones, H. O.: „Story" als Rohmaterial der Theologie (ThExH 192). München 1976 (darin: Jones, O. H.: Das Story-Konzept in der Theologie, 42–68; Ritschl, D.: Die „Story" als Rohmaterial der Theologie, 7–41); Sanders, J. A.: Torah and Canon. Philadelphia (1972) 1974²; ders.: Torah and Christ: Int. 29 (1975), 372–390; Simon, U.: Story and Faith in the Biblical Narrative. London 1975; Steimle, E.: Preaching and the Biblical Story of Good and Evil: USQR 31 (1976), 198–211; Stroup, G. W.: III, A Bibliographical Critique: ThTo 32 (1975), 133–143 (reichhaltige Literaturhinweise); te Selle, S.: Speaking in Parables. A Study in Metaphor and Theology. London/Philadelphia 1975, bes. 119 ff.; Wacker, B.: Narrative Theologie? München 1977; Weinrich, H.: Narrative Theologie: Conc (D) 9 (1973), 329–334; Wharton, J. A.: The Occasion of the Word of God: An Unguarded Essay on the Character of the Old Testament as the Memory of God's Story with Israel: Austin Presbyterian

Seminary Bulletin (Faculty Ed.) Jg. 84 [1968], 5–54; ZAHRNT, H.: Religiöse Aspekte gegenwärtiger Welt- und Lebenserfahrung. Reflexionen über die Notwendigkeit einer neuen Erfahrungstheologie: ZThK 71 (1974), 94–122.

Schon in ›Old and New‹ (o. S. 121 f.) hatte BARR darauf hingewiesen: ein beträchtlicher Teil des Alten Testaments ist Erzählung, aber nur einiges davon ist Geschichtsschreibung im modernen Sinne. Neuerdings (JR 1976) führt er seine Überlegungen weiter. Im Englischen verwendet man für beide Gattungen verschiedene Bezeichnungen: "history" und "story", im Deutschen kann „Geschichte" beides bedeuten. BARR findet das im Grunde gut (JR 1976, 6 = Scope, 5 f.): Die Differenzierung ist jedenfalls für das Alte Testament gar nicht so hilfreich (umgekehrt möchte RITSCHL den Begriff "story" als terminus technicus ins Deutsche einführen [6] da der Begriff „Geschichte" zu sehr befrachtet sei). Jedenfalls ist der Begriff „Geschichte" im Sinne von Universalgeschichte eine Schöpfung des 19. Jahrhunderts, dem Alten Testament fremd. Aber bestimmte Züge, die man für Geschichte in Anspruch nimmt, charakterisieren auch die geschichtliche Erzählung (story) im Alten Testament: eine eigentümliche literarische Form, den Einsatz beim Anfang, den Bericht über Erfahrungen, die Israel mit seinem Gott Jahwe gemacht hat. An der alten Auffassung, daß das Alte Testament ein Geschichtsbuch und dadurch von den religiösen Zeugnissen der Umwelt verschieden sei, findet BARR richtig, daß die Erzählung für das Alte Testament zentral ist. Ihr fehlen aber für Geschichte (history) zentrale Züge: vor allem der durchlaufende Zusammenhang, der chronologische Rahmen, die Verwertbarkeit als zuverlässige Quelle für die Zeit, in der sie entstand. Die letzten beiden Eigenschaften haben nur relativ wenige Darstellungen im Alten Testament. Viele mischen dagegen ohne kritisches Bewußtsein historisches, mythisches und legendenhaftes Material. BARR meint, VON RAD habe ein feines Gefühl für diese Sachverhalte; ein Fehlurteil sei dagegen seine traditionsgeschichtliche Bindung der Erzählungen an die Credo-Formulierungen. Diese sind eher als eine relativ späte Entwicklung zu erklären; die Ursprünge der israelitischen Religion hängen dagegen weitgehend von Einflüssen der Umwelt ab, die auch das story-Material mitbestimmt haben. Deshalb sind auch die „Geschichten" teilweise ätiologisch, teilweise „paradigmatisch", vor allem aber sind sie „kumulativ" (JR 1976, 8/Scope, 8): sie ergeben eben keinen durchlaufenden „Geschichts"-Zusammenhang, sondern berichten von den immer neuen Gotteserfahrungen Israels. J. A. SANDERS hat ein stärkeres Interesse an einer Gesamtschau, wenn er "story" als die der „Torah" zugrundeliegende Struktur für seine funktionelle Sicht der Entstehung und theologischen Bedeutung des Kanons in Anspruch nimmt (vgl. Verf., Biblische Theologie, Kap. II, 7). Für ihn ist die heilsgeschichtliche "story", die bei festlichen Anlässen (z. B. in Sichem, Jos 24) rezitiert wird (hier folgt SANDERS stärker VON RAD), das Grundgerüst des Alten Testaments überhaupt (und reichte ursprünglich bis zur Davidszeit – erst P habe nach D den Bruch zwischen Pentateuch und „früheren Propheten" hineingebracht und damit die "story" auf die Torah im engeren Sinne beschränkt, vgl. Torah and Canon, 47). Die Rezitation des Kanons als der heilsgeschichtlichen story (in welche die gesetzlichen Partien funktional eingegliedert sind) diente der glaubenden Gemeinde Israel/Juda in den Krisenzeiten nach der Zerstörung des ersten und zweiten Tempels und in der Verbannung als Zentrum der Identitätsfindung. SANDERS kann den gemeinten Sachverhalt auch als den „Mythos"- oder „Haggada"-Aspekt der Bibel beschreiben (Int. 1975, 373 f., vgl. 378).

Die Standpunkte von SANDERS und BARR brauchen sich nicht gegenseitig auszuschließen; BARR beobachtet stärker die Feinstruktur des Materials und kommt damit zu Beobachtungen, die den Traditionsverhältnissen innerhalb des Alten Testaments, seiner Uneinheitlichkeit, den „Abbrüchen" und Neuanfängen, von denen schon VON RAD sprach, besser gerecht werden. RITSCHL, der dieses Phänomen systematisch reflektiert, bedenkt den möglichen Zusammenhang von Einzel-stories untereinander, „das Konzept einer überwölbend-zusammenfassenden story, die verschiedene Einzelstories interpretiert" (20). Die Möglichkeit einer solchen, die auf eine den Detail-stories gemeinsame Wirklichkeit verweist (24), deutet auf die Funktion von stories überhaupt, die nicht immer ohne weiteres summiert oder in ihrer theoretischen Bedeutung definiert werden können (25 ff.), vielmehr gerade durch ihre Erzählform die

„am besten geeignete Form des Ausdrucks der Identität eines Menschen (oder einer Gruppe)“ (15; vgl. 19) sein können (zum erkenntnistheoretischen Hintergrund vgl. bes. CRITES, JAAR 1971). Hierfür ist nach RITSCHL Israel mit seinen stories ein hervorragendes Beispiel. Dazu wäre auch der Umstand zu bedenken, daß eine story nicht nur Wirklichkeit wiedergibt, sondern auch Wirklichkeit schafft: eben die Größe „Israel“, die aus ihren völkischen und religionsgeschichtlichen Ursprüngen nicht ohne weiteres ableitbar ist, wäre damit im Blick. Denn es gibt auch „zugesprochene Identität“: „daß wir es nämlich mit zentralsten biblischen Aussagen zu tun haben, wenn wir hören, daß Israel das *wird,* was ihm gesagt wird, nämlich das Volk Jahwes“ (33). Die „Meta-story“, die sich aus den verschiedenen Einzel-stories zusammensetzt, wäre dann der übergreifende Ausdruck der Identität Israels, die sich, als nicht statisch, sondern geschehensgebunden, nur in einer Fülle von Einzel-stories „erzählen“ läßt. (Zur Kritik an dem Modell einer übergreifenden Gesamt-story bei BARR und WHARTON [s. u.] vgl. aber JONES, 61 ff.) Zu bedenken ist jedoch, daß RITSCHL die Möglichkeit, ja Notwendigkeit von Summierungen, also abstrahierender „Theologie“, durchaus betont (25 ff.), damit ausdrücklich der Ansicht wehrt, Theologie könne nichts anderes als Nacherzählung sein (vgl. 40; RITSCHL wehrt sich gegen das Schlagwort „narrative Theologie“, hinter dem er aber ein legitimes Anliegen begrüßt [38–41]; vgl. dazu auch o. S. 69, zu VON RADS Konzept).

Im Anschluß an BARR beschäftigt sich auch J. WHARTON mit der Kategorie der story (o. S. 133; für den schwer zugänglichen Aufsatz [ich danke Herrn Kollegen D. RITSCHL für freundliche Einsichtgewährung in sein persönliches Exemplar] vgl. das Referat bei JONES, 45 ff. und passim). Für WHARTON ist “story” sogar umfassender Begriff für alles, was Israel nach dem Bericht des Alten Testaments geschah, nicht nur der Bericht von Ereignissen, sondern auch „Lyrik und Heldenerzählung, Herbstlied und Gesetzbuch“ (18; vgl. JONES, 46). Das Alte Testament enthält nichts, „was nicht letztlich unter dem Aspekt weitergegeben wurde, daß Israel seine Geschichte mit seinem Herrn ins Gedächtnis zurückruft“ (JONES, 46; vgl. WHARTON, 27 – kein wörtliches Zitat). In dieser Gesamt-story wird sich

Israel seiner Existenz bewußt; zentral ist für WHARTON die Kategorie der Erinnerung (vgl., unabhängig von WHARTON, dazu auch CRITES, JAAR 1971): wir begegnen deshalb im Alten Testament nicht unmittelbar den Worten und Taten Gottes, sondern diesen „bereits eingegossenen in das Idiom der 'story' oder Erinnerung“ (29, vgl. JONES, 47). Diese Erinnerung will aber nicht das, was geschah, als etwas Vergangenes bewahren, sondern ihre Aufzeichnung fordert Leser oder Hörer „durch diese Erinnerung zur Anerkennung einer gegenwärtigen Tat eines gegenwärtigen Gottes auf“ (30, vgl. JONES, 48). Die innere Konsistenz der Erinnerung Israels besteht in dem durchgehenden Bezug aller Einzel-stories auf Israels Gott selbst (40 f.); daß es dieser selbe Gott ist, mit dem es seine verschiedenartigen Erfahrungen gemacht hat, bindet alle stories in der eigenen story Gottes zusammen (vgl. 26 f.).

Während diese Überlegungen WHARTONS einen erheblichen Schritt weiterführen, sind andere Gedankengänge, die sich mit dem Verhältnis zwischen dem in den stories Berichteten und dem, „was geschehen ist“, beschäftigen, der alten Fragestellung nach dem Tatsächlichen in der Geschichte verhaftet (s. o. III, 2 S. 71 ff. – zur Kritik vgl. auch COGGINS, JSOT 1979) und haben aus diesem und anderen Gründen mit Recht die Kritik von H. O. JONES (49 ff.) gefunden. Doch können wir diese hier auf sich beruhen lassen.

Auch der einfache Versuch, die verschiedenen alttestamentlichen Einzelgeschichten aneinanderzureihen und in ihren Erzählstrukturen mit moderner Erzähltechnik (KAFKA) zu vergleichen (SIMON), trägt schon allerhand zum Verständnis „narrativer Theologie“ bei, das durch eine systematische Besinnung noch weiter vertieft werden könnte.

Die Problematik führt letzten Endes in den hermeneutischen Bereich. Wie weit das Christentum bis in die Gegenwart als „Erinnerungs- und Erzählgemeinschaft“ (WACKER, 36) selbst von der die eigene Identität begründenden "story" umgriffen wird, wie weit also biblische stories und eigene story des Bibellesers oder Predigthörers (vgl. die angeg. Literatur zur Predigt) in die gemeinschaftliche Identität mit den biblischen Erzählern hineinführen, wäre hier zu bedenken (vgl. dazu u. a. R. BROWN). Aber das ist wieder ein gesondert zu behandelndes Thema.

IV. DIE „MITTE“ DES ALTEN TESTAMENTS

Ackroyd, P. R.: Continuity. A Contribution to the Study of the Old Testament Religious Traditions. Oxford 1962; Baker, D. L.: Two Testaments (o. S. 1), 377–386; Barr, J.: JThSt 1974 (o. S. 121), 270–272; Fohrer, G.: Der Mittelpunkt einer Theologie des Alten Testaments: ThZ 24 (1968), 161–172 = ders., The Centre of a Theology of the Old Testament: NGTT 7 (1966), 198–206; ders.: Theologische Grundstrukturen des Alten Testaments, Berlin 1972, 95 ff.; ders.: Das Alte Testament und das Thema „Christologie“: EvTh 30 (1970), 281–298; Hasel, G. F.: The Problem of the Center in the Old Testament: ZAW 86 (1974), 65–82; ders.: Old Testament Theology[2] (o. S. 1), 77–103; Herrmann, S.: Die konstruktive Restauration. Das Deuteronomium als Mitte biblischer Theologie: Fs. von Rad, 1971 (o. S. 65), 155–170; Hessler, B.: Anton. 1950 (o. S. 122 f. u. 1), 419 ff.; ders.: Vom Offenbarungsgut des Alten Testaments: WiWei 14 (1951), 190–199; ders.: WiWei 1952 (o. S. 122 f. u. 1); Jepsen, A.: Theologie des Alten Testaments (o. S. 50 f.); Klein, G.: „Reich Gottes“ als biblischer Zentralbegriff: EvTh 30 (1970), 642–670; Martin-Achard, R.: Approche de l'Ancien Testament. Neuchâtel 1962, 70 ff.; ders.: À propos de la Théologie de l'Ancien Testament. Une hypothèse de travail: ThZ 35 (1979), 63–71; Prussner, F. C.: The Covenant of David and the Problem of Unity in Old Testament Theology: J. C. Rylaarsdam (ed.), Transitions in Biblical Scholarship. Chicago/London 1968, 17–41; von Rad, G.: Theologie I (o. S. 65 f.); ders.: Offene Fragen (o. S. 65 f.); Schmid, H. H.: Ich will euer Gott sein, und ihr sollt mein Volk sein. Die sogenannte Bundesformel und die Frage nach der Mitte des Alten Testaments: Kirche. Fs. G. Bornkamm. Tübingen 1980, 1–25; Schmidt, W.: Das erste Gebot (ThExH 165). München 1970; Seierstad, I. P.: Bibelteologie I (o. S. 59 f.); Smend, R.: Die Mitte des Alten Testaments (ThSt 101). Zürich 1970 (vgl. auch ders.: Die Bundesformel [ThSt 68]. Zürich 1963); Stoebe, H. J.: Überlegungen (o. S. 79); Wagner, S.: „Biblische Theologien“ und „Biblische Theologie“: ThLZ 103 (1978), 786–798; Zenger, E.: Die Mitte der alttestamentlichen Glaubensgeschichte: KatBl 101 (1976), 3–16; Zimmerli, W.: VT 1963 (o. S. 70 f.); ders.: Zum Problem der „Mitte des Alten Testaments“: EvTh 35 (1975), 97–118 (vgl. auch ders.: Alttestamentliche Traditionsgeschichte [o. S. 50 f.], und ders.: Erwägungen [o. S. 70 f.]).

Das Verständnis der „Theologie des Alten Testaments" als einer systematischen Aufgabe ist nicht auf die Vertreter der systematischen Darstellungsform beschränkt. Allerdings waren vor allem sie es (zur Vorgeschichte derartiger Versuche im 19. Jahrhundert vgl. SMEND, passim), denen es nicht genügend erschien, eine „in den richtigen Zusammenhang gebrachte Zusammenstellung derjenigen Anschauungen, Gedanken und Begriffe des AT" zu bieten, „welche theologisch erheblich sind oder es sein können" (vgl. o. S. 53), wenn nicht dieses Gebäude auch mit einem Begriff zu krönen wäre, der als Grundgedanke, Zentralbegriff oder „Mitte" gewissermaßen den gesamten theologischen Inhalt des Alten Testaments zusammenzufassen in der Lage wäre. Als solche Begriffe wurden u. a. vorgeschlagen: der Gedanke der Heiligkeit Gottes (J. HÄNEL, Die Religion der Heiligkeit. Gütersloh 1931, passim; E. SELLIN, Theologie [o. S. 51 f.], 20), „daß Gott der gebietende Herr ist" (KÖHLER, Theologie [o. S. 52], 12. 17), „seine Souveränität" (J. HELLER: Fs. CULLMANN [o. S. 98 f.] 5 f.), das „Reich Gottes" (G. KLEIN, EvTh 1970; B. HESSLER, Anton. 1950, 421; WiWei 1951, 194 ff.; WiWei 1952, 41), der Gedanke der Erwählung (H. WILDBERGER, EvTh 1959 [o. S. 127], 77 f.; vgl. auch R. DE VAUX, Conc 1969 [o. S. 79 f.], 732) oder die Gemeinschaft zwischen Gott und Mensch (VRIEZEN, Outline [o. S. 57], 8. 157 f.). Eine neue Stufe des Bewußtseins wurde durch EICHRODTS Theologie erreicht, der, wie wir sahen (o. S. 57), für die systematische Form seiner Gesamtdarstellung alle aus der christlichen Dogmatik hergenommenen Schemata bewußt ablehnte und sich statt dessen „an der dem Alten Testament selbst eigenen Dialektik orientieren" wollte (Theologie I^5, 7). Für ihn ist der Bundesgedanke der Zentralbegriff (I^5, VII) oder die „alles bestimmende Mitte" (II^4, XII), die als „Schnittpunkt für alle wichtigen Linien der Gotteserkenntnis in Israel" (II^4, XII) die „strukturelle Einheit und beharrende Grundtendenz der alttestamentlichen Botschaft" (I^5, VI) aufzuweisen befähigt.

Vgl. auch o. S. 56; in jüngerer Zeit hat sich noch G. E. WRIGHT (The Old Testament and Theology [o. S. 80], 62 vgl. auch ders., The Theological Study of the Bible: The Interpreter's One-Volume Commentary of the Bible, ed. C. M. LAYMON. New York 1971, 986), unter Aufgabe seines eigenen früheren Standpunktes EICHRODT angeschlossen. Vgl. auch R. E. CLEMENTS,

Old Testament Theology (o. S. 61), bes. 119. P. BEAUCHAMP (Propositions sur l'alliance de l'Ancien Testament, comme structure centrale: RSR 58 [1970], 161–194) geht von dem „Bundesformular" (vgl. K. BALTZER, Das Bundesformular [WMANT 4]. Neukirchen 1960; kritisch u. a. FOHRER, s. u.) aus und sieht in ihm das strukturelle Zentrum. F. C. FENSHAM (The Covenant as Giving Expression to the Relationship between Old Testament and New Testament: TynB 22 [1971], 82–94) sieht im „Bund" das verbindende Element zwischen den Testamenten.

Die Diskussion blieb so lange auf einer vorläufigen Stufe, als es nur darum ging, ob der „Bund" tatsächlich als Begriff geeignet sei, den gesamten Stoff des Alten Testamentes zu umspannen, bzw. ob EICHRODTS Darstellung den Nachweis dafür geliefert habe oder nicht. Auch die seither laut gewordenen Bedenken, ob es sich bei „Bund" überhaupt um einen alten Begriff handele (formuliert vor allem von G. FOHRER, Altes Testament – „Amphiktyonie" und „Bund"?: ThLZ 91 [1966], 801–816. 893–904 = ders., Studien zur alttestamentlichen Theologie und Geschichte [o. S. 78], 84–119, und L. PERLITT, Bundestheologie im Alten Testament [WMANT 36], Neukirchen-Vluyn 1969. – Mit alten Belegen für den Begriff rechnen trotzdem u. a. W. ZIMMERLI, Erwägungen zum „Bund": Fs. W. EICHRODT [AThANT 59]. Zürich 1970, 171–190; W. EICHRODT, Prophet and Covenant: Fs. G.H. DAVIES. Richmond 1970, 167–188; Th. C. VRIEZEN, The Exegesis of Exodus XXIV 9–11: OS 17 [1972], 100–133, und vor allem J. HALBE, Das Privilegrecht Jahwes. Ex 34, 10–26 [FRLANT 114]. Göttingen 1975 – vgl. auch D. J. McCARTHY, Treaty and Covenant [AnBib 21/A]. Rom 1978²) oder der Begriff ברית statt mit „Bund" nicht besser mit „Verpflichtung" wiederzugeben sei (E. KUTSCH, vor allem in: Verheißung und Gesetz [BZAW 131]. Berlin 1973; dagegen W. EICHRODT, Darf man heute noch von einem Gottesbund mit Israel reden?: ThZ 30 [1974], 193–206) berühren nicht die Kernfrage, ob es überhaupt legitim sei, irgendeinen Begriff als „Mitte" des Alten Testaments zu postulieren. Einige Autoren wählen statt des Einzelbegriffs eine zweipolige Umschreibung der „Mitte": so R. SMEND die sog. „Bundesformel" (vgl. ThSt 68): „Jahwe, der Gott Israels, Israel das Volk Jahwes" (Die Mitte, 49. 55 – der Gedanke geht auf J. WELLHAUSEN zurück,

Israelitische Religion: Die Kultur der Gegenwart, hg. P. HINNEBERG, I, 4. Berlin/Leipzig 1905, 1–38 = Grundrisse zum Alten Testament, hg. R. SMEND [ThB 27]. München 1965, 65–109, 8f. / 73f. – Kritik an der Bezeichnung als „Bundesformel" und ihrer Verwendbarkeit als „Mitte" des Alten Testaments bei H. H. SCHMID. Fs. G. BORNKAMM) oder G. FOHRER (Grundstrukturen: das Miteinander von Gottesherrschaft und Gottesgemeinschaft, um das lebendige Relationsverhältnis zwischen Gott und Volk, wie es sich im Alten Testament widerspiegele, besser zu treffen und die Statik des Einzelbegriffes zu vermeiden – zu FOHRERS Entwurf vgl. die o. genannte Literatur). Für SEIERSTAD (Bibelteologie I [o. S. 59f.], 44) ist es die vollkommene religiös-ethische Gemeinschaft zwischen Gott und Menschen, die telos (und damit Mitte) des Alten Testamentes ist. Seine Gliederung (o. S. 59) ist daraus entfaltet. Ähnlich sieht N. W. PORTEOUS (Towards a Theology [o. S. 1], 141/19) in Gott und Volk die beiden Achsen, um die sich die Theologie des Alten Testaments dreht.

Gegen alle diese Versuche, eine „Mitte" des Alten Testaments zu finden, hat sich vor allem G. VON RAD ausgesprochen. Wie sich als Ergebnis der traditionsgeschichtlichen Analyse des Alten Testaments zeigt, „zerlegt sich die alttestamentliche Jahweoffenbarung in eine lange Folge von einzelnen Offenbarungsakten mit sehr verschiedenen Inhalten. Sie scheint einer alles bestimmenden Mitte, von der aus die vielen Einzelakte ihre Deutung und auch das rechte theologische Verhältnis zueinander bekommen könnten, zu ermangeln. Man kann von der alttestamentlichen Offenbarung nur als von einer Mehrzahl von verschiedenen und verschiedenartigen Offenbarungsakten reden" (Theologie I^4, 128 – vgl. auch schon in: Theologie und Liturgie [o. S. 65], 30). Dem hebräischen Denken (hier spielt wieder der angebliche Unterschied zum griechischen Denken hinein) liegen die Erfordernisse jeglicher theologischer Systematik fern; statt dessen bestätigte es sich in der immer neuen Interpretation und Aktualisierung seiner heilsgeschichtlichen Überlieferungen. Die geistige Leistung dieser jeweils neuen Interpretation besteht aber darin, daß ihr Ergebnis nun doch eine innere Einheitlichkeit und einen durchgehenden Bezug auf die eine Größe „Israel" aufweist, auf die hin alle partikulären Einzelüberlieferungen ausgerichtet wurden. „Damit sind wir nun doch auf ein Einheitsprinzip gestoßen, nach dem hin das theologische Denken Israels gestrebt, geordnet und gedacht hat, und das war eben ‚Israel', das Gottesvolk, das immer im Ganzen auftritt und mit dem es Gott immer im Ganzen zu tun hat" (Theologie I^4, 132 – zur Bezugsgröße „Israel" vgl. auch M. NOTH, Die Gesetze im Pentateuch [o. S. 126f.]). Doch läßt sich auf den Begriff „Israel" nach VON RAD der Gedanke an eine „Mitte" nicht begründen, da „dieses Israel ... Gegenstand eines Glaubens, Gegenstand der geglaubten Geschichte ist" (Theologie I^4, 132; vgl. Offene Fragen [o. S. 65f.], 406/295. – HASEL sieht dagegen in der „Geschichte" die geheime „Mitte" in VON RADS Theologie [Old Testament Theology², 85ff.] – doch fällt das wohl aus dem Rahmen des mit dem Begriff Gemeinten). Auch nachdem VON RAD gefragt worden war, ob nicht eine „Theologie" „in stärkerem Maße das Wagnis des Zusammen-Denkens vollziehen" müsse (W. ZIMMERLI, Rez.: VT 1963, 105), blieb er bei seiner Skepsis gegenüber der Möglichkeit, von einer Einheit des Alten Testaments zu reden, „weil das Alte Testament nicht nur eine, sondern eine Anzahl Theologien enthält", ja, es wurde ihm zweifelhaft, „ob und in welchem Sinne wir die singularische Bezeichnung ‚Theologie des Alten Testaments' noch in Anspruch nehmen dürfen". Deshalb bleibt die Frage: „Wo ist da eine Mitte?" (Zitate: Offene Fragen, 405f. / 294).

Trotz dieses Einspruches VON RADS (ähnlich auch ACKROYD [o. S. 138], 30, sowie P. FANNON, A Theology of the Old Testament – Is it Possible?: Script. 19/46 [1967], 46–53 – im Anschluß an VON RAD auch WESTERMANN, Theologie [o. S. 61], 5) blieb das Thema „Mitte" jedoch weiterhin auf der Tagesordnung. Schon in der Rezension von 1963 versichert W. ZIMMERLI: „Das Alte Testament hat eine Mitte" (105). R. SMEND hält die Frage nach der „Mitte" auch nach VON RAD für weiterhin legitim, denn sie ist als die Frage nach dem *Gültigen* für ein der Verkündigung dienendes Verständnis des Alten Testaments unaufgebbar (Mitte, 23. – Zu SMEND vgl. auch SEEBASS, Hermeneutik [o. S. 21], 112–123). In Fortführung des bei VON RAD gebrauchten Begriffes des für den Jahweglauben „Typischen", in dem sich die wahre Einheit des Alten Testamentes erkennen lasse (Offene Fragen, 406/295; 416/310 f.), strebt SMEND nach einer nicht statischen, jeweils aktuellen „Mitte“ (Mitte, 24), wie er sie dann in der „Bundesformel“ zu finden meint.

Auch nach VON RAD gibt es eine ganze Reihe von Versuchen, die „Mitte“ des Alten Testaments inhaltlich zu bestimmen. H. SEEBASS (Der Beitrag des Alten Testaments zum Entwurf einer biblischen Theologie: [WuD 8] 1965, 20–49) zeigt sich zwar von dem Argument VON RADS beeindruckt (34), findet aber doch in der Gottesherrschaft ein das Alte Testament auch mit dem Neuen Testament verbindendes Thema (vgl. jedoch seine neuerdings ausgesprochene Zustimmung zu SMEND: Hermeneutik, 122; ders., Über den Beitrag des Alten Testaments zu einer theologischen Anthropologie: KuD 22 [1976], 41–63, 47; ders., Ein alttestamentlicher Beitrag zur heutigen Rezeption von Barmen III: Kirche als „Gemeinde von Brüdern“. Barmen III, Bd. I. Gütersloh 1980, 73–92, 73). Für W.C. KAISER ist es das Thema „Verheißung“ (The Centre of Old Testament Theology: The Promise: Themelios 10 [1974], 1–10; ders., The Promise Theme and the Theology of Rest: BS 130 [1973], 135–150). Die zweipoligen Lösungsversuche von FOHRER und SMEND sind ebenfalls ein Versuch, dem Widerspruch VON RADS gegen jede „Mitte“ Rechnung zu tragen, die der inneren Dynamik des Alten Testaments nicht gerecht wird. Zu erwähnen wäre auch der Vorschlag von F.C. PRUSSNER (Covenant), das Miteinander von Sinaibund und Davidsbund (vgl. dazu auch A.H.J. GUNNEWEG, Sinaibund und Davidsbund: VT 10 [1960], 335–341; H. GESE, Der Davidsbund und die Zionserwählung: ZThK 61 [1964], 10–26 = ders., Vom Sinai zum Zion [o. S. 78], 113–129) als Zentrum zu bestimmen (ähnlich auch J. BOURKE, The Unity of the Old Testament: Bl. 40 [1959], 299–312: Sinai und Zion). Unlängst (ThZ 1979) hat R. MARTIN-ACHARD sogar eine dreifache „Achse“ bzw. drei „Leitlinien“ vorgeschlagen, die den theologischen Stoff des Alten Testaments bündeln könnten: die doxologische, die polemische und die soteriologische Linie. Eine eigentliche „Mitte“ ist damit allerdings nicht im Blick (aber vgl. u. S. 146).

Eine Sonderstellung nehmen zwei Vorschläge ein, die statt eines Begriffes oder einer Formel eine literarische Größe als „Mitte“ des

Alten Testaments ins Gespräch bringen. Der erste stammt von W. H. SCHMIDT, der das erste Gebot des Dekalogs als einen „Leitfaden" postuliert, der die gesamte Geschichte des alttestamentlichen Gottesverständnisses durchzieht (Gebot [o. S. 138], 11). Eng verwandt ist dieser Vorschlag dem von W. ZIMMERLI, das „Ich Jahwe..." von Ex 20,2 (und in Antwort darauf das „Du, Jahwe" von Dt 26,10) als „Mitte" zu erkennen, die sich auch, wenn man den Fluß der Geschichte und der sich in ihr wandelnden Traditionen anerkennt, doch als eine Konstante darstellt, auf die sich der Glaube Israels bezieht (Alttestamentliche Traditionsgeschichte [o. S. 80f.]). In „Erwägungen" (o. S. 50ff.) variiert ZIMMERLI seine Bestimmung der „Mitte" und will diese nun im Namen Jahwes, wie er in Ex 3,14f. zugleich verhüllt und offenbart wird, und zwar in der „vollen Redefigur ‚Ich bin, der ich bin'", antreffen. Dieselbe Auffassung hat er in EvTh 1975 (bes. 109ff.) und in TRE VI, 445ff. noch einmal wiederholt.

Ganz anders S. HERRMANN, der das Buch Deuteronomium als „Mitte" des Alten Testamentes ins Gespräch bringt (Restauration), weil dort „die Grundfragen alttestamentlicher Theologie in nuce konzentriert sind, und wahrhaftig eine Theologie des Alten Testamentes dort ihr Zentrum zu haben hat, wenn sie sachgemäß sein soll" (156). Dabei ist richtig bemerkt, daß das Deuteronomium in der Tat insofern das „theologischste" Buch im Alten Testament ist, als in ihm die reflektierteste theoretische Begrifflichkeit erscheint und eine bestimmte Schultradition hier zugleich kulminiert wie eine breite Wirkungsgeschichte einleitet. Es gibt aber auch andere bedeutsame Traditionsbereiche innerhalb des Alten Testaments, die dem deuteronomisch-deuteronomistischen durchaus fernstehen, wie etwa die priesterliche, oder, im prophetischen Bereich, die jesajanische Schule. Außerdem hat bereits HASEL darauf hingewiesen (ZAW 1974, 78f. = Old Testament Theology² [o. S. 1], 96), daß die besondere Betonung des Deuteronomiums möglicherweise einer bereits überholten (mit den Namen VON RAD, ZIMMERLI, SMEND verbundenen) Schwerpunktbildung im Alten Testament entspreche.

Nach wie vor findet sich jedoch auch die Skepsis, ob es überhaupt eine „Mitte" im Alten Testament geben könne, ob man nicht, wie mit mehreren „Theologien", so auch mit mehreren „Zentren" rechnen müsse (so u.a. BARR, JThSt 1974, 272; vgl. auch GUNNEWEG, Vom Verstehen [o. S. 97f.], 79. 119f.; ders., „Theologie" des Alten Testaments oder „Biblische Theologie"?: Fs. WÜRTHWEIN [o. S. 28], 39–46). BAKER (Two Testaments [o. S. 1], 386) schlägt einen elliptischen Zylinder als Bild für die vielgestaltige Einheit des Alten Testaments mit Christus als dem Mittelpunkt, Gott und Volk als den beiden Brennpunkten und den verschiedenen Begriffen wie „Erwählung", „Verheißung", „Bund" usw. als konzentrischen Schichten des Zylinders vor).

Nachdem alle früheren Versuche, entweder einen Begriff oder eine Formel als „Mitte" des Alten Testaments zu bestimmen, ihre jeweils sehr begrenzte Reichweite erwiesen haben, schält sich in der neueren Diskussion mehr und mehr die Erkenntnis heraus, daß es keine andere „Mitte" im Alten Testament geben kann (angesichts der Tatsache, daß alle historischen, literarischen, traditionsgeschichtlichen, weltanschaulichen Perspektiven der Vielfalt menschlichen Lebens und dem Wechsel der Zeiten unterworfen sind) als den einen Gott Israels selbst. Als der Verf. im Jahre 1960 diesen Vorschlag machte (ThZ 1961 [o. S. 1f.], 96), antwortete VON RAD etwas irritiert: „Natürlich kann man sagen, Jahwe sei die Mitte des Alten Testaments. Aber hier beginnt doch erst die Frage: Was ist das denn für ein Jahwe? Ist es nicht ein Jahwe, der sich von Mal zu Mal in seinen Selbstoffenbarungen vor seinem Volk tiefer und tiefer verbirgt?" (Offene Fragen [o. S. 65f.], 406/294f.). Es ist also doch so, daß VON RAD die Möglichkeit, in dieser Weise das Zentrum des Alten Testaments zu definieren, zugibt – zugleich aber bewegt ihn die Sorge, hier gehe es nun wieder „um ein spekulativ-philosophisches Prinzip, das als unbewußte Prämisse wirksam wird" (Offene Fragen 405/294, Anm. 3a), die man gewiß ernst nehmen muß (vgl. auch HASEL, Old Testament Theology², 89f.; W.H. SCHMIDT, VuF 1972 [o. S. 2f.], 16f.). Der Begriff der „Mitte" darf auf keinen Fall statisch-konstruktiv verwandt werden.

Im übrigen findet aber eine steigende Zahl von Auslegern in dem dynamisch handelnden, unverfügbar freien, und doch in seiner Treue stetigen, durch alle Untreue und den Abfall Israels hindurch an seinen Verheißungen festhaltenden Gott die eigentliche „Mitte" des Alten Testaments. Auch die Hervorhebung des ersten Gebots durch W.H. SCHMIDT (HASEL, ZAW 1974, 71 = Old Testament Theology², 92, kritisiert: "Why should it be the first commandment and not the second or another?") oder des „Namens" bzw. des „Ichs" Jahwes durch W. ZIMMERLI (vgl. auch F. LEIST, Nicht der Gott der Philosophen [o. S. 131], 9ff.) meint im Grunde nichts anderes (dazu vgl. bes. ders., EvTh 1975 [o. S. 138f.], 117f.).

Unter denen, die Jahwe als die eigentliche „Mitte" des Alten Testaments ansehen, wären zu nennen: C.R. NORTH, Old Testament Theology and the History of Hebrew Religion: SJTh 2 (1949), 113–126, 122f.; P.R. ACKROYD, Continuity (o. S. 138), 31; F. BAUMGÄRTEL, ThLZ 1961, 896 [o. S. 65f.]; E. JACOB, EThL 1968, 427f.; ders., Grundfragen (o. S. 97), 18; R. MARTIN-ACHARD, Approche, 73 ff.; A. HESCHEL, Man ist not Alone. New York 1951, 129; J. LINDBLOM, Vad innebär en „teologisk" syn pa Gamla Testamentet? SvTK 37 (1961), 73–91, 85; A. DEISSLER, Grundbotschaft (o. S. 60), passim (vgl. ders., Der Gott des Alten Testaments: Die Frage nach Gott. Hg. J. RATZINGER. Freiburg i. Br. 1973², 45–58); A. JEPSEN, Theologie (o. S. 50f.), bes. 24ff.; G. HASEL, ZAW 1974, 79ff.; ders., Old Testament Theology², 99ff.; H.J. STOEBE, Fs. HERTZBERG (o. S. 79), 208; C. WESTERMANN, Theologie (o. S. 61), 25ff. (das „Einssein Gottes"), S. WAGNER, ThLZ 1978 (o. S. 138), der von der „Funktionsidentität" Gottes in der Bibel spricht (794); J. ZENGER, KatBl 1976 (o. S. 138).

Der Souveränität und Freiheit Gottes, dessen „Mitte"-Sein keinesfalls als „Prinzip" mißverstanden werden darf, soll hiermit Rechnung getragen werden. Hiermit wird auch deutlich, daß die Selbigkeit Gottes durch alle überlieferungsgeschichtliche und redaktionsgeschichtliche Uneinheitlichkeit der Bibel hindurch ebenfalls eine Bedeutung für eine gesamtbiblische Theologie hat (s. Verf., ›Biblische Theologie‹, Kap. III). E. OSSWALD (ThLZ 1974, 646) hat gegen die Lösung: Gott die Mitte des Alten Testaments den Einwand, das Spezifische des Alten Testaments komme dabei nicht genug gegenüber anderer religiöser Literatur zum Ausdruck, wo auch die Gottheit die „Mitte" sei. Dieses Bedenken wird gegenstandslos, wenn dieser Gott als Jahwe bekannt und der Glaube Israels die Option für diesen Jahwe ist, wenn weiter (wie JEPSEN hervorhebt) dieser Gott der gleiche ist, von dem Jesus Christus sprach. Die Gefahr, daß Gott als die „Mitte" des Alten Testaments zu einer „Leerformel" werden könnte (so A. H. J. GUNNEWEG, Religion oder Offenbarung: ZThK 74 [1977], 151–178, 176; ders., Vom Verstehen [o. S. 97f.], 119f.) wird nur auf diese Weise vermieden.

V. DER WELTHORIZONT ALTTESTAMENTLICHER THEOLOGIE

1. Die Schöpfung

Albertz, R.: Weltschöpfung und Menschenschöpfung (CThM 3). Stuttgart 1974; Anderson, B. W.: Creation Versus Chaos. The Reinterpretation of Mythical Symbolism in the Bible. New York 1967; Bauer, J. B.: Israels Schau in die Vorgeschichte: Wort und Botschaft, J. Schreiner (Hg.). Würzburg 1967 (1975³), 74–87; Beaucamp, E.: La Bible et le sens religieux de l'universe. Paris 1959 (= The Bible and the Universe. Israel and the Theology of History. London 1963); Bernhardt, K. H.: Zur Bedeutung der Schöpfungsvorstellung für die Religion Israels in vorexilischer Zeit: ThLZ 85 (1960), 821–824; Boman, T.: The Biblical Doctrine of Creation: CQR 165 (1964), 140–151; Craigie, P. C.: Hebrew Thought about God and Nature and its Contemporary Significance: CJT 16 (1970), 3–11; Davidson, R.: The Old Testament – A Question of Theological Relevance: Biblical Studies, ed. J. R. McKay/J. F. Miller (o. S. 71), 43–56; Drewermann, E.: Strukturen des Bösen. T. 1. Die jahwistische Urgeschichte in exegetischer Sicht. Paderborn 1979²; Evdokimov, P.: La nature: VC 73 (1965), 49–69 = Die Natur: KuD 11 (1965), 1–20; Festorazzi, F.: La creazione nella storia della salvezza: ScC 90 (1962), 3–27; Fischer, L. R.: Creation at Ugarit and in the Old Testament: VT 15 (1965), 313–324; Foerster, W.: Art. κτίζω: ThWNT III, 999–1034; bes. 1004–1015; Galling, K.: Jahwe der Weltenschöpfer: ThBl 4 (1925), 257–261; Gunkel, H.: Schöpfung und Chaos in Urzeit und Endzeit. Göttingen 1895 (1921²); Haag, E.: Der Mensch am Anfang (TThSt 24). Trier 1970; ders.: Gott als Schöpfer und Erlöser in der Prophetie des Deuterojesaja: TThZ 85 (1976), 193–213; de Haes, P.: De schepping als heilsmysterie. Tielt/Den Haag 1962 = Die Schöpfung als Heilsmysterium. Mainz 1964; Harner, P. B.: Creation-Faith in Deutero-Isaiah: VT 17 (1967), 298–306; Haspecker, J.: Religiöse Naturbetrachtung im Alten Testament: BiLe 5 (1964), 116–130; ders.: Natur und Heilserfahrung in Altisrael: BiLe 7 (1966), 83–98; Hoguth, A.: Probleme der Schöpfungstheologie: BiLe 7 (1966), 161–164; Humphreys, W. L.: Pitfalls and Promises of Biblical Texts as a Basis for a Theology of Nature: G. C. Stone (ed.), A New

Ethic for a New Earth. New York 1971, 99–118; HYATT, J. P.: Was Yahweh Originally a Creator Deity?: JBL 86 (1967), 369–377; KAPELRUD, A. S.: Die Theologie der Schöpfung im Alten Testament: ZAW 91 (1979), 159–170; KOCH, K.: Wort und Einheit des Schöpfergottes in Memphis und Jerusalem: ZThK 62 (1965), 251–293; KRAUS, H. J.: Schöpfung und Weltvollendung: EvTh 24 (1964), 462–485 = ders., Biblisch-theologische Aufsätze. Neukirchen 1972, 151–178; LAMBERT, G.: La création dans la Bible: NRTh 75 (1953), 252–281; LANDES, G. M.: Creation and Liberation: USQR 33 (1978), 79–89; LEGRAND, L.: La création, triomphe cosmique de Yahwé: NRT 83 (1961), 449–470 = (Kurzfassung) TD 11 (1963), 154–158; LIEDKE, G., Schöpfung und Erfahrung. Zum interdisziplinären Beitrag der neueren Arbeit am Alten Testament: epd-Dokumentation 31 (1975), 8–24; LINDESKOG, G.: The Theology of the Creation in the Old and New Testaments: The Root of the Vine. Essays in Biblical Theology, ed. A. FRIDRICHSEN. Westminster 1953, 1–22; LORETZ, O.: Schöpfung und Mythos (SBS 32). Stuttgart 1968; LUCK, U.: Welterfahrung und Glaube als Grundproblem biblischer Theologie (ThExH 191). München 1976; LUDWIG, T. M.: The Traditions of the Establishing of the Earth in Deutero-Isaiah: JBL 92 (1973), 345–357; LUX, R.: Schöpfungstheologie im Alten Testament: ZdZ 31 (1977), 416–431; MACQUARRIE, J.: Creation and Environment: ET 83 (1971), 4–9; MARTIN-ACHARD, R.: Remarques sur la signification théologique de la création selon l'Ancien Testament: RHPhR 52 (1972), 3–11; MCCARTHY, D. J.: "Creation" Motifs in Ancient Hebrew Poetry: CBQ 29 (1967), 393–406; MCKENZIE, J. L.: God and Nature in the Old Testament: CBQ 14 (1952) 18–39. 124–145 = ders.: Myths and Realities: Studies in Biblical Theology. Milwaukee 1963, 85–132; NAPIER, B. D.: On Creation-Faith in the Old Testament: A Survey: Int. 16 (1962), 21–42; VON RAD, G.: Das theologische Problem des alttestamentlichen Schöpfungsglaubens: Werden und Wesen des Alten Testaments (BZAW 66) Gießen 1936, 138–147 = ders., Gesammelte Studien I (o. S. 65), 136–147 = The Theological Problem of the Old Testament Doctrine of Creation: The Problem of the Hexateuch and Other Essays. Edinburgh/London 1965, 131–143; ders.: Das formgeschichtliche Problem (o. S. 65); ders.: Das erste Buch Mose. Genesis (ATD 2/4). Göttingen 1949 (1976[10]); ders.: Glaube und Welterkenntnis (o. S. 121 f.), 255–266; ders.: Aspekte alttestamentlichen Weltverständnisses (o. S. 68 f.); RENDTORFF, R.: Die theologische Stellung des Schöpfungsglaubens bei Deuterojesaja: ZThK 51 (1954), 3–13 = ders., Gesammelte Studien (o. S. 50 f.), 209–219; ders.: Genesis 8, 21 und die Urgeschichte des Yahwisten: KuD 7 (1961), 69–78 = Gesammelte Studien, 188–197; ders.: Hermeneutische

Probleme der biblischen Urgeschichte: Fs. F. Smend. Berlin 1963, 19–29 = Gesammelte Studien, 198–208; Saebø, M.: Creator et Redemptor. Om skapelsens teologiske plass og funksjon i Det gamle testamente: Deus Creator (Fs. I.P. Seierstad). Oslo 1971, 1–28 = Ordene og Ordet (o. S. 2), 138–165; Scheffczyk, L.: Einführung in die Schöpfungslehre. Darmstadt 1975; Schmid, H.H.: Gerechtigkeit als Weltordnung. Tübingen 1968; ders.: Rechtfertigung als Schöpfungsgeschehen: Fs. E. Käsemann (o. S. 97f.), 403–414; ders.: Schöpfung, Gerechtigkeit und Heil. Schöpfungstheologie als Gesamthorizont biblischer Theologie: ZThK 70 (1973), 1–19 = ders.: Altorientalische Welt in der alttestamentlichen Theologie. Zürich 1974, 9–30; Schmidt, W.H.: Die Schöpfungsgeschichte der Priesterschrift (WMANT 17). Neukirchen-Vluyn 1964 (1974³); ders.: Schöpfungsgeschichte – Mythos und Glaube: KiZ 21 (1966), 258–261; ders.: Alttestamentlicher Glaube in seiner Geschichte. Neukirchen 1975², 166–176; ders.: Schöpfung durch das Wort im Alten Testament: W. Strolz (Hg.), Schöpfung und Sprache. Freiburg i. Br. 1979, 15–43; Schunk, K.-D.: Die Auffassung des Alten Testaments von der Natur: ThLZ 104 (1979), 401–412; Steck, O. H.: Deuterojesaja als theologischer Denker: KuD 15 (1969), 280–293; ders.: Genesis 12, 1–3 und die Urgeschichte des Jahwisten: Fs. von Rad, 1971 (o. S. 72), 525–554; ders.: Der Schöpfungsbericht der Priesterschrift (FRLANT 115). Göttingen 1975; ders.: Friedensvorstellungen im alten Jerusalem (ThSt 111). Zürich 1972; ders.: Zwanzig Thesen als alttestamentlicher Beitrag zum Thema: „Die jüdisch-christliche Lehre von der Schöpfung in Beziehung zu Wissenschaft und Technik“: KuD 23 (1977), 277–299; ders.: Alttestamentliche Impulse für eine Theologie der Natur: ThZ 34 (1978), 202–211; ders.: Welt und Umwelt (Biblische Konfrontationen). Stuttgart 1978; Stolz, F.: Strukturen und Figuren im Kult von Jerusalem (BZAW 118). Berlin 1970; ders.: Monotheismus (o. S. 126f.); Stuhlmueller, C.: The Theology of Creation in Second Isaiah: CBQ 21 (1959), 429–467; ders.: "First and Last" and "Yahwe-Creator" in Deutero-Isaiah: CBQ 29 (1967), 495–511; ders.: Yahwe-King and Deutero-Isaiah: BR 15 (1970), 32–45; ders.: Creative Redemption in Deutero-Isaiah (AnBib 41). Rom 1970; Vischer, W.: Quand et pourquoi Dieu a-t-il révélé à Israël qu'il est le « Créateur »? FV 58 (1959), 3–27; Vosberg, L.: Studien zum Reden vom Schöpfer in den Psalmen (BEvTh 69), München 1975; Westermann, C.: Das Reden von Schöpfer und Schöpfung im Alten Testament: Das ferne und nahe Wort: Fs. L. Rost (BZAW 105). Berlin 1967, 238–244 (Kurzfassung auch: ThLZ 92 [1967], 243–246); ders.: Der Mensch im Urgeschehen: KuD 13 (1967), 231–246; ders.: Neuere Arbeiten zur Schöpfung (Eliade,

BRANDON, s. u.): VF 14 (1969), 11–28; ders.: Der Segen in der Bibel und im Handeln der Kirche. München 1968; ders.: Schöpfung (ThTh 12). Stuttgart 1971; ders.: Einleitung zur Urgeschichte Genesis 1–11: Genesis (BK I/1). 1. Teilbd. Neukirchen-Vluyn 1974, 1–103; WÜRTHWEIN, E.: Chaos und Schöpfung im mythischen Denken und in der biblischen Urgeschichte: Dankesgabe für R. BULTMANN, Hg. E. DINKLER. Tübingen 1964, 317–327 = ders., Wort und Existenz (o. S. 44 f.), 28–38; YOUNG, N.: Creator, Creation and Faith. Philadelphia 1976, 25–82; ZIMMERLI, W.: Die Weltlichkeit des Alten Testaments. Göttingen 1971 (vgl. auch ders.: TRE VI, 448 f.).

Altorientalische Quellen:

BOTTERO, Jean u. a.: La Naissance du Monde. Paris o. J. = Quellen des Alten Orients. Bd. I: Die Schöpfungsmythen. Eingel. v. M. ELIADE. Zürich/Köln 1964 (Nachdruck Darmstadt 1977); BRANDON, S. G. F.: Creation Legends of the Ancient Near East. London 1963.

Das Urteil über die Bedeutung des Themas „Schöpfung" für die Theologie des Alten Testaments war lange Zeit durch die überragende Rolle, die man dem Thema „Geschichte" im Alten Testament zubilligte, vorbestimmt. Sie ergab sich beinahe zwangsläufig aus dem überlieferungsgeschichtlichen Ansatz; zugleich mit diesem hatte G. VON RAD auch für die Einschätzung der Schöpfungstheologie die Weichen gestellt. Der apodiktische Charakter dieser Einschätzung kommt bereits in den ersten Sätzen seines Aufsatzes von 1936 zum Ausdruck: „Der Jahweglaube des Alten Testaments ist Erwählungsglaube, d. h. primär Heilsglaube. Mit dieser Feststellung, *die hier keiner Begründung bedarf* (Hervorhebung von mir), ist das Problem schon in aller Schärfe und Einfachheit gestellt" (Das theologische Problem, 138/136). In ›Das formgeschichtliche Problem des Hexateuchs‹, in dem VON RAD die Abwandlungen des „kleinen geschichtlichen Credo" durch den Hexateuch und anderswo verfolgt (s. o. S. 66 ff.), spricht er gegen Ende auch vom „Vorbau der Urgeschichte" (58 ff. / 71 ff.): danach ist die Urgeschichte des Jahwisten (für die im einzelnen wohl Vorlagen aus dem kanaanäischen Kulturkreis vorhanden waren) von diesem Quellenverfasser der mit Gen 12, 1–3 einsetzenden Heilsgeschichte nachträglich vorangestellt worden. Dies allerdings nicht im Sinne einer an sich überflüssigen Vervollständigung nach rückwärts, sondern aus einem tiefen theologischen Anliegen heraus: entsprechend Gen 12,

1–3 zielt die Verheißung des Segens für Israel letztlich auf den Segen für alle Völker: „In dieser Verklammerung von Urgeschichte und Heilsgeschichte gibt der Jahwist Rechenschaft von dem Sinn und Zweck des Heilsverhältnisses, das Jahwe Israel gewährt hat. Er gibt die *Ätiologie aller Ätiologien Israels*...: Weder rational begründet noch in Einzelheiten schon faßbar, verkündet er als Fernziel der von Gott in Israel gewirkten Heilsgeschichte die Überbrückung der Kluft zwischen Gott und den Menschen insgesamt" (60f. / 73). In dieser Verknüpfung von Heilsgeschichte und Urgeschichte sieht von Rad die spezifische theologische Leistung des Jahwisten; auf die Frage, ob er wohl darin schon Vorgänger gehabt haben könne, antwortet er, dies sei wenig wahrscheinlich: „Seine Schau ist zu eigenwillig, und man glaubt jenem Lockeren der ganzen Komposition das Wagnis des ersten Wurfes noch abfühlen zu können" (61/74). Später hat er diese Auffassung allerdings aufgegeben (unter dem Eindruck der Bemerkung von H. Gese über den bereits sumerischen Ursprung des weltgeschichtlichen Aufrisses von Schöpfung, Urzeit, Sündflut und Neubegründung der Geschichte [Geschichtliches Denken im alten Orient und im Alten Testament: ZThK 55 (1958), 127–145 = ders., Vom Sinai zum Zion (o. S. 78f.), 81–98, 142f. / 96] – vgl. dazu den bei Napier, 21, Anm. erwähnten Brief). Doch bleibt auch nach der ›Theologie‹ (I[4], 168) die Verknüpfung der ursprünglich unabhängigen Einzelerzählungen und ihr theologischer Duktus das Werk des Jahwisten.

Offensichtlich gilt das über die Urgeschichte allgemein Gesagte auch für die Schöpfungsgeschichte des Jahwisten im besonderen; von Rad macht hier keinen Unterschied (so spricht er in ›Theologie‹ I[4], 152, davon, der Beginn der Heilsgeschichte sei bei J und auch bei P bis zur Schöpfung vordatiert, und handelt dann von den Darstellungen Gen 2, 4bff. und Gen 1 im einzelnen). Wichtig ist: „Die Schöpfung wird als ein Geschichtswerk Jahwes, als ein Werk in der Zeitstrecke angesehen" (ebd.). Theologisch gesehen ist für den Schöpfungsglauben entscheidend, daß er dem Heilsglauben einzuordnen ist. Von Rad beruft sich dafür in seinem frühen Aufsatz (Das theologische Problem, 139ff. / 138ff.) auf Psalmen wie Ps 136; 148; 33, vor allem aber auf Deuterojesaja. Bei diesem Propheten findet er die theologisch reifste Funktion des Schöpfungslaubens: zwar wird durch den Rückgriff auf die Erschaffung Israels, der bei Dt-Jes immer wieder auftritt, der früher übliche Rückverweis auf die göttliche Erwählung abgelöst, aber gerade damit wird der Schöpfungsgedanke in ein soteriologisches Verständnis eingereiht, die Schöpfung der Erlösung dienstbar gemacht. Aussagen wie Jes 43, 1; 44, 21. 24; 46, 3; 54, 5, in denen die Stichworte „schöpfen" („bilden") und „erlösen" miteinander verbunden auftreten, sind der Beleg dafür. Diese Rolle des Schöpfungslaubens bei Deuterojesaja hat von Rads Schüler R. Rendtorff (ZThK 1954) weiter verfolgt und ist zu dem Ergebnis gekommen, daß Schöpfung und Erwählung bei diesem Propheten die eng aufeinander bezogenen Begriffe seien (zum Schöpfungsthema bei Deuterojesaja vgl. auch B. J. van der Merve, Pentateuchtradisies in die Prediking van Deuterojesaja. Groningen/Djakarta 1956, 1 ff.; W. Kirchschläger, Die Schöpfungstheologie bei Deuterojesaja: BiLi 49 [1976], 407–422). Das soteriologische Verständnis der Schöpfung, wie von Rad es gesehen hatte, wird damit bestätigt. In die gleiche Richtung zielen u. a. auch die Arbeiten von Stuhlmueller; lediglich Harner möchte (bei gleicher Grundhaltung) dem Schöpfungsthema bei Dt-Jes ein etwas größeres Eigengewicht zuschreiben.

Nur die Psalmen 19; 104; 8 fügen sich nicht dieser Einordnung. In ihnen trifft auch von Rad auf die Aussage, daß der Kosmos durch seine Ordnung die Macht Gottes bezeugt, und insofern „nun wirklich Zeugnisse eines reinen und selbständig in sich ruhenden Schöpfungsglaubens" (Das theologische Problem, 144/144). Doch stehen diese Psalmen innerhalb des Alten Testaments stark am Rande; ihre fremde Herkunft (besonders für Ps 19 und 104 bekannt) rückt sie von dem für den Jahweglauben Charakteristischen ein ganzes Stück ab. Von Rad möchte in ihnen einen stark rationalen Zug des Interesses an der göttlichen Ökonomie in der Welt entdecken und vermutet weisheitliche Herkunft. So möchte er sie zunächst nicht weiter in Erwägung ziehen.

In der ›Theologie‹ geht von Rad einen Schritt weiter: In dem Abschnitt „Israel vor Jahwe (Die Antwort Israels)" (I⁴, 366 ff.) steht der Hymnus („Der Lobpreis Israels") an erster Stelle, und in diesem

Rahmen hat auch das Thema Weltschöpfung als Gegenstand des Lobpreises einen wichtigen Platz. Allerdings geht – ganz abgesehen von der Unterordnung dieses Abschnittes unter das Hauptthema der heilsgeschichtlichen Überlieferungen Israels (s. o. S. 69f.) – von Rad auch hier von der Rangfolge Geschichte – Schöpfung aus, denn nach seiner Auffassung hat Israel zunächst und vor allem Gottes Taten in der Geschichte im Hymnus gepriesen (I⁴, 368ff.), und Jahwes Walten in der Natur ist nur „das andere große Thema der alttestamentlichen Hymnik" (I⁴, 371). Doch handelt es sich bei den meisten dieser Schöpfungshymnen um relativ späte Stücke. Das gilt auch für die Belege aus Hiob 38ff. Hier kommt von Rad auf den dritten Bereich zu sprechen, in dem innerhalb des Alten Testamentes das Thema „Schöpfung" eine Rolle spielt. Man hat häufig darauf hingewiesen, daß die Weisheit in von Rads Werk nur einen Platz am äußersten Rande erhält. Sie steht schon deshalb dem Zentrum fern, weil sie, wie von Rad bemerkt, am Phänomen der Geschichte wenig interessiert ist (I⁴, 153. 459 f. 463). Das Buch Hiob ordnet er zudem auffallenderweise auch einem anderen Bereich zu: mit den Klagepsalmen zusammen steht es unter der Überschrift: ›Die Anfechtungen Israels‹ (daß Formen der Klage bei Hi eine wichtige Rolle spielen, ist bekannt; vgl. bes. C. Westermann, Der Aufbau des Buches Hiob [BHTh 23]. Tübingen 1956 [1977²]). Doch gehört diese Dichtung ohnehin in eine „theologische Randsituation" (I⁴, 430). Vollends gilt das für den Bereich der eigentlich theologischen Weisheit, in dem, wie in Hi 28 und Spr 8, nun die rationale Frage nach dem Sinn der Natur als ganzer gestellt wird. „Hier sah sich der Glaube Israels wirklich einem neuen Phänomen, neuen Erkenntnissen und Erfahrungen gegenüber, mit denen er sich auseinanderzusetzen hatte" (I⁴, 460). Als Frucht einer Spätzeit, in der in Weisheitskreisen „das Interesse an den Überlieferungen der Heilsgeschichte erlahmt" (I⁴, 463) war, wächst jetzt das Bemühen, die Geheimnisse der Schöpfung mit der Heilsoffenbarung in eine Beziehung zu setzen. Die ursprüngliche Situation, wie sie noch in Gen 1 vorlag, hat sich jetzt umgekehrt: während dort die Aufgabe darin bestand, „die Heilsgeschichte mit der Schöpfung zu verbinden, die Schöpfung an die Heilsgeschichte heranzuziehen", war es die Aufgabe der Weisheit, von der Schöpfung, vor der sie stand, eine Verbindung zur Heilsgeschichte bzw. der Willensoffenbarung Jahwes zu finden (I[4], 464). – Vgl. auch die Zusammenfassung seines Standpunktes in: Glaube und Welterkenntnis (o. S. 121 f.).

VON RADS Einordnung des Schöpfungsglaubens in den zentral heilsgeschichtlichen Glauben ist von einer großen Zahl von Alttestamentlern und darüber hinaus von einer breiten theologischen Praxis nachgesprochen worden (so etwa in der Systematik noch neuerdings von J. MOLTMANN, Schöpfung als offenes System: Creation, Christ and Culture, Studies... T. F. TORRANCE, ed. R. MCKINNEY. Edinburgh 1976, 119–134 = ders., Zukunft der Schöpfung. München 1977, 123–139). Ihre Breitenwirkung kann kaum überschätzt werden. Von den oben genannten Schriften vertreten sie in reiner Form: ANDERSON (vgl. bes.: Creation and History: ders., Creation Versus Chaos [o. S. 148], 11–42), BAUER, BEAUCAMP, BERNHARDT, BOMAN, FESTORAZZI, FOERSTER, de HAES, HOGUTH, HUMPHREYS; LAMBERT, MARTIN-ACHARD, NAPIER (resumiert von RAD), SAEBØ, VISCHER, ZIMMERLI. So schreibt z. B. J. MUILENBURG (HThR 1961 [o. S. 83 f.], 242): "The biblical doctrine of creation is a derivative of history, the sacred history of the chosen people. The creation account in Genesis 1 ist not only prologue to the history which follows it – but is also a developement of the election-historical liefe, of the redemptive history which has the Exodus as its center." Und W. H. SCHMIDT ruft begeistert aus (Schöpfungsgeschichte, 187; vgl. auch H. D. PREUSS, Jahweglaube und Zukunftserwartung [o. S. 70 f.], 96 ff.): „Heißt von der Schöpfung zu sprechen nicht, von der Natur, der Welt, der Geschichte reden?“ Auf der Bristoler Konferenz von Faith and Order 1967 fand die gleiche Grundauffassung auch in dem offiziellen Studiendokument ›God in Nature and History‹ (New Directions [o. S. 121], 7–31 = Gott in Natur und Geschichte: Bristol 1967 [o. S. 121 f.], 5–45) ihren Niederschlag: der alttestamentliche Schöpfungsgedanke wird auch dort als dem Geschichtsglauben Israels untergeordnet bezeichnet und von daher eine Linie bis hin zu einem nach Ansicht der Kommission mit dem modernen Evolutionsdenken durchaus zu vereinbarenden christlichen Schöpfungs- und Geschichtskonzept gezogen. Eine kritisch-unabhängige Sicht entwickelte lediglich die skandinavische Schule; so sieht etwa G. LINDESKOG (Theology) im Exodusthema, das aus dem ältesten Erwählungsglauben Israels herstammt, und Schöpfungsthema, das aus kanaanäischen Ursprüngen hinzutrat, zwei gleichberechtigte Elemente in der hebräischen Religion. Monotheismus, Universalismus und Würde des Menschen geben dem Schöpfungsgedanken Israels seine spezifische Dignität. "It cannot reasonably be relegated to a subordinate place" (4). Doch wurde damit die communis opinio auf dem Kontinent kaum tangiert.

Es ist aufschlußreich zu sehen, daß diese Sicht eine auffällige Entsprechung in der dogmatischen Beurteilung der Schöpfung findet, wie sie K. BARTH in seiner ›Kirchlichen Dogmatik‹ (III/1: Die Lehre von der Schöpfung. Zollikon-Zürich 1945) entfaltet hat (vgl. dazu auch E. HAIBLE, Schöpfung und Heil. Mainz 1964, 89 ff.; Ch. LINK, Die Welt als Gleichnis. Studien zum Problem der natürlichen Theologie [BEvTh 73]. München 1976, 115 ff.). BARTH setzt Schöpfung und Bund in eine enge Beziehung: „Die Absicht und also auch der Sinn der Schöpfung ist... die Ermöglichung der Geschichte des Bundes Gottes mit den Menschen, die in Jesus Christus ihren Anfang, ihre Mitte und ihr Ende hat: Die Geschichte dieses Bundes ist ebenso Ziel der Schöpfung wie die Schöpfung selbst der Anfang dieser Geschichte ist" (KD III/1, 44). Dabei ist die Schöpfung nach BARTH nicht nur der äußere Grund des Bundes (seine Voraussetzung) (ds., 103 ff.), sondern der Bund ist auch der innere Grund der Schöpfung (ds., 258 ff.). „War sie seine formale, so war er ihre materiale Voraussetzung. Hatte sie den geschichtlichen, so hatte er den sachlichen Vorrang" (ds., 262). Diese beiden Seiten meint BARTH im Nebeneinander von Gen 1 und Gen 2, 4 b–25 auch exegetisch lokalisieren zu können. Ohne Frage ordnet sich VON RADS Position auch in diesem Punkt in den breiteren Rahmen einer von dem Klima der dialektischen Theologie bestimmten Epoche ein. Übrigens schließt sich E. JACOB in seinem Entwurf (Théologie² [o. S. 58 f.], 110 ff.) ausdrücklich K. BARTH an (vgl. auch LEGRAND, NRT 1961, 465), sowie vor allem K. H. MISKOTTE (vgl. bes. Zur biblischen Hermeneutik [ThSt 55]. Zollikon 1959, 24 ff., zur Übereinstimmung von BARTH und von RAD). – Auch vgl. Verf., Biblische Theologie, Kap. II, 5.

Man kann feststellen, daß diese Unterordnung des biblischen Schöpfungsgedankens unter den Geschichtsgedanken noch in weitere Bereiche einer charakteristischen Epoche theologischen und sogar allgemein-politischen Denkens hineingewirkt hat: zu erinnern wäre hier an die (auf F. GOGARTEN zurückgehende und als Seitenlinie der dialektischen Theologie erkennbare) Säkularisierungsthese. Vor allem die Vertreter der politischen Theologie wie H. COX in seinem Buch: The Secular City (New York 1965 [Stadt ohne Gott? Stuttgart/Berlin 1966]) oder J.B. METZ (Zur Theologie der Welt. Mainz/München 1958 [engl. New York 1969]) beriefen sich insofern gerade auf Gen 1, als durch den biblischen (priesterschriftlichen) Schöpfungsbericht die Welt als Handlungsfeld der freien Verfügung des Menschen übergeben sei, der sie nun in eigener Verantwortung (wenn auch in Statthalterschaft Gottes bzw. Jesu Christi) im politischen Bereich gestalten, aber auch in ihrer naturwissenschaftlichen Erforschung und wirtschaftlichen Erschließung über sie verfügen könne. (Vgl. dazu auch F. ELDER, Crisis in Eden: A religious study of man and environment. Nashville/New York 1970, 74ff. – Zu einer Kritik der Säkularisierungsthese vgl. zuletzt W. JAESCHKE, Die Suche nach den eschatologischen Wurzeln der Geschichtsphilosophie [BEvTh 76]. München 1976.)

Umgekehrt setzte gerade hier die Kritik der ökologischen Bewegung ein, welche die christliche, von Gen 1, 26–28 ausgehende Schöpfungslehre für die Ausbeutung der Natur und die dadurch entstandene ökologische Weltkrise verantwortlich machte und so indirekt das alttestamentliche Schöpfungsdenken als die letzte Wurzel der gegenwärtigen verhängnisvollen Situation ansah (vgl. zum volgenden auch S.M. DAECKE, Auf dem Weg zu einer Praktischen Theologie der Natur: K.M. MEYER-ABICH [Hg.], Frieden mit der Natur. Freiburg/Basel/Wien 1979, 262–286).

Populär gemacht hat diesen Vorwurf 1966 der Amerikaner L. WHITE, jr. (The Historical Roots of Our Ecological Crisis: Science 155 [1967] 1203 = G. de BELL [ed.], The Environmental Handbook. New York 1970, 12–26; G. BARBOUR [ed.], Western Man and Environmental Ethics. Reading, Mass., 1973, 18–30 = Die historischen Ursachen unserer ökologischen Krise: M. LOHMANN [Hg.], Gefährdete Zukunft. Prognosen anglo-amerikanischer Wissenschaftler. München 1970, 20–29 [vgl. auch ders., Continuing the Conversation: G. BARBOUR (ed.), a. a. O., 55–65]). Am schärfsten formulierte ihn C. AMERY (Das Ende der Vorsehung. Die gnadenlosen Folgen des Christentums. Reinbek 1972 [vgl. auch ders., Natur als Politik. Die ökologische Chance des Menschen. Reinbek 1976]. Vgl. außerdem I. MCHARG, Man: Planetary Disease: Vital Speeches of the Day 37 [1971], 634–640, 636; J. B. COBB, jr., Is it too late? New York 1972 = ders., Der Preis des Fortschritts. Umweltschutz als Problem der Sozialethik. München 1972, 49 ff.; D. L. MEADOWS, Die Grenzen des Wachstums und Planung für die Zukunft: H. E. RICHTER [Hg.], Wachstum bis zur Katastrophe? Pro und Kontra zum Weltmodell. Stuttgart 1974, 12–31, 28 f.; G. KADE, Ökonomische und gesellschaftspolitische Aspekte des Umweltschutzes: Gewerkschaftl. Monatshefte 22 [1971], 257–269, 259 f.; J. W. FORRESTER, Churches at the Transition between Growth and World Equilibirium: D. L. und H. D. MEADOWS [ed.], Toward Global Equilibrium. Cambridge, Mass. 1973, 337–353, bes. 350 = Die Kirchen zwischen Wachstum und globalem Gleichgewicht: D. L. und D. H. MEADOWS [Hg.], Das globale Gleichgewicht. Modellstudien zur Wachstumskrise. Stuttgart 1974, 247–258, bes. 255 f.)

Obwohl man zugeben muß, daß die Wirkungsgeschichte von Gen 1, 28 in einer säkularisierten Atmosphäre zuzeiten derartige Begründungszusammenhänge begünstigt hat (vgl. dazu G. LIEDKE, Von der Ausbeutung zur Kooperation: E. VON WEIZSÄCKER [Hg.], Humanökologie und Umweltschutz [SFF 8]. Stuttgart/München 1972, 36–65. – Offensichtlich gilt das noch nicht für das vorneuzeitliche kirchliche Verständnis: vgl. D. K. JOBLING, „And Have Dominion...“ Diss. Union Theological Seminary. New York 1972; G. M. TREUTSCH, Die Schöpfungsethik im Verlauf der Theologiegeschichte: Beitr. päd. Arb. 22 [1978], 41–49; U. KROLZIK, Umweltkrise – Folge des Christentums? Stuttgart 1979, bes. 70 ff.; ders., „Machet Euch die Erde untertan ...!“ und das christliche Arbeitsethos: MEYER-ABICH [Hg.], Frieden, o. S. 157], 174–195), wird in den letzten Jahren zunehmend erkannt (so unterscheidet J. PASMORE, Man's Responsibility for Nature. Ecological Problems and

Western Traditions. London 1974, 8–27, klar zwischen der alttestamentlichen, ja selbst der genuin christlichen Verständnisweise und dem, was griechisch-stoisch-humanistischer Einfluß in der Neuzeit aus ihr gemacht hat. Erst die letztere erniedrigte die Natur zu einem Ausbeutungsobjekt des Menschen. – Vgl. zur begrenzten Bedeutung der christlichen Tradition für das Problem auch R. Dubos, A God Within. London 1973, 157ff.; D.W. Moncrief, The Cultural Basis of our Environmental Crisis: I.G. Barbour [ed.], Western Man, a.a.O., 31–42; A.R. Peacocke, On "The Historical Roots of Our Ecological Crisis": H. Montefiore [ed.], Man and Nature. London 1975, 155–158), daß sie einer mißverstandenen Deutung des Verses entspringt, in dem vielmehr, dem Zusammenhang mit V. 26 f. entsprechend, der Gedanke der Verantwortung des Menschen für die Schöpfung den Schwerpunkt bildet. Gen 2, 15 wird mehrfach als adäquate Interpretationshilfe erkannt. Recht verstanden, begünstigen die biblischen Schöpfungsberichte die Ausbeutung der Natur durch den Menschen gerade *nicht*, sondern erinnern ihn vielmehr an seine schöpfunggemäße Aufgabe. Andererseits sollte nicht vergessen werden, daß die biblische Urgeschichte gerade nicht die Utopie der heilen Welt vertritt, sondern von dem tiefen Riß ausgeht, der des Menschen wegen durch die Schöpfung geht (dazu bes. Drewermann, Strukturen [o. S. 148]).

Vgl. u.a. M. L. Henry, Das Tier im religiösen Bewußtsein des alttestamentlichen Menschen. Tübingen 1958, 12–25; Elder, Crisis (o. S. 157), 81ff.; I. Sittler, Ecological Commitment as Theological Responsibility: Zygon 5 (1970), 172–181; J. Barr, Man and Nature – The Ecological Controversy and the Old Testament: BJRL 55 (1972), 9–32; T.S. Derr, Ecology and Human Liberation (WSCFB III, 1). Genf 1973; G. Liedke, Ausbeutung, a.a.O., 42 ff.; ders., Die Verheißung gilt aller Kreatur: LM 18 (1979), 469–473; G. Altner, Schöpfung am Abgrund. Die Theologie vor der Umweltfrage. Neukirchen-Vluyn 1974, 55 ff.; N. Lohfink, „Macht euch die Erde untertan?“: Orient. 38 (1974), 137–142; ders., Die Priesterschrift und die Grenzen des Wachstums: StZ 192 (1974), 435–450; ders., „Seid fruchtbar und füllt die Erde an!“ Zwingt die priesterliche Schöpfungsdarstellung in Gen 1 die Christen zum Wachstumsmythos?: BiKi 30 (1975), 77–82; ders., Wachstum: Unsere großen Wörter (o. S. 90), 156–171; J. A. Baker, Biblical Attitudes to Nature: Montefiore (ed.), Man and Nature,

a. a. O., 87–109; L. SCHEFFCZYK, Einführung (o. S. 66), 85 ff.; H. SCHÜNGEL-STRAUMANN, Macht euch die Erde untertan?: KatBl 101 (1976), 319–332; O. JENSEN, I vaekstens vold. Økologie og Religion. Kopenhagen 1976 = ders., Unter dem Zwang des Wachstums, München 1977, bes. 49 ff., 144 ff.; R. RENDTORFF, Machet euch die Erde untertan. Mensch und Natur im Alten Testament: EK 10 (1977), 659–661; F.-E. WILMS, Der Mensch als Mitgeschöpf. Alttestamentliche Vorgaben zu einer Schöpfungsethik: Beitr. päd. Arb. 22 (1978), 1–28; K. LEHMANN, Kreatürlichkeit des Menschen als Verwantwortung für die Erde: G. ALTNER (Hg.), Sind wir noch zu retten? Regensburg 1978, 41–64; O. H. STECK, Welt und Umwelt (o. S. 150), bes. 143 ff.; G. LIEDKE, Im Bauch des Fisches. Ökologische Theologie. Stuttgart 1979; W. ZIMMERLI, Der Mensch im Rahmen der Natur nach den Aussagen des ersten biblischen Schöpfungsberichtes: ZThK 76 (1969), 139–158; SCHUNK, ThZl 1979 (o. S. 150); C. WESTERMANN, Bebauen und Bewahren: H. AICHELIN/G. LIEDKE, Naturwissenschaft und Theologie. Texte und Kommentare. Neukirchen 1974, 203–213; J. WIEBERING, Die Natur als Partner des Menschen. Theol. Versuche XI. Berlin 1979, 165–176, bes. 168 ff.; F.-E. WILMS, Mitgeschöpflichkeit als Verantwortung für die Erde: Karlsruher päd. Beiträge 1980, 75–85, bes. 81 ff.; G. M. TREUTSCH, Umwelt oder Schöpfung?: Energie, Umwelt, Ernährung. Pol. Studien, Sonderh. 1 (1980), 119–129, 124 ff.; auch Th. STROHM: Die Gottesebenbildlichkeit und die Ursprünge der Entfremdung: ThPr 12 (1977), 296–308. – Von neutestamentlicher Seite: C. F. D. MOULE, Man and Nature in the New Testament. London 1964/Philadelphia 1967; E. GRÄSSER, Neutestamentliche Erwägungen zu einer Schöpfungsethik: Beitr. päd. Arb. 22 (1978), 29–40 = WPKG 68 (1979), 98–114; ders., Die falsche Anthropozentrik. Plädoyer für eine Theologie der Schöpfung: DtPfrBl 78 (1978), 263–266; vgl. auch ders., Ehrfurcht vor allem Lebendigen. Zur Aktualität der Ethik Albert Schweitzers: DtPfrBl 80 (1980), 274–277. – Von einem einseitig soteriologischen Verständnis von Theologie überhaupt („Theologie ist Soteriologie“, 33. 37. 46) blickt H. DEMBOWSKI (Ansatz und Umrisse einer Theologie der Natur: EvTh 37 [1977], 33–49) *ausschließlich* auf die Christologie und das Neue Testament. Damit wird allerdings die biblische Botschaft nicht in ihrem ganzen Umkreis wahrgenommen.

Unterdessen hat sich die Situation in der theologischen Beurteilung des Schöpfungsthemas seit etwa zehn Jahren von verschiedenen Seiten her und aus verschiedenen Gründen nachhaltig verschoben. Hier wäre zunächst auf die Arbeiten von C. WESTERMANN hinzuweisen. Die programmatische Schrift: ›Der Segen in der Bibel und im Handel der Kirche‹ bedeutet gegenüber der Position VON RADS zwar noch keine Kehrtwendung, aber doch eine spürbare Modifikation, indem WESTERMANN dem rettenden Handeln Gottes das segnende Handeln als eine grundsätzlich davon zu unterscheidende Form der Zuwendung gegenüberstellt. Während das Rettungshandeln in aktuellen Taten Gottes in der Geschichte erfolgt, und das Heil zum Ziele hat, ist der Segen (von dem vor allem die Bücher Genesis und Deuteronomium sprechen) ein stetiges Tun, er ist „die das Leben, das Wachsen und Gedeihen befördernde, vor Gefahren und Schaden bewahrende Kraft" (44). Ursprünglich ist der Segen durchaus geschichtslos oder vorgeschichtlich im Bereich der Familie zu Hause (wie sie in den Vätergeschichten den soziologischen Hintergrund bildet, wo die Kontinuität des Segens in den Genealogien dargestellt wird). Erst der Jahwist in Gen 12, 1–3 (und die Bileam-Perikope, Num 22–24) bringt dann den Übergang von der vorgeschichtlichen Existenzweise der Familie zur geschichtlichen Existenzweise des Volkes. Der Jahwist hat den ursprünglich magischen Charakter des Segens gebrochen und ihn zu einem geschichtlichen Begriff gemacht (60); Empfänger des Segens wurde jetzt das Volk, wie es dann vor allem das Deuteronomium voraussetzt. Mit dieser Unterscheidung (im Anschluß an WESTERMANN vgl. auch D. VETTER, Jahwes Mit-Sein ein Ausdruck des Segens [AzTh 45]. Stuttgart 1971), ist zwar der geschichtsorientierte Ansatz noch nicht aufgegeben, aber doch eine Perspektive eröffnet, die einen anderen theologischen Ausblick sichtbar macht (in die gleiche Richtung führt auch J. MACQUARRIES Vorschlag eines „organischen Modells" [6], das er ebenfalls auf die zu Unrecht vernachlässigte priesterliche Theologie zurückführt, in der Gott und die Welt nicht in gleicher Weise wie in der prophetischen Theologie scharf getrennt sind). Sie ergibt auch den einen der beiden Aspekte, in denen nach WESTERMANN die biblische Urgeschichte das Geschaffensein des Menschen sieht: der geschaffene Mensch ist der von Gott gesegnete – andererseits auch der von Tod und Sünde begrenzte Mensch (vgl. KuD 1967, 236ff.). WESTERMANN findet die Scheidung zwischen Retten und Segnen so wichtig, daß er sie als Einteilungsschema auch in seine Darstellung der ›Theologie des Alten Testaments‹ übernimmt (s. o. S. 61–62). Inhaltlich findet sich dort zum Thema „Segen" (88 ff.) nichts wesentlich Neues gegenüber dem früheren Buch. Man wird bemerken, daß die These von der Übernahme des Segensbegriffes in das Geschichtshandeln durch den Jahwisten begrifflich keineswegs scharf ist; hier sollten sich noch andere Verständnismöglichkeiten ergeben. Nicht zuletzt hat WESTERMANN selbst dazu beigetragen. Der Gebrauch der Rede vom Segen in der Schöpfung (wo sie erzählend, nicht begrifflich geschieht) ist s. E. von den genannten zu unterscheiden (vgl. Genesis I, 192 f.). Doch auch diese Bemerkung führt noch nicht entscheidend weiter.

In seinem Beitrag zur ROST-Festschrift wendet sich WESTERMANN (241) gegen den Versuch, von Deuterojesaja aus allen Schöpfungsaussagen eine soteriologische Relevanz zu geben. Überlieferung von der Schöpfung ist etwas anderes als Überlieferung von den Rettungstaten Gottes (240; vgl. ThLZ 1967, 245): während diese von einer Erfahrung ausgeht, die bezeugt wird, kann es das gleiche für die Überlieferung von der Schöpfung nicht geben (KuD 1967, 236). Sie trägt aber auch einen grundsätzlich anderen Charakter: „Alles urgeschichtliche Geschehen bzw. alles Urgeschehen bezieht sich auf die Gegenwart, und zwar unter Ausschaltung dessen, was wir Geschichte nennen." „Die Urzeit ist das Jenseits der Zeitfolge, das Jenseits der Geschichte" (KuD 1967, 235 f.). An anderer Stelle (Genesis I, 89 ff.; vgl. auch Schöpfung [o. S. 150], 29 ff.) betont WESTERMANN das Eigengewicht des Urgeschehens, das diese *Menschheitstraditionen* vom Anfang aufnehmen und weitergeben wollen (deshalb auch die Übernahme altorientalischer Gemeinschaftsüberlieferungen). Urgeschehen ist auch nicht Gegenstand des Bekenntnisses oder des Glaubens (Schöpfung, 14), sondern gewissermaßen eine nicht hinterfragbare Denkvoraussetzung (vgl. auch – im Anschluß an WESTERMANN – G. LIEDKE, Die Selbstoffenbarung der Schöpfung: EK 8 [1975], 398–400; vgl. auch ders., epd-Dokumentation 31/75 [o. S. 149 f.], 19: „Ein wenig über VON RAD und WESTERMANN hinausgehend würde ich die Formel vorschlagen: *im Urgeschehen wird dargestellt die Bedingung alles Geschehens* ..."), denn das Geschaffensein des Menschen war dem alten Orient selbstverständlich.

Andererseits stellt WESTERMANN jedoch fest, diese Urgeschichte habe im Alten Testament ein doppeltes Gesicht: durch die Verknüpfung mit der Volksgeschichte in Gen 11/12 und die Ganzheitskonzeption von J und P sei sie auch zum Proömium der Geschichte Gottes mit Israel geworden. Dadurch, daß innerhalb der *Urgeschichte* die Ereignisse in eine feste Abfolge gebracht wurden (gegenüber freier Assoziation der Motive des *Urgeschehens* in der altorientalischen Welt), habe sie auch einen spezifischen Charakter erhalten (Genesis I, 88 – ähnlich DREWERMANN, Strukturen [o. S. 148], bes. 319, der, unter Aufnahme der Deutung VON RADS, daß der Schlüssel zur jahwistischen Urgeschichte in Gen 12, 1–3 liege, in der Zuspitzung der Urgeschichte auf die Entwicklung des Bösen eine nur vom Gegenbild des mit der Abrahamverheißung beginnenden Neuanfangs her verständliche bewußte Gestaltung des Jahwisten sieht). In bestimmter Weise bleibt WESTERMANN in seiner Neubesinnung über die Rolle der Schöpfung also auf halbem Wege stehen (vgl. dazu noch u. S. 179).

WESTERMANN hat das Verständnis der Schöpfung noch an zwei Stellen vorangetrieben. Wichtig ist zunächst seine Scheidung zwischen zwei verschiedenen Formen von Schöpfungsbericht: von Weltschöpfung und Menschenschöpfung (vgl. KuD 1967, 233 f.; Fs. ROST, 243; Genesis I, 31 ff.). Sein Schüler R. ALBERTZ hat diese Unterscheidung (wobei die Menschenschöpfung religionsgeschichtlich gesehen die ältere Vorstellung ist) außerhalb der Genesis weiterverfolgt. Eine andere wichtige Beobachtung (allerdings nur angedeutet) ist die traditionsgeschichtliche: daß es nämlich drei Grundformen des Tradierens von Schöpfer und Schöpfung gebe: den der Erzählung (des Mythos), des Hymnus' und der Weisheit (VuF 1969, 17).

Tatsächlich sind auf traditionsgeschichtlichem Gebiet in den letzten Jahren die größten Fortschritte für die Standortbestimmung des Themas „Schöpfung" im Alten Testament erzielt worden. Die Schwierigkeiten, zu einer angemessenen Einordnung der Schöpfungsthematik innerhalb des Alten Testaments zu gelangen, lagen vor allem darin, daß man zu selbstverständlich von einem einheitlichen Traditionszusammenhang ausging, so daß z. B. VON RAD neben den im Mittelpunkt seines Interesses stehenden heilsgeschichtlichen Überlieferungen für die Schöpfung nur noch einen Randplatz in seinem System finden konnte. Inzwischen ist ein klareres Bild über die Bedeutung auch des kanaanäischen Bereichs für das Werden des Gesamtgefüges der Glaubensaussagen des Alten Testaments gewonnen worden, wobei (zu Recht oder zu Unrecht? – ALBERTZ [Weltschöpfung, 159] bezweifelt die Richtigkeit einer so ausschließlichen Fixierung) Jerusalem und seine Traditionen in den Mittelpunkt der Aufmerksamkeit geraten ist. Seit Herbert SCHMID in seinem Aufsatz ›Jahwe und die Kulttraditionen von Jerusalem‹ (ZAW 67 [1955], 168–197) zum erstenmal das Material zusammenstellte, sind die Elemente in der alttestamentlichen Überlieferung, die sich der heilsgeschichtlichen Linie nicht einfügen, sondern auf andere Herkunft und einen anderen Sitz im Leben verweisen, immer klarer vor Augen getreten. Besonders die ugaritischen Parallelen machten dabei die kanaanäische Herkunft deutlich, wie bei dem Gedanken des Königtums Gottes (vgl. Werner H. SCHMIDT, Königtum Gottes in Ugarit und Israel [BZAW 80]. Berlin [1961] 1966²; auch J. SCHREINER, Sion-Jerusalem. Jahwes Königssitz [StANT VII]. München 1963), dem Motiv des Chaoskampfes (O. KAISER, Die mythische Bedeutung des Meeres in Ugarit und Israel [BZAW 78]. Berlin [1958] 1962²; STOLZ, Strukturen, 12–71), des Gottesberges, der in Jerusalem mit dem Zion gleichgesetzt wird (R. J. CLIFFORD, The Cosmic Mountain in Canaan and the Old Testament. Cambridge, Mass. 1972; STECK, Friedensvorstellungen, 13ff.). Dabei stellte sich heraus, in wie weitem Umfange Israel nach der Landnahme und offensichtlich vor allem nach der Erhebung der kanaanäischen Stadt Jerusalem zur Reichshauptstadt Davids und der Umwidmung des dortigen Tempels als Jahwe-Heiligtum Vorstellungen aus der kanaanäischen Religion in den Jahweglauben übernommen hat. (Vgl. dazu u. a. J. A. SOGGIN, Der offiziell geförderte Synkretismus in Israel während des 10. Jahrhunderts: ZAW 78 [1966], 179–204; G. FOHRER, Israels Haltung gegenüber den Kanaanäern und anderen Völkern: JSS 13 [1968], 64–75; anders begründet: E. OTTO, El und JHWH in Jerusalem: VT 30 [1980], 316–329. – F. STOLZ, Monotheismus [o. S. 126f.] will den monotheistischen Jahweglauben überhaupt erst als die Endphase in der Entwicklung einer ursprünglich polytheistisch-kanaanäisch geprägten Religion Israels ansehen. Anders jedoch H. P. MÜLLER, Gott und die Götter in den Anfängen der biblischen Religion: ds., 99–142.) Vor allem ein beträchtlicher Teil der Schöpfungsthematik scheint kanaanäischer oder spezifisch Jerusalemer Herkunft zu sein. Mehrere der erwähnten Motive Jerusalemer Tradition stehen mit ihm in Verbindung: so der Gottesberg, der schon in sumerischer Mythologie als Damm gegen die Urwasser und „Band zwischen Himmel und Erde" erscheint (STOLZ, Strukturen, 110ff., 144ff.) und in Jerusalem die gleiche Funktion besitzt (W.H. SCHMIDT, Königtum Gottes, 32ff.; STOLZ, Strukturen, 163ff.; vgl. auch R. HILLMANN, Wasser und Berg. Kosmische Verbindungen zwischen dem kanaanäischen Wettergott und Jahwe. Diss. theol. Halle 1965 [Fotodruck], 10ff., 158ff.), und der Chaoskampf, der in der Gestalt der Bändigung der Urwasser ebenfalls zum Schöpfungsthema gehört (so neuerdings wieder STECK, KuD 1977, 286, Anm. 19 – gegen u.a. W.H. SCHMIDT, Alttestamentlicher Glaube, 166–170; ALBERTZ, Weltschöpfung, 112ff.; VOSBERG, 10f., 46f.). Funktionen Els, aber auch Baals (vgl. dazu FISHER) gingen dabei auf Jahwe über. Sowohl SCHMIDT (Königstum Gottes, 58ff.; vgl. auch schon H. SCHMID, ZAW 1955, 179–183) wie STOLZ (Strukturen, bes. 167ff.) haben die Belege im einzelnen behandelt, die für die Übernahme ursprünglich kanaanäischer, mit El und Baal verbundener Schöpfungsvorstellungen in den Jahweglauben zeugen. Eine besonders wichtige Stelle ist dabei Gen 14, 18–20, die STOLZ „geradezu" ein „Kompendium jebusitischer Religiosität" genannt hat (151; Lit. ds., 149, Anm. 1; vgl. weiter N.C. HABEL, Jahwe, Maker of Heaven and Earth: JBL 91 [1972], 321–337; ALBERTZ, Weltschöpfung, 159). Die dortige Gottesprädikation des ᵓEl ᵓäljon als „Schöpfer Himmels und der Erden" wird später auf Jahwe übertragen. Für G. LINDESKOG ist die hebräische Religion aus der Fusion von zwei verhältnismäßig unabhängigen Elementen entstanden: dem Schöpfungsmythos und der Exodus-Geschichte (5).

Ein Ort, an dem (ursprünglich aus dem kanaanäischen Bereich stammende) Schöpfungsaussagen zu Hause sind, ist vor allem der Psalter. Wie besonders ALBERTZ (in Weiterführung entsprechender Positionen WESTERMANNS und auch von dessen Terminologie – vgl.

C. Westermann, Das Loben Gottes in den Psalmen. Göttingen 1954 – 5. Aufl. unter dem Titel: Lob und Klage in den Psalmen, 1977; vgl. ders., Der Psalter. Stuttgart [1967] 1974[3]) gezeigt hat (Weltschöpfung, 91 ff.), hat das Thema „Weltschöpfung" im beschreibenden Lobpsalm (Gunkel: Hymnus) seinen Platz, und zwar üblicherweise als Beschreibung der Majestät Gottes, in Sonderfällen (Ps 104, 10 ff. – vgl. dazu auch O. H. Steck, Der Wein unter den Schöpfungsgaben: Überlegungen zu Ps 104: TThZ 87 [1978], 173–191 – ; 136, 25; 145, 15; 147, 8 f.; Hi 5, 10; 38, 39 ff.) auch im Sinne der „creatio continua", der gnädigen Bewahrung der Schöpfung. Vom Hymnus aus ist das Thema „Weltschöpfung" dann auch bei Deuterojesaja in die Form der „Bestreitung" gelangt, in der ebenfalls die Überlegenheit Jahwes als des Schöpfers den Exulanten vor Augen geführt werden soll (Albertz, Weltschöpfung, 7 ff.). Daneben gibt es bei Deuterojesaja noch das ganz andere Thema (s. o. S. 163 f.) der Menschenschöpfung, das ursprünglich seinen Platz in der Klage des einzelnen (Weltschöpfung, 118 ff.; vgl. dazu ders., Persönliche Frömmigkeit und offizielle Religion [CThM A, 9]. Stuttgart 1978, 23 ff.) und von daher auch im Heilsorakel (Weltschöpfung, 26 ff.) hat. Wichtig ist, daß also die Schöpfungsaussagen keinesfalls erst von Deuterojesaja in die dort anzutreffende Funktion eingebracht sind, sondern er nur die Rollen fortführt und in die besondere Situation des Exils hinein anwendet, die sie schon traditionell, von langem kultischem Gebrauch geprägt, besaßen. Diese Ausführungen hat H. Haag unlängst noch ein Stück weiter geführt (TThZ 1976), indem er aufwies, daß die beiden Traditionsbereiche „Weltschöpfung" und „Menschenschöpfung" bei Dt-Jes (und ansatzweise schon in der jahwistischen Schöpfungserzählung) nicht mehr isoliert vorkommen, sondern auf die Thematik von Jahwes Herrsein (Königtum) über Welt und Geschichte und sein Handeln als Erlöser seines Volkes bezogen sind. Auch Mischformen zwischen beiden Bereichen sind zu beobachten.

Die Arbeit von Vosberg, die alle behandelten Psalmen als exilisch-nachexilisch einstuft, ist leider zum Thema wegen einseitiger Fragestellung und starker methodischer Schwächen wenig hilfreich; vgl. auch die Rezension von R. Albertz, ThLZ 103 (1978), 645–647; ebenso wird man der Auffassung von

G. WANKE (Die Zionstheologie der Korachiten [BZAW 97]. Berlin 1966), das gesamte Material sei nachexilisch, nicht zustimmen können.

Von der durch WESTERMANN eingeleiteten exegetischen Neubestimmung der theologischen Relevanz des „Urgeschehens" innerhalb des Alten Testaments her und einer entsprechenden Exegese auch einzelner Stellen wie Gen 1, 26–28 wird auch eine neue Aktualisierung des biblischen Schöpfungsdenkens möglich sein, gerade auch im Gespräch mit der modernen Naturwissenschaft. Den Versuch einer ganzheitlichen Theologie, die den Weltbezug des Gottesverhältnisses einbezieht (die Vertreter dieser Sicht nennt ELDER, Crisis [o. S. 157]. "Inclusionists"), unternimmt seit langem die amerikanische „Prozeß-Theologie".

Vgl. bes. WHITEHEAD, A. N.: Process and Reality (Gifford Lectures 1927/8). London 1929 (New York 1969) = Prozeß und Realität. Entwurf einer Kosmologie. Frankfurt 1979; HARTSHORNE, C.: A Natural Theology for Our Time. Chicago 1967; COBB, J. B.: A Christian Natural Theology: Based on the Thought of Alfred North Whitehead. Philadelphia 1965 / London 1966; ders.: God and the World. Philadelphia 1969 = Christlicher Glaube nach dem Tode Gottes. Gegenwärtiges Weltverständnis im Licht der Theologie. München 1971 (vgl. dazu aber auch die Kritik von T. S. DERR, Ecology and Human Liberation [o. S. 159] – dazu auch die Diskussion: T. S. DERR / J. B. COBB, jr. / D. R. GRIFFIN / Ch. BIRCH / P. VERGHESE, Rights for Both, Man and Nature?: Antic. 16 [1974], 20–36). – Einführungen: PETERS, E. H.: The Creative Advance. An Introduction to Process Philosophy as a Context for Christian Faith. St. Louis 1966; COBB, J. B./GRIFFIN, D. R.: Process Theology. An Introductory Exposition. Brescia 1976 = Prozeß-Theologie. Eine einführende Darstellung. Göttingen 1979, bes. Kap. 4, 62 ff., und Kap. 9, 142 ff. – Vgl. auch WILLIAMS, D. D.: Prozeß-Theologie. Eine neue Möglichkeit für die Kirche: EvTh 30 (1970), 571–582 = K. M. BECKMANN (Hg.), Protestantische Theologie. Düsseldorf/Wien 1973, 304–314; BIRCH, Ch.: Nature and God. London 1965; ders.: What does God do in the World?: USQR 30 (1975), 76–84; BROWN, D.: Gott verändert sich. Konzepte und Entwicklungen der Prozeßtheologie in den Vereinigten Staaten: EK 10 (1977), 595–597; COBB, J. B., Jr.: Der Mensch ist ein Teil der Schöpfung: Ein neuer Ansatz der Prozeßtheologie: EK 13 (1980), 701–704; WELKER, M.: Relativität der wirklichen Welt. Prozeßdenken und Prozeßtheologie (zu WHITEHEAD, COBB/GRIFFIN und dem Sammelband: E. WOLF-GAZO [Hg.]: Whitehead. Einführung in seine Kosmologie. Freiburg/München 1980): EK

13 (1980), 595–597; ders.: Universalität Gottes und Relativität der Welt. Theologische Kosmologie im Dialog mit dem amerikanischen Prozeßdenken nach Whitehead. Neukirchen 1981. Vgl. auch DAECKE, S.M.: Schöpfungsglaube als Gotteserkenntnis, Selbstverständnis, Weltverantwortung, Naturerfahrung und Umweltbewußtsein: WPKG 7 (1978), 398–411. 588–594 (zeigt auch die Bandbreite neuerer dogmatischer Ansätze im Schöpfungsverständnis auf. – Vgl. auch u. S. 176–177).

Offensichtlich sind dabei Engführungen der traditionellen historisch-kritischen Sicht zu überwinden (vgl. z.B. die Kritik an W. HERRMANN und R. BULTMANN bei O. JENSEN, Theologie zwischen Illusion und Restriktion. [BEvTh 71], München 1975). Im Hinblick auf das Ökologieproblem hat dieses Gespräch unlängst G. LIEDKE (Im Bauch des Fisches [o. S. 160]) ansatzweise vorgeführt. Daß bei LIEDKE der Bezug zur neutestamentlichen Eschatologie ausdrücklich einbezogen wird (vgl. dazu auch o. S. 160f.), macht einen spezifisch christlichen Zugang zum Alten Testament auch auf diesem Gebiet und von daher zu den drängenden Fragen der Gegenwart besonders verheißungsvoll. Doch sind hier erst allererste Schritte getan.

2. *Der Mythos*

Durch die Erkenntnis, daß die Verbundenheit des Themas „Schöpfung" mit den geschichtlichen Überlieferungen zu einem gewichtigen Teil traditionsgeschichtlich bedingt ist (vgl. dazu auch die Arbeiten von V. MAAG zum nomadischen und sedentären Bestandteil des Gottesbildes im Alten Testament: Der Hirte Israels: SThU 28 [1958], 2–28 = ders., Kultur, Kulturkontakt und Religion [o. S. 73f.], 111–144; ders., „Malkuth JHWH": Congress Volume Oxford 1959 [VTS VII]. Leiden 1960, 129–153 = ders., Kultur, 145–169; ders., NedThT 1966/7 [o. S. 73] = ders., Kultur, 256–299) tritt seine selbständige Bedeutung für die Theologie des Alten Testaments sehr viel deutlicher hervor. Selbständige Bedeutung wird man neuerdings auch der (jahwistischen und priesterschriftlichen) Urgeschichte zubilligen müssen, nachdem sich in der Bewertung des Mythos eine Umkehr vollzogen hat.

Diese Neubewertung ist auf der einen Seite von der religionswissenschaftlichen Forschung ausgegangen (vgl. J. HENNINGER, Art. Le mythe en ethnologie: DBS VI, 225–246). Man muß allerdings sagen, daß die alttestamentliche Wissenschaft sie noch kaum zur Kenntnis genommen hat, sondern noch weitgehend von älteren Definitionen von Mythos (als „Göttergeschichte“ [H. GUNKEL, Genesis (HK I/1), 1977⁹, XIV], als überholtes „dreistöckiges“ antikes Weltbild [R. BULTMANN, Neues Testament und Mythologie, s. u.]) vorherbestimmt ist. Der aus der Aufklärung stammende (vgl. J. PEPIN, Mythe et allégorie. Paris 1958, 34 ff.), meist auf Chr. G. HEYNE zurückgeführte Mythosbegriff (vgl. dazu C. HARTLICH/W. SACHS, Der Ursprung des Mythosbegriffes in der modernen Bibelwissenschaft. Tübingen 1952, 14 ff.; P. BARTHEL, Interprétation du langage mythique et théologie biblique. Leiden 1963, 15 ff.; J. W. ROGERSON, Myth in Old Testament Interpretation [BZAW 134]. Berlin 1974, 1 ff.), der den Mythos als urtümlich-primitive Denkform vom modernen, rationalen Denken abgrenzt (so bes. E. NESTLE, Vom Mythos zum Logos. Stuttgart [1940] 1942²; vgl. auch noch H. WEINRICH, Structures narratives du mythe: Poétique 1 [1970], 25–34 = Erzählstrukturen des Mythos: ders., Literatur für Leser. Essays und Aufsätze zur Literaturwissenschaft. Stuttgart 1971, 137–149) und von BULTMANN in seinem bekannten Entmythologisierungsaufsatz aufgenommen worden ist (Neues Testament und Mythologie: Offenbarung und Heilsgeschehen [BEvTh 7]. München 1941, 27–69 = KuM I. Hamburg 1948 [1967⁵], 15–48 – zur Diskussion vgl. die weiteren Bände der Reihe), hat auch in der alttestamentlichen Forschung seine Wirkungen gezeigt (vgl. z. B. die stark rationalisierenden Beispiele bei E. L. ALLEN, On Demythologizing the Old Testament: JBR 22 [1954], 236–241). Infolgedessen ist auch in neueren Äußerungen von Fachexegeten eine große Unklarheit über die Bedeutung von Begriff und Sache festzustellen (einen guten Überblick über die Forschungsgeschichte bietet ROGERSON, a. a. O.; vgl. auch den kurzen Überblick über die verschiedenen Definitionen bei W. HERBERG, Some Variant Meanings of the Word 'Myth': ders., Faith [o. S. 97], 139–148). Auch die teils angelsächsischen (in der "Myth and Ritual"-Schule um S. H. HOOKE [vgl.

ROGERSON, 66 ff.]) teils skandinavischen (bes. in der sog. Uppsala-Schule und bei S. MOWINCKEL, vgl. bes. Religion und Kultus. Göttingen 1953, 94 ff.) Theorien, die das Verhältnis zwischen Mythos und Ritus in den Mittelpunkt der Aufmerksamkeit rückten (vgl. neuerdings noch B. OTZEN/H. GOTTLIEB/K. JEPPESEN, Myter i Det gamle Testamente. Kopenhagen [1973] 1976² = Myths in the Old Testament. London 1980), haben nicht zur Klärung beigetragen, da sie, mit der Annahme eines den gesamten alten Orient umspannenden und auch die alttestamentlichen Vorstellungen bestimmenden "cultic pattern", die grundsätzlich zutreffenden Beobachtungen über den Zusammenhang zwischen Mythos und Kultus viel zu pauschal anwandten (vgl. u. a. K. H. BERNHARDT, Das Problem der altorientalischen Königsideologie im Alten Testament [VTS VIII]. Leiden 1961, bes. 51–66).

Der religionswissenschaftliche Begriff von Mythos, wie er besonders von B. MALINOWSKI (Myth in Primitive Psychology. London 1926; Auszug [dt. Übers.] auch in: K. KERENYI [Hg.], Die Eröffnung des Zugangs zum Mythos. Darmstadt 1967, 177–193) gewonnen und durch andere wie K. Th. PREUSS (Der religiöse Gehalt der Mythen [SGV 162]. Tübingen 1933) und H. BAUMANN (Schöpfung und Urzeit des Menschen im Mythus der afrikanischen Völker. Berlin 1936 [Nachdruck 1964]; vgl. ders., Mythos in ethnologischer Sicht: StGen 12 [1959], 1–17. 583–597) vertieft wurde (vgl. auch F. MEDICUS, Das Mythologische in der Religion. Zürich 1944; R. PETTAZONI, Verita del unito: SMSR 21 [1947/8], 104–116 = The Truth of Myth: ders., Essays on the History of Religions. Leiden 1954 [1967], 11–23 = [Auszug] Paid. 4 [1950], 1–10 = Die Eröffnung des Zugangs, hg. K. KERENYI, a. a. O., 253–261; A. E. JENSEN, Mythos und Kult bei Naturvölkern. Wiesbaden 1951), definiert den Mythos als eine die gegenwärtige Ordnung begründende Wirklichkeit oder – so M. ELIADE (Das Heilige und das Profane. Hamburg 1957 [Le sacré et le profane. Paris 1956], 56 f.; vgl. weiter ders., Images et symboles. Paris 1952 = Ewige Bilder und Sinnbilder. Olten/Freiburg i. Br. 1958; ders., Les mythes du monde moderne: NRF 9 [1953], 440–458 = Die Mythen in der modernen Welt: Merkur 8 [1954], 724–735) – als „exemplarisches Modell" (vgl. weiter K. KErenyi, Über Ursprung und Gründung in der Mythologie: C. G. Jung/K. Kerenyi, Einführung in das Wesen der Mythologie. Amsterdam/Leipzig [1941], 9–37 = K. Kerenyi, Humanistische Seelenforschung. Darmstadt 1966, 150–175; ders., Wesen und Gegenwärtigkeit des Mythos [München/Zürich 1965; dazu die Neubearbeitung von S. 128–144: Die Eröffnung des Zugangs, 234–252; K. Beth, Art. Mythologie und Mythos: HWDA VI, 720–752]). W. Pannenberg, der in seiner Schrift ›Christentum und Mythos‹ (Terror und Spiel. Probleme der Mythenrezeption, hg. M. Fuhrmann. München 1971, 473–525 = separat Gütersloh 1972) von diesem Begriff ausgeht, bemerkt mit Recht, daß er in der (philosophischen und) theologischen Diskussion über Mythos und „Entmythologisierung" zuwenig Beachtung finde (13). Insbesondere gelte das für die alttestamentliche Wissenschaft (27 ff.). Ein stark von der Kerygma-Theologie bestimmtes Klima machte sich auch hier bemerkbar. „Mythos" wird dann von vornherein im Sinne der außerisraelitischen Mythologie in ihrer polytheistischen Prägung verstanden, und exegetisch zutreffend, konstatiert, daß eine solche in der biblischen Urgeschichte (bis auf geringe Reste) eliminiert erscheint. Gegenüber der Einstufung dieses Befundes als „Vorgang der Entmythisierung", den z. B. W. Zimmerli einst nicht hoch genug rühmen zu müssen meinte (vgl. EvTh 1963 [o. S. 73 f.], 22), ist das differenzierende Urteil C. Westermanns festzuhalten (Genesis, Bd. II [BK I, 2]. Neukirchen 1977 ff., 45; vgl. dazu auch H. P. Müller, Gott und die Götter [o. S. 165], 102), der zwischen polytheistischen Mythen der Hochkulturen „und den ‚Mythen' der Frühkulturen" unterscheidet, „in denen gewöhnlich nur ein Gott oder überirdisches Wesen handelt, der andere Partner des Geschehens aber Menschen sind". In die zweite Kategorie ordnet sich auch die biblische Urgeschichte ein.

Doch ist die Beschränkung mythischen Redens auf die antiken Hochkulturen und „Frühkulturen" und die Bezeichnung des Mythos als polytheistisch offensichtlich zu eng. In neuerer Zeit wurde erkannt, daß mythisches Denken und Sprechen vielmehr eine Form menschlicher Weltbewältigung darstellt, die auf keine bestimmte Kulturstufe oder Religion beschränkt werden kann, sondern ihr

Recht bis in die Gegenwart behält. Neben der religionswissenschaftlichen Untersuchung der Herkunft des Mythos hat dazu die Erkenntnis seiner Bedeutung als einer symbolischen Ausdrucksform beigetragen, wie sie vor allem auf E. CASSIRER zurückgeht (Die Begriffsform im mythischen Denken [SBW 1, 1922] = ders., Wesen und Wirkung des Symbolbegriffs. Darmstadt 1956 [Nachdruck 1965], 1–70; ders., Sprache und Mythos. – Ein Beitrag zum Problem der Götternamen [SBW 6, 1925] = Wesen und Wirkung, 71–158 [159–167]; ders., Der Begriff der symbolischen Form im Aufbau der Geisteswissenschaften [VBW 1921/22], 11–39 = Wesen und Wirkung, 169–200; ders., Zur Logik des Symbolbegriffs = Theoria 4 [1938], 145–175 = Wesen und Wirkung, 201–230; ders., Philosophie der symbolischen Formen. 2. T.: Das mythische Denken. Berlin 1925, Darmstadt 1953² [Nachdruck 1977]; – vgl. auch S. K. LANGER, Philosophy in a New Key. A Study in the Symbolism of Reason, Rite, and Art. Cambridge, Mass. [1942, 1957³, repr. 1974] = Philosophie auf neuem Wege. o. O. 1965, K. VII; E. BUESS, Die Geschichte des mythischen Erkennens. München 1958, sowie die Beiträge in dem Sammelband: E. CASTELLI [ed.], Mythe et Foi, Paris 1966. – Anwendung auf das Alte Testament bei J. L. MCKENZIE, Myth and the Old Testament: CBQ 21 [1959], 265–282 = ders., Myths and Realities [o. S. 149f.], 182–200); E. LEACH, Genesis as Myth: Discovery 23 (1972), 30–35 = ders., Genesis as Myth and Other Essays. London 1969, 7–24, und in neuerer Zeit – unter Aufnahme von Erkenntnissen der Tiefenpsychologie (vgl. dazu – auf der Linie C. G. JUNGS – M. T. KELSEY, Myth, History and Faith. New York/Paranus/Toronto 1974) und der Verwendung des Mythosbegriffes in der französischen Schule der Semiologie (vgl. R. BARTHES, Mythologies. Paris 1957 = Mythen des Alltags. Frankfurt [1964] 1970²) von P. RICŒUR in seine Bemühungen um eine biblische Hermeneutik, die von dem Symbolgehalt der Sprache ausgehen und sich speziell auch auf das Alte Testament richten, einbezogen worden sind.

Vgl. dazu das Sonderheft zu EvTh: ›Metapher‹, 1974, mit der Einführung zu RICŒUR von P. GISEL, 5–23 (= franz.: ETR 49 [1974]), 31–52) und den Beiträgen von RICŒUR: Philosophische und theologische Hermeneutik, 24–45;

Stellung und Funktion der Metapher in der biblischen Sprache, 45–70; sowie Semeia 4 (1975) mit der Einführung zum Werk RICŒURS von L. DORNISCH, 1–22 und einer kurzen Hermeneutik von RICŒUR selbst: 29–148. – Vgl. außerdem L. DORNISCH, A Theological Interpretation of the Meaning of Symbol in the Theory of Paul Ricœur... Diss. phil. Milwaukee, Wisconsin 1973 (Ann Arbor Microfilm) sowie den Sammelband: C. E. REAGAN (ed.): Studies in the Philosophy of Paul Ricœur. Athens, Ohio 1979 (Bibliographie Ricœurs bis 1976: 179–194). In ähnlichem Sinne bereits J. P. MANIGNE, Pour une poétique de la foi. Essai sur le mystère symbolique (CFI 43), Paris 1969; vgl. bes. die Unterscheidung zwischen Ontologie und „Ontophanie", 45. 62 ff.

Auch eine Reihe von Alttestamtentlern hat sich den religionswissenschaftlichen Begriff von „Mythos" zu eigen gemacht oder hält zumindest seine Anwendung auf alttestamtentliche Befunde für möglich. J. HEMPEL (Glaube, Mythos und Geschichte im Alten Testament: ZAW 65 [1953], 109–167, 110 – auch separat: Berlin 1953) will den Mythos als eine mögliche Ausdrucksform des Glaubens gelten lassen, und B.S. CHILDS (Myth and Reality in the Old Testament [SBT 27], London [1960] 1962² [Reprint 1968], 17 ff.) akzeptiert im Anschluß an JENSEN (s. o. S. 170) die strukturbegründende Funktion des Mythos. Vgl. auch S.B. FROST, Eschatology and Myth: VT 2 (1952), 70–80; E.L. ALLEN, JBR 1954 (o. S. 169f.); G. Henton DAVIES, An Approach to the Problem of Old Testament Mythology: PEQ 88 (1956), 83–91; A. STROBEL, Wort Gottes und Mythen im Alten Testament: Cath (M) 17 (1963), 180–196. Unklarer ist K.H. BERNHARDTS (Bemerkungen zum Problem der „Entmythologisierung" aus alttestamentlicher Sicht: KuD 15 [1969], 193–209) Reden von einer „mythischen Weltauffassung" (zur Kritik vgl. PANNENBERG Christentum und Mythos [o. S. 171 f.], 30, Anm. 54), die er jedoch als Voraussetzung für den Glauben für unentbehrlich hält (209). Auf der anderen Seite stehen Stimmen wie die von W.H. SCHMIDT, die (im Banne der GUNKELschen Definition) der Meinung sind, daß Glaube und Mythos sich „fremd" seien (Schöpfungsgeschichte [o. S. 150f.], 108; vgl. ders., Mythos im Alten Testament: EvTh 27 [1967], 237–254; ders., Alttestamentlicher Glaube in seiner Geschichte. Neukirchen 1975, 176–180), so daß auch dem Alten Testament gegenüber eine „Entmythologisierung" sachgemäß sei, bzw. vom Alten

Testament bei der Übernahme der „heidnischen" Mythologie selbst vorgenommen werde (so schon M. NOTH, Die Historisierung des Mythus im Alten Testament: CuW 4 [1928], 265–272. 301–309 = ders., Gesammelte Studien zum Alten Testament II [o. S. 82f.], 29–47, und noch u. a. A. OHLER, Mythologische Elemente im Alten Testament. Düsseldorf 1969, 1ff.).

Demgegenüber bemerkt PANNENBERG sehr richtig: „Wenn Mythen in Israel nicht in der im Alten Orient sonst geläufigen, polytheistischen Prägung vorkommen können, so besagt das noch nicht, daß nicht auch in Israel der Gedanke einer gründenden Urzeit lebendig gewesen sein, und sich in bestimmten Überlieferungen ausgeprägt haben könnte" (Christentum und Mythos [o. S. 171f.], 31). Denn die Funktion des Mythos ist allgemeiner: „Es geht im Mythos vielmehr um die das schreckenerregende Chaos überwindende Ordnung, die in urzeitlichem Geschehen begründet gedacht wird" (22, Anm. 36). PANNENBERG scheut dann aber doch davor zurück, dieser von ihm als unentbehrlich angesehenen Denkweise die Bezeichnung „mythisch" zu geben, und weicht vorsichtshalber auf den Begriff einer „religiösen Weltauffassung" aus (29). Auch J. L. MCKENZIE (o. S. 149f., 199) hat Bedenken gegen ein mögliches Mißverständnis des Begriffes „mythisch" in mit der religionswissenschaftlichen Diskussion weniger vertrauten Kreisen. Umgekehrt ist für Morton SMITH (JBL 1969 [o. S. 125f.], 32), die Behauptung der „Pseudoorthodoxie", im Alten Testament gebe es keine Mythen, „absurd" und Teil ihres apologetischen Obskurantismus (vgl. Verf., Biblische Theologie, Kap. I).

Diese Bedenken erscheinen in jüngster Zeit weniger gerechtfertigt, seitdem (besonders unter dem Einfluß von K. JASPERS, vgl.: Wahrheit und Unheil der Bultmannschen Entmythologisierung: K. JASPERS/R. BULTMANN, Die Frage der Entmythologisierung. München 1954, 7–55) in einer Situation „jenseits der Entmythologisierung" das Verständnis für den Tiefensinn mythischer Rede zu wachsen beginnt, die (in sich wandelnde Formen, aber als prinzipielle Konstante menschlichen Selbst- und Weltverständnisses) als Ausdrucksform auf Transzendenz bezogener Existenz unentbehrlich erscheint.

Nach M. Knevels (Wesen und Sinn des Mythos: StGen 15 [1962], 668–686. 687–705) ist Mythos „der Niederschlag der Begegnung mit einer transzendenten Mächtigkeit in der Gestalt von Bildern und Geschichten" (668); er hat eine Beziehung zur Ganzheit der Welt. Auch W. Stählin (Auch darin hat die Bibel recht. Sage, Legende, Märchen und Mythos in der Bibel überhaupt. Stuttgart 1964, 29 ff.) betont die Ganzheitserfassung der Wirklichkeit in der Denkform des Mythos, der zugleich die rational nicht auflösbare letzte Hintergründigkeit des Seins zum Ausdruck bringt. L. Kolakowsky sieht (als Atheist) in der mythischen Ordnung neben der rationalen eine bleibende Grundkomponente menschlicher Existenz (Die Gegenwärtigkeit des Mythos. München 1973). H. Halbfas (Fundamentalkatechetik. Stuttgart 1968, 196 ff., bes. 252 ff.; ders., Religion [ThThErg. Bd.], Stuttgart 1976) erkennt im Mythos (der sich narrativ entfaltet – vgl. dazu auch ders., Erfahrung und Sprache. Plädoyer für eine narrative Unterrichtskultur: H. Halbfas/F. Maurer/W. Popp [Hg.], Sprache, Umgang und Erziehung. Stuttgart 1975, 170–187, 177 ff.) eine zum Logos komplementäre Kategorie: „Mythos ist also das wahre Wort, die sich selbst bezeugende, unbedingt gültige Erzählung, die die Existenz deutet, wohingegen der Logos auf Struktur und Funktion abhebt" (Religion, 51). Er meint, auch im Kontext wissenschaftlicher Arbeit den Mythos nicht entbehren zu können: für die Dimension menschlicher Existenz, die auf Transzendenz hin orientiert ist („Vertrauen, Hoffnung und Liebe können nur auf die mythische Welt bezogen werden", ds., 82), bleibt mythisches Bewußtsein unverzichtbar: „Entmythologisieren kann bestenfalls bedeuten: den Mythos als Mythos interpretieren, das heißt, ihn zu sich selbst bringen" (ds., 64). „Die eigentliche Aufgabe heißt daher nicht, zu entmythisieren, sondern das menschliche Sprachvermögen wieder zu heben, damit er die religiöse Dimension des Daseins mit der neugewonnenen Sprache wieder zu akzeptieren vermag" (Fundamentalkatechetik, 253).

Wichtig sind auch die Beobachtungen T. Roszaks (Where the Wasteland Ends. New York 1972/London 1973, bes. Kap. 4, 109 ff.) über die in seinen Augen nachteiligen Folgen, welche die jüdisch-christliche Tradition (zur Kritik vgl. jedoch D. M. Ryan, The New Romanticism and Biblical Faith: E. Fleischner [ed.], Auschwitz: Beginning of a New Era? Reflections on the Holocaust. New York 1977, 277–305, 292 ff. – Vgl. auch E. Wyschogrod, Romantic Consciousness and Biblical Faith, ds. 331–342) im Hinblick auf eine Reduktion eines in Wirklichkeit unaufgebbaren symbolisch-mythischen Weltverständnisses gehabt habe. Er plädiert – allerdings aus kritischem Abstand zu dieser christlichen Tradition heraus, deren negativen Höhepunkt er in der von ihm angesprochenen Hinsicht im Protestantismus findet (ebenso aber auch in der wissenschaftlichen Revolution des ausgehenden 17. Jahrhunderts, vgl. Kap. 5, 142 ff.) – für ein Wiedergewinnen der transzendentalen Zeichenhaftigkeit der Schöpfung: "Why, one wonders, should it be crude or rudimentary to find divinity brigthly present in the world where others find only dead matter or an inferior order of being?" (117). Wichtig ist auch sein Hinweis auf die Eucharistie als den letzten Zufluchtsort der "ever renewed experience of God's miraculous embodiment in the natural world" (121). – In diesem Gedanken stimmt er mit einem (vor allem in Anschluß an William Temple) neuerdings in der anglikanischen Sakramentsfrömmigkeit wieder sehr lebendigen Bewußtsein für den Symbolgehalt der gesamten Materie als Spiegel für die göttliche Transzendenz überein, in den sich das Sakrament als Brennpunkt und die Inkarnation als Kulmination göttlichen Handelns in der Schöpfung einordnet.

Vgl. dazu u. a. Raven, C. E.: Natural Religion and Christian Theology. Cambridge 1953; Peacocke, A. R.: Science and the Christian Experiment. London 1971; ders.: Matter in Theological and Scientific Perspectives – A Sacramental View: I. T. Ramsey (ed.), Thinking about the Eucharist. London 1972, 14–37 = (Kurzfassung) A Sacramental View of Nature: H. Montefiore (ed.), Man and Nature (o. S. 159), 132–142; ders.: Creation and the World of Science (Bampton Lectures, 1978). Oxford 1979; Birch, C.: Creation, Technology and Human Survival: Called to Replenish the Earth: ER 28 (1976), 66–79, 77 = Schöpfung, Technik und Überleben der Menschheit: . . . und füllet die Erde: H. Krüger (Hg.), Jesus Christus befreit und eint. Vorträge von der Fünften Vollversammlung des Ökumenischen Rates der Kirchen in Nairobi. Frankfurt a. M. 1976, 95–111, 108 (zu dem Vortrag vgl. auch Daecke, S. M.: Neue Beiträge zu einer Theologie der Natur und der Umwelt: Anstöße [Hofgeismar] 5, 1976, 123–133, 125 ff.).

Ähnlich auch die bereits 1974 in einem vielbeachteten ökumenischen Vortrag von P. Verghese (Mastery and Mystery: World Council of Churches Conference on Science and Technology for Human Development, Bucharest 1974, Paper No. 10 = Macht und Mysterium: US 29 [1974], 324–331 [dazu auch Daecke, ds., 123 ff.]), bekanntgemachte orthodoxe Auffassung. Vgl. dazu neuerdings ders. (Gregorius, P.), The Human Presence. An orthodox view of nature. Genf 1978. Vgl. auch o. S. 167–168. – Mit W. Knevels (o. S. 175, 686) kann man wohl feststellen: „Der Mythos war bloß scheintot. Er steht wieder auf."

Eine Reihe von Definitionen des Mythos, die noch immer auf die alttestamentliche Diskussion einwirken, verdienen abgewiesen zu werden: so die ätiologische (die ebenfalls auf Gunkel zurückgeht [Genesis, XV f.] und z.B. bei Bernhardt eine Rolle spielt [KuD 1969 (o. S. 173), 194 ff.], oder die „magische" (z.B. H.P. Müller: Mythos entsteht bei der Begegnung mit „Macht": Mythische Elemente in der jahwistischen Schöpfungserzählung: ZThK 69 [1972], 259–289, 260 ff.; ders.: Mythos und Transzendenz: EvTh 32 [1972], 97–118 = Eschatologie im Alten Testament, hg. H.D. Preuss. Darmstadt 1978, 415–443, 98/416 ff.; ders.: Mythos, Tradition, Revolution. Phänomenologische Untersuchungen zum Alten Testament. Neukirchen 1973, 9 ff. Neudruck u.d.T.: Jenseits der Entmythologisierung [1979]; vgl. auch ders., Mythos, Ironie und der Standpunkt des Glaubens: ThZ 31 [1975], 1–13, 2 – zu der neuartigen Perspektive in Müllers Mythosverständnis in Krecher/Müller und in ›Religiöse Grunderfahrungen‹ vgl. jedoch u. S. 181 f.).

Schließlich sei noch auf die zusammenfassende Untersuchung von G.S. Kirk (Myth. Its Meaning and Functions in Ancient and Other Cultures. Cambridge 1970) hingewiesen. Nach der Besprechung des strukturalistischen Ansatzes von Levi-Strauss, dem er nur ein relatives Recht *unter anderen* Ansätzen zubilligt (vgl. 78), bringt Kirk ausführliche Überblicke über die Art der Mythen im Alten Mesopotamien (84 ff.) und Griechenland (172 ff.) und gewinnt daraus eine wesentlich differenziertere Typologie des Mythos und seiner Funktionen, als sie die bisherigen, oft einseitige Aspekte und Formen von Mythos verabsolutierenden Schulen hervorgebracht hatten (vgl. bes. das Schlußkapitel, 252 ff.). Wichtig ist vor allem die Grundaussage: "There is no invariable connexion between myths and gods or rituals" (252). Statt dessen betont Kirk die erzählenden und spekulativen Aspekte des Mythos und kommt zu einer Grundeinteilung in drei (sich vielfach überlappende) Typen: 1. einen primär erzählerischen, unterhaltenden Typ, 2. einen handlungs- und wiederholungsbestimmten, der (bestimmte naturhafte und gesellschaftliche) Ordnungen in Geltung und Wirksamkeit erhält, 3. einen spekulativ-erklärenden, der sich mit dem Aspekt des Dunklen und Rätselhaften in Welt und menschlicher Existenz beschäftigt.

Diese Erkenntnis über die Funktion des Mythos als Beschreibung einer gründenden Ordnung müßte für das Verständnis der biblischen Urgeschichte stärker herangezogen werden, als dies bisher geschieht. Hier wirkt sowohl bei CHILDS wie vor allem auch bei PANNENBERG (der in den Einzelheiten seiner Darstellung [27 ff.] von der durch die RAD-Schule geprägten Auffassung abhängig ist) die Annahme ein, der Mythos sei im Alten Testament, auch innerhalb der Urgeschichte, grundsätzlich historisiert worden.

CHILDS (83. 93) betont den eschatologischen Charakter von Jahwes Geschichtshandeln; ähnlich PANNENBERG, 59 ff. Vgl. auch O. CULLMANN, The Connection of Primal Events and End Events with the New Testament Redemptive History, in: B. W. ANDERSON (ed.), The Old Testament and Christian Faith (o. S. 43 f.), 115–123, der meint, die biblischen Verfasser hätten die mythischen Vorgänge von Anfang und Ende in die Heilsgeschichte eingeordnet, sie müßten deshalb im Sinne „ontisch"-geschichtlicher Ereignisse gedeutet werden.

Demgegenüber stellt STECK (KuD 1977 [o. S. 150], 283) fest: „Leitendes Interesse der Schöpfungstexte ist ... das Bestreben, in den genannten Darstellungsweisen die Tiefendimension der gegenwärtigen Erfahrungswelt auszusagen und diejenigen Grundgegebenheiten und Grundbestimmungen freizulegen, die für Welt und Menschen im ganzen und immer schon gelten."

Vgl. auch STECKS Ausführungen zur jahwistischen Urgeschichte: Genesis 12, 1–3 und die Urgeschichte des Jahwisten: Fs. VON RAD, 1971 (o. S. 65), 525–554, bes. 549: „Gen 2–11 ist im Sinne des Jahwisten ein Ganzes, das die typische, durch Lebensmöglichkeit und Lebensminderung zugleich geprägte Lage der Menschheit erfassen soll." – Vgl. auch ders., ThZ 1978 (o. S. 150 f.); ders., Welt und Umwelt (o. S. 150), 55 ff. – Außerdem J. J. KIM, Hierophany and History: JAAR 40 (1972), 334–348; LIEDKE, epd-Dokumentation 31/75 (o. S. 149 f.).

Ähnlich weist C. WESTERMANN auf den Charakter der Urgeschichte als Erzählungen hin (Schöpfung [o. S. 151], 13), in denen allgemein gültige *Erfahrungen* des Menschen in seinem Sein und In-der-Welt-Sein zur Sprache kommen (Genesis [o. S. 151f.], 91f.).

Allerdings schwächt WESTERMANN diesen Gedanken sogleich wieder ab, indem er in einem Atem auf die „Zusammenbindung“ von Gen 1–11 mit Gen 12 ff. zu sprechen kommt, er verdient aber selbständig festgehalten zu werden. Methodisch wäre zwischen der redaktionsgeschichtlichen Bewertung – wobei noch dazu der „Jahwist“ neuerdings zu einer problematischen Größe geworden ist, vgl. R. RENDTORFF, Das überlieferungsgeschichtliche Problem des Pentateuch (BZAW 147). Berlin 1977; H. H. SCHMID, Der sogenannte Jahwist. Zürich 1976 – und der selbständigen Bedeutung der Urgeschichte zu unterscheiden. – Vgl. in diesem Sinne auch H. WERNER, Uraspekte menschlichen Lebens nach Texten aus Gen 2–11 (ExBib V). Göttingen 1971; A. H. J. GUNNEWEG, Schuld ohne Vergebung?: EvTh 36 (1976), 2–14 (die vorjahwistisch-polytheistische Stufe der Urgeschichte sah das menschliche Schicksal als irrationales Verhängnis, die jahwistische das „Sein wollen wie Gott“ als menschliche Schuld); J. ILLIES, Der Mensch in der Schöpfung, Zürich 1977.

In der Urgeschichte kommt zum Ausdruck, daß auch Israel mit den Ausdrucksformen einer altorientalischen Kultur von den Ursprüngen und damit der geltenden Ordnung der Welt, der Menschen und Völker in ihr erzählt und sich damit ihrer Gültigkeit versichert hat. Im Unterschied zur Umwelt hat sie dies aber nicht von einem polytheistischen, sondern von einem das Gegenüber von Welt und Schöpfer streng betonenden Weltbild aus getan (vgl. dazu bes. CRAIGIE, CJT 1970 [o. S. 148]). Aus dem Genre mythischer Rede fällt damit die biblische Urgeschichte jedoch keineswegs heraus (gegen GUNNEWEG, EvTh 1976, der „Mythos“ mit der vorjahwistischen Stufe der Urgeschichte gleichsetzt).

Skepsis ist gegenüber der Meinung von O. H. STECK (KuD 1977, [o. S. 150] 281, vgl. Welt und Umwelt [o. S. 150], 53. 86 ff.) angebracht, die Totalperspektive von „Welt“ als „Natur“ sei im vorstaatlichen Israel noch nicht erfaßt worden. Das wäre ein überspitzter Schluß aus unseren in der Tat jüngeren und deshalb von kanaanäischen Denkformen mitgeprägten Belegen. Gegenüber dem Denken der älteren Zeit gilt in diesem Punkt, wie in vieler Hinsicht, vielmehr ein non liquet.

Zur Funktion des urgeschichtlichen Mythos wäre noch auf den beachtlichen Beitrag aus der Schule der britischen Sprachphilosophie hinzuweisen, den, ausgehend von der Theorie der „performativen" Sprache von J. L. Austin (How to Do Things with Words, ed. J. O. Urmsson. Oxford 1962 = Zur Theorie der Sprechakte. Stuttgart 1972) D. D. Evans (The Logic of Self-involvement. A Philosophical Study of Everyday Language about God as Creator. London 1963) formuliert hat. Danach ist die Sprache, welche die Bibel benutzt, um von der Schöpfung und von Gott als dem Schöpfer zu sprechen, eine Sprache der Selbstimplikation, in doppelter Weise: Wenn Gott das Schöpferwort spricht, spricht er zugleich eine Selbstverpflichtung zur Erhaltung der Schöpfung aus (157), wie umgekehrt das menschliche Wort über die Schöpfung als Antwort eine selbstverpflichtende Anerkennung besagt (158). Oder auch: das Schöpfungswort Gottes ist im Hinblick auf Gott expressiv: indem Gott im Werk der Schöpfung seinen Ruhm und seine Herrlichkeit offenbart (174 ff.); im Hinblick auf den Menschen ist es impressiv: es ruft die menschliche Antwort in Lobpreis und Verehrung hervor (zur Theorie von Evans vgl. auch J. Ladrière, L'articulation du sens. Discours scientifique et parole de foi. Paris/Neuchâtel/Brüssel 1970 = Rede der Wissenschaft – Wort des Glaubens. München 1972, 99–150).

Auch diese Überlegungen führen, im Übergang von der performativen zur reflexiven Sprache, wieder zur Funktion des Mythos zurück, den Ladrière in seiner kosmologischen Perspektive nach seiner pädagogischen und seiner gründenden Funktion beschreibt: Pädagogisch ist der Mythos im Hinblick auf seine Weise des Überschreitens alles Sichtbaren in Richtung auf eine (schon vorausgesetzte) Einheit des Kosmos. Zugleich ist er Denken der Konstituierung: er beantwortet die Frage nach dem Sinn, indem er zu der Dimension des Ursprünglichen in der Weise der Erzählung von den Ursprüngen zurückführt.

Eindrucksvoll ist der Nachweis von Ladrière, daß ein Mythos in diesem Sinne (als Apriori des Denkens) jeder Denktheorie (auch der Newtonschen Mechanik oder der relativistischen Physik) zugrunde liegt. Doch fällt dies außerhalb unserer Thematik.

Hinzuweisen wäre schließlich auf die Möglichkeit, daß die mythische Dimension auch für das alttestamentliche Geschichtsverständnis eine weit größere Bedeutung besitzt, als dies unter dem Einfluß der Entmythologisierungsdebatte und des aus ihr herstammenden bekannten Gegensatzpaares „Mythos und Geschichte" (vgl. dazu u.a. WRIGHT, The Old Testament against its Environment [o. S. 79], 20 ff.) bisher gewöhnlich für denkbar gehalten wird. Die durch die vorgegebenen Schematismen hier entstandene Zwangslage wird etwa bei H.P. MÜLLER deutlich, der (in: KRECHER/MÜLLER, o. S. 125) einerseits der GUNKELschen Definition von Mythos als „Göttergeschichte" folgt (31, u. Anm. 59), andererseits in den geschichtlichen Darstellungen des Alten Testaments selbst die mythische Tiefendimension im Gottesbezug aller Geschichtsdeutung herausspürt und deshalb den Begriff „Heilsgeschichtsmythos" (32 u.ö.) prägt. Schon F.M. CROSS, jr. (The Divine Warrior in Israel's Early Cult: Biblical Motifs, ed. A. ALTMANN. Cambridge, Mass. 1966, 11–30) hatte festgestellt, daß in der (kultgebundenen) israelitischen Heilsgeschichtsvergegenwärtigung das mythische Element immer wieder durchbricht. L. CLAPHAM (Mythopoeic Antecedents of the Biblical World – View and Their Transformation in Early Israelite Thought: Magnalia Dei. The Mighty Acts of God... G.E. Wright, Garden City, N.Y., 1976, 108–119) führt die Beobachtungen von CROSS fort und stellt fest, daß schon die ältesten heilsgeschichtlichen Traditionen im Pentateuch auf der mythischen Vorstellung von Jahwe als dem Krieger-König aufbauen und mythische Bilder benutzen und daß in der Zeit der Monarchie die kosmisch-universalen Dimensionen dieses Vorstellungskreises erneut in den Vordergrund treten. Hier sieht CLAPHAM einen unbestreitbar starken Einfluß außerisraelitischer mythischer Vorstellungen. Wir können hinzufügen, daß auch N.K. GOTTWALD (The Tribes of Yahweh [o. S. 132], 679ff.) die Eigenart des Jahweglaubens (die er in verschiedenen Aspekten beschreibt) allein auf die Besonderheit der exklusiven Beziehung auf einen einzigen „Hochgott", Jahwe, zurückführt (zu seiner soziologischen Begründung vgl. Verf., Biblische Theologie, Kap. I). Das über die einzig mögliche „Mitte" des Alten Testaments Gesagte (o. S. 145–147) wäre zu vergleichen. Auch von dieser Seite bestätigt sich, was wir über die Versuche, die Eigenart des Jahweglaubens von seinem einzigartigen Geschichtsverständnis her zu definieren, bereits festgestellt haben: "The usual contrast between 'myth' and 'history' seems to be a too simple manner of juxtaposing the two world-views in question" (Magnalia Dei, a. a. O., 111). Allein in der Transzendenz Jahwes gegenüber den Göttern des polytheistischen Systems, die letztlich Verkörperungen von Aspekten der Natur bleiben, sieht CLAPHAM die entscheidende Besonderheit des alttestamentlichen Glaubens (116). Von daher gewinnt man eine der VON RADschen genau entgegengesetzte Auffassung über das Verhältnis der Schöpfungsdimension zur Dimension geschichtlichen Handelns Jahwes im Glauben Israels: Daß Jahwe der Schöpfer war, war für Israel *Voraussetzung* seiner Befreiungstaten, nicht umgekehrt (so neuerdings G. M. LANDES, USQR 1978 [o. S. 149]).

Offensichtlich hat es sich die alttestamentliche Theologie auch in der Frage einer möglichen mythischen Dimension der Geschichte bisher zu leicht gemacht und ist einer falschen dogmatischen Dialektik erlegen. Die in der modernen religionsgeschichtlichen Forschung bereitliegenden Anregungen zum Umdenken auf diesem Gebiet sind von ihr bisher noch nicht aufgegriffen worden. So spricht W. C. SMITH (The Study of Religion and the Study of the Bible: JAAR 39 [1971], 131–149, 138f.) von dem hohen Preis, den unsere Kultur für ihre Unfähigkeit zum Remythologisieren (!) zu zahlen habe und bemerkt: "Myth and history can be re-integrated by the modern intellect, perhaps, by pondering the role of myth in human history... The mythical, far from contrasting any longer with the historical, can nowadays be seen as what has made human history human." Auch durch die von KIRK (o. S. 177f.) aufgewiesene vorwiegend erzählerisch-begründende Funktion des Mythos wird ihm ein hervorragender Platz gerade in der (auch der alttestamentlichen) Geschichtstradition zugewiesen.

Ähnlich kann der Religionswissenschaftler W. BELTZ seinem Buch „Gott und die Götter" (Berlin/Weimar 1975; Düsseldorf 1977; München 1980 [dtv 1523]), in dem er alle die Texte des Alten Testaments behandelt, die „Auskunft geben über das wunderbare Handeln eines Gottes an der Welt und am Menschen" (33), den Untertitel „Biblische Mythologie" geben. In ihm wer-

den nicht nur die urgeschichtlichen Berichte der Genesis, sondern die gesamte heilsgeschichtlich-wunderhafte Darstellung der Bibel bis hin ins Neue Testament dem Begriff „Mythos“ in positivem Sinne zugeordnet.
In ähnliche Richtung argumentiert neuerdings auch H. P. Müller (ThZ 1975 [o. S. 177]; ders., Zum alttestamentlichen Gebrauch mythischer Rede: Religiöse Grunderfahrungen, hg. W. Strolz. Freiburg 1977, 67–93). Sein Programm eines „nachkritischen Wiedergewinn (s) des Mythischen“ (ThZ 1975, 10; Grunderfahrungen, 88) geht zwar mit einer kritischen Distanz („Ironie des Glaubens“) gegenüber der rationalistischen Ungebrochenheit seiner Aufnahme in Strukturalismus und Hermeneutik einher (getreu der Bultmannschen Warnung vor der „Objektivierung“, vgl. ThZ 1975, 10), sieht aber doch im Mythischen die Möglichkeit des Rückgriffs auf eine Ordnung, die sich in ihm nicht rational-konstatierend, sondern als die „ästhetisch“ wahrgenommene „Transparenz der Transzendenz im Gegenständlichen“ erweist.

3. Die Weisheit

In einer modernen Verkleidung sind wir damit jedoch dem dritten Bereich sehr nahe, in dem im Alten Testament das Schöpfungsthema zu Hause ist: die israelitische Weisheit.

Alt, A.: Die Weisheit Salomos: ThLZ 76 (1951), 139–144 = Kleine Schriften zur Geschichte des Volkes Israel. Bd. II. München (1953) 1959^{2}, 90–99 = Salomonic Wisdom. Studies in Ancient Israelite Wisdom, ed. J. L. Crenshaw. New York 1976, 102–112; Bauer-Kayatz, C.: Einführung in die alttestamentliche Weisheit (BS 55). Stuttgart 1969; Baumgartner, W.: Israelitische und altorientalische Weisheit. Tübingen 1933; ders.: The Wisdom Literature: The Old Testament and Modern Study, ed. H. H. Rowley. Oxford 1951 (Reprint 1961), 210–237; Brueggemann, W.: The Triumphalist Tendency in Exegetical History: Jaar 38 (1970), 367–380, bes. 375 f.; ders.: In Man We Trust: The Neglected Side of Biblical Faith. Richmond, Va. 1972 (vgl. auch die Rez. von M. Fishbane: JBL 93 [1974], 457–459); ders.: Scripture and an Ecumenical Life-Style. A Study in Wisdom Literature: Int. 24 (1970), 3–19; Brunner, H.: Gerechtigkeit als Fundament des Throns: VT 8 (1958), 426–428; ders.: Die Weisheitsliteratur: HO 1 (1952), 90–110; Bryce, G. E.: Omen-Wisdom in Ancient Israel: JBL 94 (1975), 19–37; Cazelles, H.: Bible, sagesse, science: RSR 48 (1960), 40–54; Crenshaw, J. L.: Method in Determining Wisdom Influence upon “Historical" Literature: JBL 88 (1969), 129–142 = Studies, ed. CRENSHAW, a. a. O., 481–494; ders.: Prolegomenon, ds., 1–60 (mit Bibliographie); ders.: Prophetic Conflict (BZAW 124). Berlin 1971 (Exkurs B: 'esa and dabar: The Problem of Authority/Certitude in Wisdom and Prophetic Literature, 116–123); ders.: Wisdom: J. H. HAYES (ed.), Old Testament Form Criticism. San Antonio 1974, 225–264; DUESBERG, H.: Les scribes inspirés. Maredsous 1966; FICHTNER, J.: Die altorientalische Weisheit in ihrer israelitisch-jüdischen Ausprägung. Gießen 1933; ders.: Zum Problem Glaube und Geschichte in der israelitischen Weisheitsliteratur: ThLZ 76 (1951), 145–150 = ders., Gottes Weisheit (AzTh II, 3). Stuttgart 1965, 9–17; FOHRER, G.: Art. σοφία: ThWNT VII (1964), 476–496 = ders., Die Weisheit im Alten Testament: ders., Studien zur alttestamentlichen Theologie und Geschichte (o. S. 78), 242–274 = TDNT VII (1971), 476–496 = Studies, ed. CRENSHAW, a. a. O., 63–83; GALLING, K: Die Krise der Aufklärung in Israel. Mainz 1952; GERSTENBERGER, E.: Wesen und Herkunft des „apodiktischen Rechts" (WMANT 20). Neukirchen 1965; ders.: Zur alttestamentlichen Weisheit: VF 14 (1969), 28–44; GESE, H.: Lehre und Wirklichkeit in der alten Weisheit. Tübingen 1958; HERMISSON, H.-J.: Studien zur israelitischen Spruchweisheit (WMANT 28). Neukirchen 1969; ders.: Observations on the Creation Theology in Wisdom: Israelite Wisdom ... Essays in Honour of S. TERRIEN. Missoula 1978, 43–57; ders.: Weisheit und Geschichte: Fs. von RAD, 1971 (o. S. 65), 136–154; HOPPE, L. J.: Biblical Wisdom: A Theology of Creation: Listening 14 (1979), 196–203; HUMBERT, P.: Recherches sur les sources égyptiennes de la littérature sapientiale d'Israël. Neuchâtel 1929; JACOB, E.: Wisdom and Religion in Sirach: Essays... TERRIEN, 247–260; KINDER, D.: Wisdom Literature of the Old Testament: J. B. PAYNE (ed.), New Perspectives on the Old Testament. Waco, Tex. 1970, 117–131; LANG, B.: Die weisheitliche Lehrrede (SBS 54). Stuttgart 1972; ders.: Frau Weisheit. Düsseldorf 1975; LEVEQUE, J.: Le contrepoint théologique apporté par la réflexion sapientelle: Questions disputées d'Ancien Testament (BETL 33). Löwen 1974, 183–202; MACK, B. L.: Wisdom, Myth and Mythology: Int. 24 (1970), 46–60; MCKANE, W.: Prophets and Wise Men (SBT 44). London 1965; MCKENZIE, J. L.: Reflections on Wisdom: JBL 86 (1967), 1–9; MAILLOT, A.: La sagesse dans L'Ancien Testament: ETR 51 (1976), 333–349; MARBÖCK, J.: Weisheit im Wandel (BBB 37). Bonn 1971; ders.: Gesetz und Weisheit: BZ 20 (1976), 1–21; MARTIN-ACHARD, R.: Remarques sur la tradition sapientale d'Israël: Bulletin du Centre Prot. d'Etudes 25 (1973), 14–24; MEINHOLD, H.: Die Weisheit Israels in Spruch, Sage und Dichtung. Leipzig 1908; MURPHY, R. E.: Assumptions and Problems in Old Testament Wisdom Research: CBQ 29 (1967), 407–418; ders.: The Hebrew Sage and Openness to the World: Christian Action and Openness to the World (Villanova Univ. Symposium II, III, 1970), 219–244; ders.: The Interpretation of Old Testament Wisdom Literature: Int. 23 (1969), 289–301; ders.: Die Weisheitsliteratur des Alten Testamentes: Conc (D) 1 (1965), 855–862 = The Wisdom Literature of the Old Testament: Conc (GB) 20 (1965), 126–140; ders.: Wisdom and Yahwism: No Famine in the Land. Studies ... J. L. McKenzie. Claremont 1975, 117–126; ders.: Wisdom Theses: Wisdom and Knowledge. Fs. J. Papin. Bd. II. Philadelphia 1976, 187–200; ders.: Wisdom Theses and Hypotheses: Essays ... Terrien, 35–42; Preuss, H. D.: Alttestamentliche Weisheit in christlicher Theologie?: Questions disputées, 165–181; ders.: Erwägungen zum theologischen Ort alttestamentlicher Weisheitsliteratur: EvTh 30 (1970), 393–417; ders.: Das Gottesbild der älteren Weisheit Israels: Studies in the Religion of Ancient Israel (VT.S XXIII). Leiden 1972, 117–145; de Pury, A.: Sagesse et révélation dans l'Ancien Testament: RThPh III, 27 (1977), 1–50; von Rad, G.: Josephsgeschichte und ältere Chokma: VT.S I (1953), 120–127 = ders., Gesammelte Studien I (o. S. 65), 272–280; ders.: Die ältere Weisheit Israels: KuD 2 (1956), 54–72; ders.: Glaube und Welterkenntnis (o. S. 121 f.); ders.: Christliche Weisheit?: EvTh 31 (1971), 150–154 = ders., Gesammelte Studien II (o. S. 65), 267–271; ders.: Natur- und Welterkenntnis im Alten Testament: ders., Gottes Wirken in Israel, hg. O. H. Steck. Neukirchen-Vluyn 1974, 119–140; ders.: Weisheit in Israel: ds. 230–237; ders.: Weisheit in Israel. Neukirchen 1970 (= Wisdom in Israel. tr. J. D. Martin. Nashville/London 1972 [dazu vgl. auch: Crenshaw, J. L.: RSR 2 (1976), 6–12; Timm, H.: „Das weite Herz". Religiöses Philosophieren in Israel: ZThK 74 (1977), 224–237; Zimmerli, W.: EvTh 31 (1971), 680–695]); Rendtorff, R.: EK 1976 (o. S. 121); ders.: Fs. W. Zimmerli (o. S. 79), 344–353; Richter, W.: Recht und Ethos. Versuch einer Ortung des weisheitlichen Mahnspruches (StANT 15). München 1966; Rylaarsdam, J. C.: Revelation in Jewish Wisdom Literature. Chicago 1946; Saebø, M.: Israels visdomsdiktning – et aktuelt forskningstema: Ordene og Ordet (o. S. 2), 166–179; Schmid, H. H.: Wesen und Geschichte der Weisheit (BZAW 101). Berlin 1966 (dazu vgl. auch Harvey, J.: Wisdom Literature and Biblical Theology, I.: BTB 1 [1971], 308–319 = Littérature sapientiale et théologie biblique: BTB [F] 1, [1971], 318–329); ders.: Gerechtigkeit (o. S. 150 f.); ders.: šalom. „Frieden" im Alten Orient und im Alten Testament (SBS 51). Stuttgart 1971; ders.: ZThK 1973 (o. S. 150 f.) = ders.: Altorientalische Welt (o. S. 150), 9–30; ders.: Jahweglaube und altorientalisches Weltordnungsdenken, ds., 31–63; ders.:

Altorientalisch-alttestamentliche Weisheit und ihr Verhältnis zur Geschichte, ds., 64–90; ders.: Heiliger Krieg und Gottesfrieden im Alten Testament, ds., 91–120; ders.: Altorientalische Welt in der alttestamentlichen Theologie, ds., 145–164; SCOTT, R. B. Y.: The Way of Wisdom in the Old Testament. London 1971; ders.: The Study of Wisdom Literature: Int. 24 (1970), 20–45; ders.: Wise and Fool, Righteous and Wicked: Studies in the Religion (VT.S XXIII), 146–165; SHEPPARD, G. T.: Wisdom as a Hermeneutical Construct. A Study in the Sapientializing of the Old Testament (BZAW 151). Berlin 1980; TOOMBS, L. E.: Old Testament Theology and the Wisdom Literature: JBR 23 (1955), 193–196; TOWNER, W. S.: The Renewed Authority of the Old Testament Wisdom for Contemporary Faith: G. W. COATS/B. O. LONG (eds.), Canon and Authority. Philadelphia 1977, 132–147; WHYBRAY, R. N.: The Intellectual Tradition in the Old Testament (BZAW 135). Berlin 1974; ders.: Wisdom in Proverbs. London 1965; WOOD, J.: Wisdom Literature. An Introduction (ST). London 1967; ZIENER, G.: Die altorientalische Weisheit als Lebenskunde. Israels neues Verständnis und Kritik der Weisheit: Wort und Botschaft, hg. J. SCHREINER (o. S. 148f.), 258–271; ZIMMERLI, W.: Zur Struktur der alttestamentlichen Weisheit: ZAW 51 (1933), 177–204 = Concerning the Structure of Old Testament Wisdom: Studies, ed. CRENSHAW (o. S. 183), 175–207; ders.: Ort und Grenzen der Weisheit im Rahmen der alttestamentlichen Theologie: Les Sagesses du Proche-Orient ancien. Colloque de Strasbourg. Paris 1963, 121–137 = ders., Gottes Offenbarung (o. S. 88), 300–315 = The Place and Limit of the Wisdom in the Framework of the Old Testament Theology: SJTh 17 (1964), 146–158 = Studies, ed. Crenshaw, 314–326; ders.: Grundriß (o. S. 60) § 18, 136–146; ders.: TRE VI (o. S. 2f.), 450f. – Art. חָכָם ḥakam: ThWAT II, 920–944 (H. P. MÜLLER/M. KRAUSE); Art. חכם ḥkm weise sein: ThHWAT I, 557–567 (M. SAEBØ).

Der Bereich der „Weisheit“ im Alten Testament stand lange Zeit ganz im Schatten der Aufmerksamkeit der Exegeten und erst recht der alttestamentlichen Theologie. Außer der Behandlung von Einleitungsfragen zu den üblicherweise der „Weisheit“ zugerechneten alttestamentlichen Schriften (der „Weisheitsliteratur“) ist in der älteren Sekundärliteratur zu diesen Teilen des Alten Testaments kaum etwas zu finden, auch nachdem man die frühere Meinung, daß es sich um einen durchweg sehr späten Stoff innerhalb des Alten Testaments handele, aufgegeben hatte (vgl. z. B. den äußerst knappen Beitrag von W. BAUMGARTNER zu dem Sammelband ›The Old

Testament and Modern Study‹ [o. S. 183]). Eine mögliche theologische Bedeutung der Weisheitsschriften kam kaum in den Blick. Neben dem allgemeinen theologischen Klima, das einer anderen Betrachtungsweise nicht günstig war, trug dazu in den zwanziger Jahren die schon von GUNKEL (Ägyptische Parallelen zum Alten Testament: ZDMG 63 [1909], 531–539), vor allem aber durch die aufsehenerregende Veröffentlichung der Lehre des Amenemope im Jahre 1923 (E. A. W. BUDGE, Facsimiles of Hieratic Papyri in the British Museum. 2. ser. London 1923, Taf. 1–14) bestätigte Nähe der alttestamentlichen zu der ägyptischen Weisheit bei.

Die These, daß die Sammlung Prov 22, 17–24, 22 von der Lehre des Amenemope abhängig sei, zuerst von A. ERMAN (Eine ägyptische Quelle der Sprüche Salomos: SPAW. PH 15 [1924], 86–93) geäußert und seither vielfältig diskutiert (zur Lit. vgl. B. GEMSER, Sprüche Salomos [HAT 16]. Tübingen 1937 [1963²], 13 f.) wurde vor allem von P. HUMBERT auf eine die gesamte Weisheitsliteratur beider Bereiche umfassende Basis gestellt – vgl. außerdem W. O. E. OESTERLEY, The Wisdom of Egypt and the Old Testament. London 1927; BAUMGARTNER, Israelitische und altorientalische Weisheit; E. WÜRTHWEIN, Die Weisheit Ägyptens und das Alte Testament. Marburg 1960 = ders., Wort und Existenz [o. S. 44], 197–216; GESE, Lehre.

Eine Erscheinung, die so offensichtlich kein Spezifikum des Alten Testamentes war – und seither hat sich immer klarer gezeigt, daß die altorientalische Weisheit ein internationales Phänomen war (vgl. u. a.: Les Sagesses du Proche-Orient Ancien [o. S. 186]; J. J. A. van DIJK, La sagesse Suméro-Accadienne. Leiden 1953; E. I. GORDON, Sumerian Proverbs. Philadelphia 1959; W. G. LAMBERT, Babylonian Wisdom Literature. Oxford 1960 [Reprint 1967] u. a.) – schien für die speziellen Belange der alttestamentlichen Theologie, schon weil man auf die Eigenart des Alten Testaments so viel Gewicht legte (vgl. o. S. 124–127 und 130–132 und spez. zur Weisheit DE PURY, RThPh 1977), nahezu auszufallen.

Eine für das Urteil über die Weisheit lange Zeit hindurch typische Auffassung ist in klassischer Weise von W. ZIMMERLI (ZAW 1933) formuliert worden (dazu vgl. jedoch neuerdings das Vorwort zu ›Gottes Offenbarung‹ o. S. 88). Danach ist die zentrale Frage der Weisheit ausschließlich anthropozentrisch-eudämonistisch orientiert (178. 203): ihr geht es (wie der alten höfischen Lebensklugheit in Ägypten, aus der sie herstammt) allein darum, wie der Mensch am geschicktesten in der Welt zurechtkommt. Ihre Mahnung stützt sich auf keinerlei Autorität, sondern lediglich auf unpersönliche Erfahrung (187), „sie behält ihren Schwerpunkt im einzelnen, ungeschichtlichen Menschen, nach dessen Glück sie fragt" (178). Sie kennt auch keine Ordnungen, in die der Mensch gesetzt ist: „Es ist der autonome, durch keine vorherige Setzung mit Beschlag belegte und hörig gemachte Mensch, der von sich aus frei gestalten und die Welt berechnen will" (179) – wogegen sich der alttestamentliche Mensch sogleich als Glied des Bundesvolkes erkennt. Wenn es nicht eigentlich um verbindliche Gebote geht, sondern um einen an die Vernunft des Hörers appellierenden Rat (188), ist auch das Gottesverhältnis der Weisheit (an den Stellen, an denen von Jahwe, Jahwefurcht und Jahwesegen die Rede ist), selbst wenn die Schöpfermächtigkeit Jahwes nicht angetastet ist, doch vom Menschen her gesehen (191); auch hier ist „in verhüllter Form das Interesse des Menschen als letztlich ausschlaggebend" angesprochen (192). Zwar kennt auch Koh die Existenz einer gottgegebenen Ordnung, aber daß er sich ihr notgedrungen fügt, ist lediglich wohlbedachtes Kalkül: „Weil Eccl aber nicht sterben will..., begeht er den Notweg der Furcht Jahwes" (203). Für die ältere Weisheit mit ihrem harmonistischen Denken gibt es diesen Widerstreit nicht; ihre Meinung ist es, „daß der eigentliche Glücksanspruch des Menschen im bereitwilligen Einfügen in die göttliche Weltordnung voll befriedigt wird" (ebd.).

Diese Einschätzung der älteren Weisheit als rein utilitaristisch-säkular (die ähnlich auch noch bei G. E. Wright, God Who Acts [o. S. 79f.], 102–105, und vor allem W. McKane, 1965, 48 ff., anzutreffen ist – vgl. auch seinen Kommentar: Proverbs [OTL]. London/Philadelphia 1970 – in diesem Sinne nahm sie vor allem W. Brueggemann während der Periode der "secular gospel" – Bewegung in den USA [vgl. o. S. 157ff.] in Anspruch [bes. in: ›In Man We Trust‹, vgl. o. S. 183 und u. S. 190]) und als (negativ gewertet) „allgemein menschlich" – ohne Bezug zu den spezifischen Elementen des Glaubens Israels (Fichtner, Glaube und Geschichte, 145/9; Zimmerli, Ort und Grenze, zurückhaltender), hat sicherlich dazu beigetragen, daß die Weisheit in den Darstellungen der alttestamentlichen Theologie einen so geringen Raum einnimmt – auch wenn die Auffassung vor allem seit FICHTNER (1933) vorherrschte, daß die Weisheit in ihren jüngeren Ausprägungen im Alten Testament „jahwesiert" worden sei (vgl. u. a. RYLAARSDAM). Stärker noch wirkte die fast ausschließliche Orientierung an dem als „spezifisch israelitisch" beurteilten Bereich der geschichtlichen und prophetischen Überlieferungen des Alten Testaments (so sah z. B. G. FOHRER [Die zeitliche und überzeitliche Bedeutung des Alten Testaments: EvTh 9 (1949/50), 447–460] die magische und die weisheitliche Weltauffassung durch die besonders von den Propheten vorangetriebene Eigenart des Jahweglaubens überwunden). Beispielhaft dafür ist wiederum die geringe Rolle, die G. VON RAD der „Erfahrungsweisheit Israels" (der älteren Weisheit) und der „theologischen Weisheit" (der jüngeren Weisheit) in seiner Theologie (I^4, 430–467) einräumt. Sie stehen dort ganz am Rande. VON RAD ist hier der Meinung, daß die ältere Weisheit überhaupt nur eine in sehr begrenztem Sinne theologische Thematik verhandele, wenn sie die äußeren und inneren Ordnungen zu fixieren unternehme, von denen das Leben des Menschen getragen ist und auf die man achten muß (I^4, 448). Dies sei zunächst „ein ganz weltliches Geschäft" (I^4, 450), auch wenn nicht bestritten werden solle, „daß hinter diesen Ordnungen für Israel natürlich unmittelbar Jahwe stand" (ebd.). Mit der Meinung, die direkte Nennung des Jahwenamens in manchen Sentenzen bezeichne eine später, zu einer nicht näher bestimmten Zeit, eingetretene „Theologisierung" der Weisheit, gibt VON RAD ebenfalls ein häufig gehörtes Urteil wieder, ebenso, wenn er meint, als im eigentlichen Sinne „theologische" Weisheit sei erst die nachexilische Weisheit anzusprechen (bes. Prov. 1–9), in der die Weisheit selbst als Offenbarungsmittel verstanden wird (I^4, 454 ff.).

Doch vertritt VON RAD zum Sitz im Leben der älteren israelitischen Weisheit noch eine spezielle These, die sich durch verschiedene seiner Arbeiten hindurch, angefangen mit dem ›Formgeschichtlichen Problem des Hexateuch‹ (o. S. 65), verfolgen läßt. Bekanntgeworden ist diese These unter dem Schlagwort „salomonische Aufklärung"; in seinem Spätwerk ›Weisheit in Israel‹ hat sich von Rad noch einmal ausführlich mit dem Problem beschäftigt. Danach ist die frühe Königszeit, in der die Weisheit (als Kunstform, vgl. KuD 1956, 62 ff. – es gibt auch eine volkstümliche Spruchweisheit) vor allem am Hofe gepflegt wurde, die Zeit einer Säkularisierung, die eine ältere Periode der „Pansakralität" (M. Buber), die Zeit der Väter, Moses und der Wüste, abgelöst habe und durch eine aufgeklärte Geistigkeit bestimmt gewesen sei (Weisheit, 82 ff.; vgl. schon: Josephsgeschichte, 120/272 ff.). Allerdings hätten auch die „aufgeklärten" Weisheitslehrer die Eigengesetzlichkeit der innerweltlichen Erfahrungswirklichkeit und ihrer Ordnungen mit dem Glauben an die Allmacht Jahwes zusammengehalten (so Prov 16, 9; 19, 16. 21; 20, 24; 21, 30 f.; vgl. dazu schon KuD 1956, 70 ff., und vor allem: Weisheit, 131 ff.: „Grenzen der Weisheit"), ja auch Gotteserfahrungen gehörten mit in diesen Zusammenhang hinein (Weisheit, 85 ff.). Diese „theologische" Haltung der aufgeklärten Weisheit meinte von Rad ähnlich auch in der Josephsgeschichte (Gen 45, 5 ff., und vor allem Gen 50, 20) zu entdecken, die doch darauf hinauslaufe, daß Gott alle Fäden in der Hand behält, wenn auch dieses Ineinanderwirken von göttlichem Führen und menschlichem Handeln ganz Geheimnis bleibt (Josephsgeschichte, 123/276 f.). In ähnlicher Weise wie von Rad hat auch W. Brueggemann (In Man We Trust) in der frühen Königszeit die Zeit einer „theologischen Revolution" gesehen, und zwar verkörpert für ihn David den Typ des aufgeklärten, selbstverantwortlichen Menschen (29 ff.; vgl. auch die vorausgegangenen Aufsätze Brueggemanns, [o. S. 183 ff.]; zur Kritik vgl. Fishbane [o. S. 183]). Die davidische Periode ist in diesem Sinne eine Zeit geistiger Reife, einer „Säkularisierung", in welcher der Mensch eine zentrale Stellung in der Welt erhält (vorsichtiger versucht auch Towner die biblische Weisheit zur Rechtfertigung einer modernen, „säkularen" Weltsicht heranzuziehen, in der der Mensch Freiheit zum Handeln hat, Gott aber als Träger der Ordnung im Hintergrund bleibt). Insbesondere der in verschiedenen Varianten (Prov 1, 7; 9, 10; 15, 33; Ps 111, 10; Hi 28, 28) vorkommende Spruch, daß die Furcht Jahwes der Weisheit Anfang sei, scheint von Rad die Gesamthaltung auch der älteren Weisheit auszudrücken (Weisheit, 91 ff.). "With this astounding statement von

RAD has baptized Israel's wisdom thinking", bemerkt hierzu CRENSHAW (RSR 1976 [o. S. 185], 7). VON RAD kann ganz allgemein formulieren, „daß die vom Menschen praktizierte Weisheit in Israel eine Antwort des mit bestimmten Welterfahrungen konfrontierten Jahweglaubens war". Sehr entschieden behauptet er: „Diese Weisheit ist also unter allen Umständen als eine Form des Jahweglaubens anzusprechen; wohl... als eine besondere Form und in der theologischen Struktur ihrer Aussagen sehr verschieden von anderen Selbstdarstellungen des Jahweglaubens. Aber in dieser ihrer spezifischen Eigenart war sie es durch und durch und von Anfang an" (Weisheit, 390). Offensichtlich geht damit VON RAD noch einen entscheidenden Schritt weiter als in der ›Theologie‹, in der er für die frühe Weisheit stärker der These von der „säkularen" Weisheit gefolgt war. Die jüngsten Äußerungen W. ZIMMERLIS zur theologischen Einordnung der Weisheit (Grundriß [o. S. 60], § 18; TRE VI [o. S. 2f.], 450 f.) gehen in eine ähnliche Richtung. Mit VON RAD räumt er dem Sprechen von der „Furcht Jahwes" für die ältere Weisheit eine zentrale Signifikanz ein. Der Schwerpunkt seiner Argumentation liegt jedoch – wie in TRE VI besonders deutlich wird – bei Koh und Hi, deren Zeugnis er dafür in Anspruch nimmt, auch die Weisheit sei theologisch im Bezug auf die „Mitte" des Alten Testaments zu verstehen, die er in dem durch sein geschichtliches Handeln, in seinem „Namen" Israel bekannt gewordenen Jahwe sieht, den Israel von daher auch als den Schöpfer anerkannt habe.

Offenbar spielt für VON RADS letzte Sicht die Gruppe der Lehrdichtungen von Prov 8; Hi 28; Sir 28 eine wichtige Rolle, in denen die Weisheit als eine personifizierte Größe im Zusammenhang mit dem Thema der Schöpfung auftritt. Zu Prov 8 ist VON RAD von den Ergebnissen der Arbeit seiner Schülerin C. KAYATZ (jetzt: BAUER-KAYATZ) nicht unbeeindruckt, die auf ägyptische Parallelen aufmerksam gemacht hatte, in denen die Maat ähnlich personifiziert auftritt (C. KAYATZ, Studien zu Proverbien 1–9 [WMANT 22]. Neukirchen 1966, 76 ff. 93 ff.; vgl. VON RAD, Weisheit, 199 f., und Anm. 8 – dazu neuerdings auch LANG, Frau Weisheit, 168 ff.: als Personifikation im Rahmen der Lehrdichtung). Zwar will VON RAD die übliche Spätdatierung von Prov 8 nicht direkt in Frage stellen, meint nun aber dort doch traditionsgeschichtlich sehr viel ältere Vorstellungen antreffen zu können (vgl. neuerdings auch LANG, Lehrrede, 46ff., mit Argumenten für mögliche Frühdatierung). Hier und auch sonst in der Weisheit sieht VON RAD das Thema „Schöpfung" eine bedeutende Rolle spielen (Weisheit, 209ff. 377ff.), und er versteht (ausgehend von Prov 1, 24–31, aber auch von Hi 12, 7ff.) diese Rolle als den Anruf einer Selbstoffenbarung der Schöpfung, die nun neben den heilsgeschichtlichen Traditionen eine eigene Offenbarungsqualität im Sinne einer „Uroffenbarung" (ds. 227) als Hinweis auf die geschöpfliche Wirklichkeit der Welt und des Menschen erhält und so auf die Prädikation der Schöpfung im Hymnus zurückweist. VON RAD meint nun gerade darin wieder – auch im Bereich der Weisheit – spezifisch Israelitisches anzutreffen, denn „die Vorstellung von einem von der Schöpfung ausgehenden Zeugnis ist nur in Israel zu belegen. Die Lehre von der Uroffenbarung stand also gerade mit ihrem Spezifikum ... auf genuin altisraelischen Vorstellungen". Interessant ist, daß VON RAD an dieser Stelle Kritik von seiten W. ZIMMERLIS erhält (EvTh 1971 [o. S. 185], 693 f. – eine ähnliche Grundhaltung auch in ›Ort und Grenze der Weisheit‹), der bei der Rede von der „Uroffenbarung" einen Bezug auf den für Israel zentralen Offenbarungsanspruch von „Gesetz und Propheten" vermißt, d.h. auf „dann wohl auch an der Geschichte Jahwes mit Israel orientierter Rede von Schöpfung", also den gewichtigsten Schritt VON RADS über dessen eigene frühere geschichtszentrierte Sicht hinaus nicht mitmachen will.

Daß die Geschichtsschreibung von diesem Geheimnis wisse (sein Schüler HERMISSON hatte weisheitlichen Einfluß auf den Jahwisten behauptet [Studien, 126f. 133]; im Hinblick auf die sog. Thronfolgegeschichte meint H. mit Recht, Ansätze seines Lehrers fortzuführen [Weisheit und Geschichte, a.a.O.]) lehnt VON RAD entschieden ab (Weisheit, 373 u. Anm. 9).

Allerdings ist fraglich, ob der Schritt tatsächlich in dieser Richtung getan werden kann, denn VON RAD verfolgt seinen Weg gewissermaßen innerhalb seines eigenen Systems und nimmt vor allem die Beziehungen der israelitischen Weisheit zu der altorientalischen nicht genügend ernst. "Von Rad's fundamental thesis that wisdom is a branch of Yahwism flies in the face of much sapiental scholarship"

(Crenshaw, RSR 1976 [o. S. 185], 8). Scharfe Kritik an den Thesen etwa von der „salomonischen Aufklärung" und einer vorangegangenen „Pansakralität" wird z. B. von Crenshaw (RSR 1976, 8ff.; ders., Prolegomenon: Studies [o. S. 183], 16ff.) geübt. Auch hat dieser gewiß damit recht, daß die Sammlung Prov 1–9 das Gebäude von Rads nicht trägt. Selbst wenn ihr Entstehungsdatum nicht mehr so sicher wie ehedem als relativ spät angesetzt werden kann, stellt sie doch (zusammen mit den übrigen durch von Rad ausgewählten Stücken) eine so extreme Form der Kunstdichtung dar, daß sie nicht für die ganze Breite weisheitlicher Aussagen repräsentativ sein kann.

Merkwürdig unberührt blieb von Rad von den Erkenntnissen, die sich noch zu seinen Lebzeiten von den internationalen Bezügen der Weisheit her über ihre zentralen Denkvoraussetzungen ergeben hatten. Diese meinte er sogar von seinem Ansatz aus im Interesse der Eigenart des Alten Testaments entschieden abweisen zu müssen. Wir lesen schon 1956 (KuD 1956, 60 f.): „Die Welt war für Israel nicht ein stabiler und harmonischer Ordnungsorganismus, der alles Vorhandene, Organisches wie Anorganisches, gleichmäßig umgreift, der so sehr als etwas Ganzes galt, daß man nach seinem letzten bestimmenden Prinzip... fragen konnte... Aber zu der Vorstellung von einem von unveränderlichen Gesetzen durchwalteten Kosmos hat Israel nie hingefunden. Dazu war ihm dieses Geschehen, in dem es sich vorfand, zu geheimnisvoll und zu sehr eine Domäne des Waltens Jahwes." Ähnlich noch in ›Weisheit in Israel‹, wo von Rad die Besonderheit des Erkennens Israels im Unterschied zu den jonischen Naturphilosophen und ausdrücklich auch zu den Vorstellungen der ägyptischen Weisheit (mit ihrem Begriff der Maat) darin sieht, daß Israel *nicht* zu dem Verstehen eines Weltganzen und seiner Ordnung vorgedrungen sei (99 f.). Alle Ordnungen, von denen die Weisheit spricht, haben also nur partiellen Charakter.

Im Grunde wird aber sowohl die alte eudämonistische und extrem individualistische Deutung der Weisheit wie auch die spezifisch jahwistische von Rads durch die Erkenntnisse unhaltbar, die seit geraumer Zeit über den Charakter der Ordnung, auf die sich die Weisheit in ihren Lebensregeln und Mahnungen bezieht, gewonnen worden sind. Bahnbrechend war hierfür die Arbeit von H. GESE, der (unter Rückgriff auf Erkenntnisse von A. de BUCK, Het religieus karakter der oudste egyptische wijsheit: NThT 21 [1932], 322–349, und H. FRANKFORT, Ancient Egyptian Religion. New York 1948 [Reprint 1961]) den ägyptischen Begriff der Maat (mꜣt) als Bezeichnung der Weltordnung näher untersuchte, die „eudämonistische Fehlinterpretation“ der ägyptischen Weisheitslehre abwies (Lehre, 7ff.) und den göttlichen Charakter der Maat, ihre Unverfügbarkeit und Gültigkeit unterstrich (1ff.). Für das Alte Testament entscheidend waren die sich daran anschließenden Überlegungen über die der alten israelitischen Weisheit (Spr 10–22, 16; 25–29; 22, 17–24, 22 [ohne 22, 17–23, 11, s. o.] zugrundeliegenden Ordnungsvorstellungen (33ff.), in denen sich eine weitgehende Teilhabe Israels am Ordnungsdenken der altorientalischen Weisheit ergab. Eine besondere Rolle spielt dabei das Denken im sog. Tat-Folge-Zusammenhang, wofür sich GESE auf die Vorarbeiten von J. PEDERSEN (Israel [o. S. 130f.], I–II, 336–377), K.H. FAHLGREN, (Ṣᵉdaqa nahestehende und entgegengesetzte Begriffe im Alten Testament. Uppsala 1932; Auszug auch in: K. KOCH [Hg.], Um das Prinzip der Vergeltung in Religion und Recht des Alten Testaments [WdF 125]. Darmstadt 1972, 87–129) und K. KOCH (Gibt es ein Vergeltungsdogma im Alten Testament?: ZThK 52 [1955], 1–42 = ders., [Hg]. Um das Prinzip der Vergeltung, 130–180 – vgl. dazu auch R. KNIERIM, Die Hauptbegriffe für Sünde im Alten Testament. Gütersloh 1965, 73ff.; VON RAD, Weisheit, 165ff.) stützen konnte. Wie diese Forscher erkannt haben, ist für weisheitliches Denken (und weit darüber hinaus) lange Zeit die Vorstellung bestimmend, daß ein (gutes oder böses) Tun seine Folgen unmittelbar aus sich heraussetzt, ohne daß es dafür eines göttlichen Eingreifens (Vergeltens) bedarf. Allerdings gibt es auch nach GESE bereits in der alten israelitischen Weisheit Hinweise auf einen Determinismus, welcher die souveräne, letztlich an keine Ordnung gebundene Freiheit Jahwes betont (Lehre, 45–50). Ein ungebrochenes Ordnungsdenken ist schon für die ältere Periode der Weisheit nicht gegeben (vgl. dazu schon FICHTNER). Vollends überwunden wird das Denken im Tun-Ergehen-Zusammenhang dann in der (in die Spätzeit des Alten Testaments gehörigen) Hiobdichtung, in der zwar die Freunde diese orthodoxe Lehre vertreten, dem exemplarisch leidenden Gerechten aber (in genauer Umkehrung des auf eben dieser Ordnung fußenden akkadisch-sumerischen Klageerhörungsparadigmas [vgl. 62 ff.]) die auch über diese Ordnung erhabene Freiheit und Treue des persönlichen Gottes vor Augen geführt wird (70 ff.).

Auf der durch Gese vorgezeichneten Linie hat vor allem H. H. Schmid weitergearbeitet. Nachdem er zunächst (Wesen und Geschichte) die Weisheit noch vorwiegend unter existentialen Kategorien zu begreifen versucht hatte (zur „Geschichtlichkeit" der Weisheit vgl. 80–82; das „System" in der Weisheit betrachtet er dort als eine späte Erstarrung, 196 ff.), hat er sich später in seinem Weisheitsverständnis stärker an dem Ordnungsdenken der Weisheit orientiert. In seinem Buch ›Gerechtigkeit als Weltordnung‹ (o. S. 150) führt er (auf mancherlei Vorarbeiten aufbauend, vgl. die 1, Anm. 1, genannte Literatur) den Beweis, daß der Begriff „Gerechtigkeit" (צדק/צדקה), mit einem umfassenden Geltungsbereich (Recht; Weisheit; Natur/Fruchtbarkeit; Krieg/Sieg über Feinde; Kult/Opfer; Königtum) die dem ägyptischen Maat (und dem sumerischen me, 61 ff.) entsprechende hebräische Bezeichnung für die Weltordnung ist, daß demnach die altorientalische Ordnungsvorstellung als Hintergrund auch des alttestamentlichen Gerechtigkeitsbegriffes zu gelten hat. Das für צדק/צדקה Gesagte gilt auch für eine Reihe anderer Begriffe; der wichtigste davon ist שלום Heil, Friede, dem H. H. Schmid ebenfalls eine Monographie gewidmet hat (SBS 51). – Vgl. dazu zuletzt Verf., Friedensverheißungen im Alten und im Neuen Testament: FÜI 62 (1979), 99–109. 147–153 (dort weitere Lit.).

In seinem Aufsatzband ›Altorientalische Welt in der alttestamentlichen Theologie‹ (o. S. 150) hat Schmid eine Reihe von Beiträgen zusammengestellt, welche die theologischen Folgerungen aus seinen begriffsgeschichtlichen Untersuchungen ziehen. Wesentlich ist, daß dabei der Begriff der „Schöpfung" einen zentralen Platz erhält, ja Schmid kann – so der Titel des ersten Beitrages (zitiert nach dem Sammelband) – die „Schöpfungstheologie" sogar als Gesamthorizont biblischer Theologie bezeichnen. Denn die Schöpfungsordnung umfaßt im alten Orient – und Israel hat an diesem Denken vollen Anteil – nicht nur den Bereich von Welt und Natur, sondern auch den Staat und die Rechtsordnung. Die Propheten gehen in ihrer Gerichtspredigt von dieser Ordnung aus, die sie durch das Volk verletzt sehen; die Heilsverkündigung in der (besonders nachexilischen) Prophetie erwartet die endliche Wiederherstellung dieser Ordnung. Auch in den Geschichtsüberlieferungen ist der für diese Ordnung zentrale Tun-Ergehen-Zusammenhang (s. o.) ein wichtiges Motiv. Daraus ergibt sich die Folgerung, „daß der beherrschende Hintergrund des alttestamentlichen Denkens und Glaubens die Vorstellung der umfassenden Weltordnung und mithin der Schöpfungsglaube im weiteren Sinne des Wortes ist; der Schöpfungsglaube, den Israel in mancherlei Hinsicht mit seiner Umwelt teilt" (11/21 – Auch J. L. Crenshaw [The Eternal Gospel (Eccl. 3:11): J. L. Crenshaw/J. T. Willis (eds.), Essays in Old Testament Ethics, J. P. Hyatt, In Memoriam. New York 1974, 23–56, 32f.] erkennt das Weltordnungsdenken als Schöpfungshorizont der Weisheit an, während er die Bedeutung des Schöpfungs*themas* wenigstens für die ältere Weisheit leugnet. Gegen letzteres vgl. Hoppe [o. S. 184]). Nachdem entsprechende Beobachtungen auch auf das Neue Testament ausgedehnt sind (s. Verf.: Biblische Theologie, Kap. III), ergibt sich, in genauer Umkehrung der bis dahin verbreiteten Auffassung der Schluß: „Der Schöpfungsglaube, das heißt der Glaube, daß Gott die Welt mit ihren mannigfaltigen Ordnungen geschaffen hat und erhält, ist nicht ein Randthema biblischer Theologie, sondern im Grunde ihr Thema schlechthin" (15/25).

Auch der zweite Beitrag des Sammelbandes: ›Jahweglaube und altorientalisches Weltordnungsdenken‹ führt die eingeschlagene Linie fort und sucht sie gegen Einwände zu verteidigen. Der Haupteinwand mußte selbstverständlich lauten, daß Schmid, nachdem er die alte Auffassung, welche die Offenbarung in der Geschichte als den zentralen, ja fast einzigen Inhalt des Alten Testaments dargestellt hatte, nun seinerseits in eine umgekehrte Einseitigkeit verfallen sei. Dieser zweite Beitrag sucht deshalb das etwas monolithische, starre Bild des ersten (dazu Schmid selbst, ds. 31) durch die Schilderung der geschichtlichen Entwicklung der Ordnungsvorstellungen des Jahweglaubens von der nomadischen Stufe über die Adaption der kanaanäischen Vorstellungen bis hin zur Ausbildung eigener, spezifischer Ordnungsvorstellungen Israels aufzulockern. Hinter diesem Vorgang sieht SCHMID vor allem durch die Propheten ausgetragene Spannungen, die seiner Meinung nach auf eine Umorientierung des Ordnungsdenkens hinauslaufen: dieses wird nunmehr theozentrisch ausgerichtet, die entschiedene Unterscheidung von Gott und Welt wird eingeführt und damit eine neue Form des Ordnungsdenkens gewonnen, die nach den Erschütterungen durch das Exil zu einer Bewältigung der Krise befähigte. Auf der Stufe der vorexilischen Prophetie (besonders bei Hosea, ds. 50) meint SCHMID, noch eine weitere entscheidende Umorientierung zu entdecken, nämlich in der Begründung der Ordnung: daß bei Hosea die Herausführung aus Ägypten und die Erwählung Israels in der Wüste an den Platz der sonst im Alten Orient üblichen Begründung der Ordnung durch die Schöpfung tritt, bedeutet eine spezifisch israelitische Form der Ordnungskonzeption.

An dieser Stelle, d. h., wo es um die Frage des Verhältnisses zwischen den verschiedenen Bereichen alttestamentlichen Denkens: zwischen der für die Weisheit und nicht nur für sie charakteristischen Ordnungskonzeption und den von der heilsgeschichtlichen Überlieferung bestimmten Traditionsbereichen geht, wird die Diskussion weiterzuführen sein.

Gegen den Ansatz SCHMIDS hat sich neuerdings J. HALBE („Altorientalisches Weltordnungsdenken" und alttestamentliche Theologie: ZThK 76 [1979], 381–418) mit einer auf der Basis systemtheoretischer Überlegungen (nach N. LUHMANN u. a.) entwickelten Kritik geäußert. Bei genauerer Betrachtung steht er allerdings SCHMID viel näher, als er selber weiß. Auch er leugnet nicht das Vorhandensein einer Weltordnungsvorstellung in Israel, wendet sich aber gegen die Verbindung zwischen israelitischer und altorientalischer Weltordnungsvorstellung, indem er zwischen dem allgemein-anthropologischen Fundamentalphänomen des überall festzustellenden Vorhandenseins eines Ordnungsdenkens („Weltordnungsdenken I") und der jeweils konkret begegnenden Anschauung („Weltordnungsdenken II") unterscheidet. Spezifisch für Israel sei das Weltordnungsdenken „auf der sachlichen Grundlage von Erfahrungen der Wirklichkeit Jahwes" entwickelt worden (ds. 403). Die Charakterisierung dieser Ordnung durch SCHMID als Schöpfungsordnung weist er als nicht begründet zurück (410 f.). Hier wäre jedoch das Wortfeld zedek/zedaka, šalom, 'emet in seinem Vorstellungshintergrund genauer zu prüfen, wobei man über die nicht zuletzt von SCHMID gewonnene Erkenntnis seines kosmologischen Hintergrundes nicht so einfach zur Tagesordnung übergehen kann wie HALBE, der hierauf überhaupt nicht eingeht.

SCHMID selbst betrachtet sein Votum als Diskussionsbeitrag, weshalb er bewußt etwas einseitig formuliert habe (Vorwort, ds. 7). Auf jeden Fall wird man ihm das Verdienst zusprechen müssen, einen zentralen Aspekt alttestamentlichen Denkens wieder an den ihm gebührenden Platz gerückt zu haben. (Zum Beitrag U. LUCKS und H. SCHMIDS in der Frage einer „Biblischen Theologie" vgl. Verf.: Biblische Theologie, Kap. III.)

Dagegen können seine eigenen Versuche, das Verhältnis zwischen Ordnungsdenken und Geschichtsdenken im Alten Testament zu bestimmen, wenig befriedigen. Die Auffassung, erst der Untergang der alten politischen Ordnung durch das Exil und die damit verbundene Krise der Ordnungsvorstellungen habe (mit Rückgriff auf die Väterverheißungen und den Bund) zu den großen geschichtstheologischen Entwürfen geführt (Altorientalische Welt, 77 – vgl. auch: Das alttestamentliche Verständnis von Geschichte in seinem Verhältnis zum gemeinorientalischen Denken: WuD 13 [1975], 9–21) hängt mit seiner Spätdatierung des Jahwisten zusammen und wird deshalb umstritten bleiben. Auch sachlich ist eine einfache Hintereinanderordnung der Denkformen keine befriedigende Antwort auf ein Problem, dem man wohl nur mit der Anerkennung des Nebeneinander verschiedenartiger Denk- und Traditionsbereiche im Alten Testament gerecht werden kann.

Beachtlich ist in diesem Zusammenhang der Hinweis von R. RENDTORFF, Fs. ZIMMERLI (o. S. 79), daß auch das Geschichtsverständnis von dem Gedanken einer Kontinuität ausgehe und etwa auch das prophetische Denken an der Regelmäßigkeit des Handelns Jahwes interessiert sei. Verschiedene Lebensbereiche gebe es im übrigen auch sonst im Alten Testament. – Vgl. zu dem Problem auch F. E. EAKIN, Wisdom, Creation and Covenant: PRSt 4 (1977), 225–239. Einen eigenen Versuch, beide Aspekte zu berücksichtigen, hat der Verf. mit der Arbeit: Rechtfertigung im Horizont des Alten Testaments (o. S. 98), vorgelegt.

Aufgenommen wurde die Position SCHMIDS unlängst von J.L. CRENSHAW (Prolegomenon, 26 ff.). Er greift zusätzlich zu den Beobachtungen SCHMIDS über das für das Weltverständnis der Weisheit zentrale Ordnungsdenken, bei dem der Begriff „Gerechtigkeit" eine zentrale Rolle spielt, auf die Thesen GUNKELS über das Verhältnis von Schöpfung und Chaos zurück. Nach GUNKEL ist das Schöpfungsdenken des Alten Testaments von der Vorstellung bestimmt, daß die anfänglich durch den Schöpfer eingerichtete Ordnung fortwährend durch die Mächte des Chaos, menschliche und göttliche, gefährdet ist (GUNKEL, Schöpfung und Chaos, o. S. 148). Schöpfung ist demnach Verteidigung der göttlichen Gerechtigkeit: das begründet CRENSHAW u.a. aus Hiob, wo das Schöpfungsthema mit dem Theodizeeproblem eng verknüpft ist, und aus Sirach.

Sir 18, 1 spiegelt genau die Funktion des Schöpfungsgedankens bei Sirach: es geht um die Verteidigung der Gerechtigkeit Gottes aus der Ordnung der Welt; da Gott die Welt von vornherein in die Sphären von Gut und Böse geteilt hat, erhalten Gute und Böse ihren ihnen angemessenen Platz. – Vgl. dazu auch MARBÖCK, Weisheit im Wandel, 149: Der eigentliche Sinn der Schöpfungsaussagen Ben Siras ist es, „angesichts der bereits angedeuteten Zweifel und Fragen hinsichtlich einer gerechten und sinnvollen Weltordnung, Vertrauen und Glauben zu wecken".

Ein Mißverständnis ist offensichtlich aber die Behauptung CRENSHAWS am Schluß seiner Ausführungen, damit sei die Schöpfung wieder in eine abhängige Funktion gedrängt: statt der Unterordnung unter die Heilsgeschichte, wie bei VON RAD, sei ihre Rolle nun, den Glauben an die göttliche Gerechtigkeit zu stützen (Prolegomenon 34), – wenn SCHMID im Recht ist, daß „Gerechtigkeit" eine der Bezeichnungen für die Weltordnung selbst ist. CRENSHAW hat offensichtlich den Begriff wieder verengt. Allerdings hat sich die alttestamentliche Theologie noch nicht allgemein dazu durchgerungen, dem weisheitlichen Denken innerhalb des Alten Testaments einen legitimen Platz einzuräumen. Die Furcht, hier einer neuen Form der „natürlichen Theologie" zu begegnen, ist nach wie vor groß. Am deutlichsten in dieser Hinsicht äußert sich H.D. PREUSS. Von einer bewußt dogmatisch konzipierten Position aus (vgl. auch: ders., Das Alte Testament im Rahmen der Theologie als kirchlicher Wissenschaft: DtPfrBl 72 [1972], 356–360) bestreitet er nachdrücklich, daß die Aussagen der Weisheit dem heutigen, christlichen Leser des Alten Testaments etwas zu sagen hätten. Das Denken im Tun-Ergehen-Zusammenhang, nach PREUSS „Zentraldogma" der Weisheit, die „heile Weltordnung" als Voraussetzung ihres Denkens und die Rolle, die Jahwe als Schöpfer und Garanten dieser Weltordnung zugewiesen wird (vgl. VT.S XXIII), scheinen ihm „ein Stück natürlicher Theologie" (Questions disputées, 174) zu sein: Mit Hiob und Kohelet sieht er eine tödliche Krise für dieses Ordnungsdenken eingetreten, indem die Souveränität Jahwes den Tun-Ergehen-Zusammenhang schlechthin sprenge, „d. h. aber im Scheitern der Weisheit vor Jahwe" (ds., 175; zum ganzen vgl. vor allem EvTh 1970). Vom Kreuzesdenken des Neuen Testamentes aus, wonach das „Kreuz Christi doch auch heißt, daß Gott auch im Negativen als nah und gütig geglaubt werden darf" (ds., 174), sei keine Brücke mehr zu einem Fragen nach dem Tun-Ergehen-Zusammenhang zu schlagen.

Gegenüber dieser Auffassung wird man grundsätzliche Bedenken nicht unterdrücken können. Um sie in eine Frage zu kleiden: Geht nicht die Botschaft von der Rechtfertigung des Sünders, die durch das stellvertretende Leiden Christi erfolgt ist, gerade von der Gültigkeit der Entsprechung zwischen rechtem Tun innerhalb der von Gott gewollten Ordnung und dem Heil der Welt aus, wird nicht die Wiederherstellung dieser Ordnung zum eschatologischen Ziel alles Handelns Gottes bestimmt? Auch das Hiobbuch ist – was PREUSS offensichtlich nicht genügend ernst nimmt – ein Stück aus dem weisheitlichen Kanon; sein Inhalt kreist ebenfalls zentral um die Gültigkeit dieser Ordnung, wobei es allerdings eine tiefgründigere Antwort auf ihr Problem erteilt, als sie das populäre, in den Diskussionsbeiträgen der Freunde entfaltete Verständnis begreift. Ein äußerlich-mechanischer Tat-Folge-Zusammenhang, bei dem das Ergehen eines Menschen ein unmittelbares Barometer seiner sittlichen Haltung darstellt, wird durch die Gottesreden in Hi 38 ff. ad absurdum geführt. Aber auch diese Lösung, welche die Souveränität Jahwes bewahrt und in dem Verweis auf eine verborgene Gültigkeit der Ordnung (denn Hiob *ist* ein Gerechter) die Grundfrage des Klageerhörungsparadigmas (vgl. dazu C. WESTERMANN, Aufbau [o. S.

154 f.]) in sich aufnimmt, stellt eine Antwort im Rahmen der Weisheit dar, was in anderer Weise auch für Koh gilt. Gerade hier sind Fragen angerührt, auf die im Rahmen einer biblischen Theologie nicht verzichtet werden kann. Die Empfehlung von PREUSS an die christliche Theologie, „die der alttestamentlichen Weisheit einen Ort in ihrem Denken verweigern muß" (ds., 180), führt zu einer Verkürzung des alttestamentlichen Zeugnisses und ist wie ähnliche Ratschläge der Vergangenheit entschieden abzulehnen.

Die Einordnung der Weisheit in die alttestamentliche Theologie bleibt eine noch ungelöste Aufgabe für die Zukunft.

W. PANNENBERG (Glaube und Wirklichkeit im Denken Gerhard von Rads: ders., u. a. [Hg.], Gerhard von Rad [o. S. 66], 37–54, 50) hat „die Spannung zwischen Israels Erfahrung einer Geschichte göttlicher Führungen und der Geschichtsfremdheit der Weisheit" als das „offene Problem" bezeichnet, das VON RAD „nicht nur der alttestamentlichen Wissenschaft, sondern der Theologie überhaupt hinterlassen hat".

Versuche, eine mögliche Lösung anzudeuten, liegen vor, wie der Vorschlag LEVEQUES, das weisheitliche Bemühen um eine Strukturierung der geschaffenen Welt und die Existenz des Menschen (als die beiden Hauptthemen der Weisheit) im Verhältnis zu den übrigen Bereichen des Alten Testaments kontrapunktisch – d. h. aber doch, wenn auch spannungsreich, komplementär – zu verstehen (dagegen ist MAILLOT, mit ihrer Unterordnung unter die heilsgeschichtlich orientierte Thora, mehr der alten Auffassung verhaftet). Auch die Rede von einer „horizontalen Offenbarung" (GEMSER, HAT [o. S. 187 f.], 11; ZIENER, 263), die neben die vertikale der Geschichtsoffenbarung träte, ist ein Versuch, auf dieses Spannungsverhältnis hinzuweisen, in dem doch beide Perspektiven ihren Platz behalten. Doch wird über das Verhältnis der verschiedenen Denkebenen weiter nachzudenken sein.

Die einfache Feststellung von MOLTMANN (Schöpfung [o. S. 155]), Anm. 8), der Zugang zum Schöpfungsglauben über die Weisheit" sei als eine Ergänzung zu sehen, hilft nicht weiter. Verheißungsvoller scheint da der Gedanke von PANNENBERG (Glaube, 51) zu sein, die Offenheit der in Ordnungen gefaßten Wirklichkeit, wie sie nach VON RAD der Jahweglaube sieht, sei „nicht nur als Folge des Jahweglaubens zu verstehen, sondern zugleich auch als

Voraussetzung des Glaubens an ein göttliches Geschichtshandeln" (ähnlich argumentiert auch Ch. Link, Welt, [o. S. 156] 268 ff., bes. 282 ff.).

Mit Recht hat dagegen J. L. Crenshaw (Prolegomenon, 9 ff.) die modischen Versuche abgewehrt, die neuerdings vielfältig zu beobachten waren, weisheitliche Rede- und Denkformen in allen möglichen Formzusammenhängen zu finden, wie in der Geschichtsschreibung (von Rad; R. N. Whybray, The Succession Narrative [SBT 2, 9]. London 1968; Hermisson, Fs. von Rad, 1971 [o. S. 65]), in der Prophetie (J. Fichtner, Jesaja unter den Weisen: ThLZ 74 [1949], 75–80 = ders., Gottes Weisheit [o. S. 184], 18–26; W. Whedbee, Isaiah and Wisdom. Nashville/New York 1971; J. Jensen, The Use of tôrâ by Isaiah [CBQ. MS 3]. Washington 1973; S. Terrien, Amos and Wisdom: Israel's Prophetic Heritage. Fs. J. Muilenburg. New York 1962, 108–115; H. W. Wolff, Amos' geistige Heimat [WMANT 18]. Neukirchen 1964), in der Apokalyptik (von Rad). Vor allem der zweite der Einwände Crenshaws gegen die schrankenlose Ausweitung des Bereichs „Weisheit" (Prolegomenon 9) hat Gewicht: daß sie die Existenz eines gemeinsamen Wortschatzes und die allgemeine Verbreitung vieler Auffassungen über die Situation des Menschen übersehe. Größere Aufmerksamkeit verdient das Problem, ob nicht in einer Spätphase des Alten Testaments weisheitliche Zusätze auch in Texte eingedrungen sind, in denen sie ursprünglich keinen Platz hatten (vgl. dazu G. T. Sheppard). Doch wäre damit nur ein Randgebiet betroffen. Nur eine sorgfältige Unterscheidung der Gattungen wird hier die notwendige Klarheit bringen. Genausowenig, wie es statthaft ist, die Weisheit aus dem Bereich legitimer theologischer Aussagen des Alten Testaments zu verdrängen, taugt sie als Universalschlüssel zum Verständnis aller seiner Probleme.

NACHWORT

Wir sind am Ende unseres Rückblicks über die verschiedenen Problemkreise, die in der „Theologie des Alten Testaments" innerhalb der letzten Jahrzehnte verhandelt wurden. Allerdings ergibt sich dabei, daß eine zentrale Frage, die ein umfassendes theologisches Verständnis der Bedeutung des Alten Testaments für den christlichen Glauben überhaupt erst ermöglicht, nämlich die Frage nach dem Verhältnis der beiden Testamente, nach der Einheit der Schrift, bisher noch nicht hinreichend besprochen werden konnte (in dem Kapitel über „Heilsgeschichte" klang sie zum erstenmal an). Hier eröffnet sich ein weiteres vielschichtiges Problemfeld, das neuerdings immer stärker unter dem Aspekt einer wiederzugewinnenden „Biblischen Theologie" verhandelt wird. Es wird die Aufgabe eines zweiten, unter dem Titel ›Hauptprobleme der Biblischen Theologie im 20. Jahrhundert‹ in Vorbereitung befindlichen Bandes sein, die neuere Forschungsgeschichte zum Verhältnis zwischen Altem und Neuem Testament zu entfalten. Es ist vorgesehen, daß dieser so bald wie möglich den hiermit vorgelegten ersten Band, der ohne ihn ein Torso bliebe, ergänzen wird.